21世纪高职高专规划教材·汽车运用与维修系列

汽车销售与售后服务实务

主　编　明光星　汪海红
副主编　武　忠　明　阳

中国人民大学出版社
·北京·

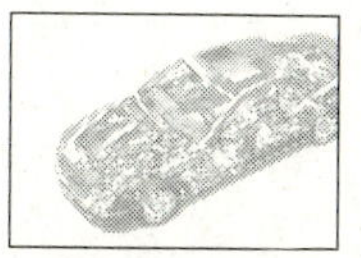

前　言

Preface

随着汽车4S企业的发展，对各个岗位工作人员的要求也越来越高。目前在汽车4S店设置的岗位有客户接待及管理、汽车销售及管理、汽车备件管理及索赔、汽车维修接待、事故车接待以及二手车置换等，不同的工作岗位有不同的岗位职责和工作流程。本书就是从汽车4S店各个岗位需求出发，全面而系统地介绍了各个岗位要求、人员素质要求及职责、工作流程以及各个过程中的详细内容和方法，有一定的理论深度，又有很强的实践性。

客户接待及管理岗位要求工作人员掌握接待客户的技巧、处理客户异议和投诉的技巧；掌握客户档案管理方法、VIP会员管理方法及客户跟踪回访管理方法等。

汽车销售及管理岗位要求工作人员掌握汽车销售中的基本礼仪要求；掌握汽车销售的基本流程以及工作流程的实施能力。

汽车备件管理及索赔岗位要求工作人员掌握汽车备件采购、仓储管理方法；掌握汽车备件索赔流程以及整车、零件索赔鉴定方法等。

汽车维修接待岗位要求工作人员掌握汽车维修接待的作用及汽车维修接待的基本流程，掌握工作流程的实施能力。

事故车维修接待岗位要求工作人员掌握事故车维修接待的流程；掌握汽车正面、侧面及后面碰撞损伤分析能力；掌握汽车水损、火损后事故处理方法及损伤程度分析方法等。

二手车置换岗位要求工作人员掌握二手车置换的定义、方式及流程；掌握二手车收购价及销售价确定方法；掌握二手车收购中的风险规避方法等。

本书共分六个单元，明光星、汪海红为主编，武忠、明阳为副主编，此外参编人员有杨洪庆、任佳君、张凤云、李晗、李建东、孙颖、仲琳琳、刘映凯、李月超、付建国、季华波、王贺等。

本书编写过程中，得到了沈阳敏捷科技有限公司田久民、宫斌、王春阳的大力帮助，同时参考了有关文献资料，在此谨向这些作者表示诚挚的谢意。

由于时间仓促和水平所限，书中不当甚至错误在所难免，恳请读者批评指正。

目录 Contents

单元 1

客户接待与管理

【教学目标】

1. 掌握接待客户的技巧；
2. 掌握处理异议的技巧；
3. 掌握处理顾客投诉的技巧；
4. 构建客户满意度指标的原则。

【能力目标】

1. 能轻松地接待顾客；
2. 能处理好顾客的异议；
3. 能处理好顾客的投诉；
4. 能让客户满意。

【引例】

场景：国产宝马的展厅里，王小姐和她的朋友正在销售顾问的引导下看宝马 3 系列，她半年前就有买车的打算，预算控制在 45 万元左右，今天是第二次来这里，第一次来的时候，通过交流，销售顾问得知她买车主要是为了谈生意。

销售顾问：这款宝马 3 系列是面向家庭的高档用车。

王小姐：如果是家里人开，的确很舒服，但我买车主要是为了谈生意，那就不太合适了。

销售顾问：王小姐，有一点我要向您澄清，虽然这款是面向家庭，但在同价位的车里，宝马车的知名度和豪华程度不亚于任何一款车。您说要用来做生意，这绝对是佳选中的佳选，开宝马车一定有助于您打动顾客的心，将每一单生意做成、做好。

类似的情景在实际工作中经常上演，如何掌握接待客户的技巧，处理好客户的异议，构建客户满意度指标将在本单元开设的两个学习任务中学习。

任务 1.1 客户接待过程

任务描述

在汽车 4S 店，销售顾问接待顾客是促进成交的首要环节，怎样才能处理好顾客接待业务呢?

销售流程的接待环节会给顾客第一印象。通常情况下，顾客购买汽车的过程中都有一个先入为主的想法，因此，销售顾问周到的接待将会给顾客带来愉快满意的经历，消除顾客的异议。

相关知识

一、接待客户的准备

1. 知识的准备

（1）企业知识：公司的介绍、公司的销售政策，例如让利和促销政策、服务的项目。

（2）产品知识：即了解生产汽车的厂家、品牌，各款车的性能、功能和配置。

（3）市场知识：包括这款汽车在市场上的占有率，与竞争车型的对比、优劣情况等。

（4）用户知识：用户知识主要包括顾客群体、消费习惯、顾客的购买动机、顾客的爱好、顾客的决策人，购买力等。比如，从事小商品行业的顾客喜欢车子的空间大一些，可以顺带一些货物，像 SUV、SRV 这样的多功能车比较受他们的欢迎；从事路桥工作施工作业的顾客偏好越野性能好的吉普、SUV 车。

2. 销售顾问的业务能力

（1）要有新的营销理念——以顾客为中心的营销理念。

（2）要以适当的方法和技巧来满足顾客的需要。

（3）要具有丰富的专业知识。

3. 准备工作

（1）要详细了解和熟悉产品的品牌、车型、技术参数、配置等。要做到在与顾客交流的时候，对于相关问题都能流利地回答。

（2）要熟悉本公司对这个汽车产品销售的政策、条件和方式。

（3）要详细了解汽车销售过程中的各项事务，如付款方式、按揭费用的计算、上牌的手续、保险的内容、保险的费用等。

（4）要了解竞争对手的产品与你所售车型的差异。有的时候顾客会讲某款车比你的车好，那个车有什么装备等？这个时候你就要了解对手，事先了解了以后，才能有应对的策略。

（5）了解顾客。你要了解顾客属于哪个类型，这样，你在与顾客进行交流的时候，就会有的放矢，占据主动。

二、接待客户的技巧

1. 顾客的态度

针对不同的购车顾客，作出不同的应对技巧。顾客购车时一般有 5 种不同反应和态度：

（1）接受：表示顾客对你的车辆满意。

（2）怀疑：表示顾客对车辆的某项特性非常感兴趣，但是怀疑你的车辆是否真的具备这个优点。

（3）拖延：表示顾客并不直接表示异议、冷淡、怀疑、拒绝，而是用拖延时间的方法。

（4）冷淡：顾客因为不需要此车辆，因而表示兴趣小。

（5）异议：不接受你对车辆的说法。

2. 应对方法

（1）应对顾客怀疑的方法。

当顾客说出他的需要后，你应立即介绍车辆或公司服务的特性，但是，有时候顾客对你所说的话并不完全相信。当顾客表示出怀疑态度时，应该提出实例来证明车辆的优点，通常反应次序如下：

1）发掘顾客的需求。

2）介绍车辆的特性或服务。

3）提出实证。

实证资料来源：说明书、公司顾客签的订单、研究调查报告、荣誉等。

采用实例证明的步骤：第一，重复说明车辆的特性或优质的服务；第二，提出实例来证明这个优点；第三，申述发挥这个优点。

（2）应对顾客反应冷淡的方法。

应对顾客反应冷淡时，要用一些封闭性的、调查性的问话发掘顾客的需求。顾客表示冷淡的原因在于他目前不需要你推销的车或服务。面对这种情况，应该让顾客了解车辆的特性能给他带来的好处。

（3）应对顾客异议的方法。

应对顾客的异议，首先理解顾客的异议和误解，同时重复顾客的异议和误解，如果是异议，请尽量了解其根源，如果是误解，请直接澄清误解，并重点介绍产品能给顾客带来的利益和好处。顾客表示异议的类型有：

1）由于不了解而误解你的车辆。

2）顾客认为你的车辆有缺点，你的车辆并不具备顾客需要的优点或不喜欢你的车辆的某一部分。

三、处理异议的技巧

1. 异议产生的原因

顾客产生异议的原因很多，主要体现在顾客、产品和价格等方面。

（1）顾客方面的原因。

1）顾客的需求；

2）顾客的货币支付能力；

3）顾客的购买习惯；

4）顾客的消费经验；

5）顾客的消费知识；

6）顾客的购买权力；

7）顾客的偏见。

（2）产品方面的原因。

1）产品自身的价值；

2）产品的功能和质量；

3）产品的外形、样式；

4）产品的利益。

（3）价格方面的原因。

1）价格过高；

2）价格过低；

3）讨价还价。

（4）其他方面的原因。

1）销售顾问的个人因素；

2）销售信誉不好；

3）销售信息欠缺；

4）销售环境不佳。

2. 处理异议的基本思路

顾客将对给其留下不愉快印象的公司失去兴趣，而且不会再次光顾该公司。顾客产生意见和不满的原因，或来自于公司整体工作方式的问题，或来源于工作人员个人的问题等，总之，不能给顾客添麻烦和带来不愉快的记忆。

（1）亲切和热诚的接待，以期给顾客留下好感。

用精神焕发的容貌和彬彬有礼的态度，以及友好、热情的态度来接待顾客就会给顾客留下好感。

不仅是服饰、态度、用词，即使是对顾客使用方法的错误，也要在以谦虚的态度倾听顾客的话语后，再教给顾客正确的使用方法。站在顾客立场上的接待是很重要的。

（2）提高自己的水平，向顾客提供更优秀的服务。

比如在接待维修车辆的顾客时，由于顾客付钱委托我们进行车辆维修，所以我们按照顾客的要求将车辆修理好就是一件理所当然的事情了。但是顾客叙述的内容是多种多样的，我们必须不断提高自己的技术水平，从而向顾客提供更好的服务。

（3）站在顾客的立场进行通俗易懂的说明。

顾客对公司抱有“希望能这样”等各种各样的期待和要求。为了能够满足顾客的这些期待和要求，就必须站在顾客的立场进行工作。比如在“交还车辆”需对维修内容进行说明时，应该采取如下方法：

1）使用顾客理解的话语；

2）一边向顾客展示所换下的零件，一边说明；

3）一边确认顾客是否真正理解，一边进行说明；

4）站在顾客的立场上进行说明，这样可以避免顾客听错，防止出现“费用太高”等意见。

（4）一定要遵守与顾客约定的事情。

在顾客中，有文静的、开朗的、大大咧咧的等各种各样的人。但是，不论对于什么样的人，不能守约总不是一件令人愉快的事。我们不仅要遵守时间上的约定，而且对于预算问题、车辆的检修状况、维修收尾工作等方面的工作也要在遵守与顾客约定的前提下进行。另外，如果出现无论如何都必须变更的情况，则一定要事先与顾客进行联系，以取得顾客的谅解。在顾客询问前采取行动是很重要的。

3. 处理异议的基本步骤

（1）道歉；

（2）倾听顾客的陈述；

（3）分析原因；

（4）探讨解决办法；

（5）向顾客说明解决问题的办法，然后迅速处理；

（6）交车说明和进行顾客跟踪活动；

（7）总结经验。

4. 处理异议的技巧

（1）忽视法。

1）对于无关紧要的异议；

2）顾客并不是真的要解决的异议；

（2）反问法。

1）获得更加精确的信息；

2）赢得时间的途径；

3）判断异议是否由顾客自己所造成；

4）引导顾客自己否定自己的异议。

（3）缓冲法。

1）顾客不会接受一个对立的观点；

2）对顾客的观点进行延伸和补充。

（4）转化法。

利用负面的异议，转变成销售顾问正面的观点。

（5）预防法。

1）承认自己产品的某方面的劣势或竞争对手的优势；

2）积极地用自己产品的其他优势来补偿。

（6）补偿法。

（7）证明法。

1）陈述第三者的评价和观点；

2）利用顾客的从众心理。

（8）主动法。

1）为了发现问题故意激起顾客异议；

2）主动提出顾客肯定会提出的异议。

（9）延缓法。

1）延缓太早或不便于回答的异议；

2）给出延缓的理由；

3）向顾客表示已经注意到了他的异议。

（10）衡量法。

1）富兰克林法；

2）主要用于价格商谈时。

5. 处理异议的方法

（1）补偿顾客异议法；

（2）转化顾客异议法；

（3）合并顾客异议法；

（4）细解顾客异议法；

（5）重复与削弱顾客异议法；

（6）引申归谬法；

（7）有效比较法；

（8）反问逼退法；

（9）例证约束借鉴法；

（10）岔开拖延法。

四、处理客户投诉的技巧

顾客的投诉，有时是正确的，有时是错误的，有的问题属于厂家，有的问题属于商家，有的属于顾客自己使用不当造成的，也有真正的产品缺陷。如何区分处理呢？

1. 倾听

把80%的时间留给顾客，允许顾客们尽情地发泄，千万不要打断。设身处地想一下，如果你遇到汽车的质量问题会如何恼怒，这样你就能够容忍顾客的发泄。无论对错，顾客们在急风暴雨地发泄后，会冷静地等待你的处理。倾听时不可有防范心理，不要认为顾客挑剔。绝大多数顾客的不满都是因为销售工作失误造成的，即使有的顾客是无理取闹，也不可与之争执。无论投诉的原因是什么，无论投诉是谁，都应该感谢顾客提出了宝贵意见，以诚心的态度来倾听顾客的抱怨。当然，不只用耳朵听，为了处理上的方便，在听的时候别忘了一定要记录下来。

根据顾客投诉情况，可以采取变更“场地、人员、时间”的方法（三变法）。“变更场地”，销售人员应该把顾客从门厅请进会客室，尤其对于感情用事的顾客而言，找个场所让其坐下，会让顾客恢复冷静。“变更人员”，请出高一级的人员接待，以示重视。“变更时间”，与顾客约定另一个时间，专门解决问题，以时间冷却冲突。应该告诉顾客：“我回去后，会好好地把原因调查清楚，一定会以负责任的态度处理。”这种方法需要一定的冷却期。尤其顾客所抱怨的是个难题时，更应该采取这个办法。其要点是无论如何要让对方看出你的诚意，使投诉的顾客恢复冷静。

2. 冷静分析

聆听顾客的抱怨后，必须冷静地分析事情发生的原因。顾客在开始陈述不满时，往往都是一腔怒火，因此应在倾听的过程中不断地表达歉意，同时许诺顾客的事情应在最短时间内解决，从而平息顾客的怒火。

控制局面，以防节外生枝扩大事态。有的顾客往往夸大自己的不满，以向工作人员施压，达到自己的“目的”。如有一个顾客的汽车出现问题，顾客在陈述时说汽车耗油量如何大，仪表盘如何难看，坐椅设计如何不合理等。这就需要销售人员在倾听的过程中准确判断顾客的真正不满之处，有针对性地进行处理，从而防止节外生枝，扩大事态。

3. 找出解决方案

体谅顾客的痛苦而不采取行动是一个空口号。例如，“对不起，这是我们的失误”，不如说“我能理解给您带来的麻烦与不便，您看我们能为您做些什么呢？”对顾客投诉的处理必须付诸行动，不能单纯地同情和理解，要迅速地给出解决的方案。

4. 化解不满

顾客在投诉时会表现出烦恼、失望、泄气、发怒等各种情感。不应当把这些表现当做是对个人的不满。特别是当顾客发怒时，销售人员可能心里会想：“凭什么对着我发火？我的态度这么好。”要知道愤怒的情感通常都会在潜意识中通过一个载体来发泄。因此，对应愤怒，顾客不过是把你当成了倾听对象。

顾客的情绪是完全有理由的，是理应得到极大的重视和最迅速、最合理的解决的，所以应让顾客知道你非常理解他们的心情，关心他们的问题。无论正确与否，顾客永远是对的，至少在顾客世界里，顾客的情绪与要求都是真实的。只有与顾客的世界同步，才有可能真正了解顾客的问题，找到最合适的方式与顾客交流，从而为成功的投诉处理奠定基础。某些销售人员有时候会在说道歉时很不舒服，说声“对不起”、“很抱歉”并不一定代表你或公司犯了错误，这主要表明你对顾客不愉快的经历的遗憾与同情。

不用担心顾客会因得到你的认可而越发强硬，表示认同的话会将顾客隐形关注的问题解决。当顾客正在关注问题的解决时，销售人员体贴地表示乐于提供帮助，自然会让顾客感到安全、有保障，从而进一步消除不满情绪，取而代之的是依赖感。

5. 采取适当的应急措施

（1）通常一个问题的解决方案都不是唯一的，给顾客提供选择，这样会让顾客感到受尊重，同时顾客选择的解决方案在实施的时候也会得到来自顾客方的更多认可和配合。

（2）诚实地向顾客承诺。

能够及时地解决顾客的问题当然最好，但有些问题可能比较复杂或特殊，销售人员不确定如何为顾客解决。如果不确定，不要向顾客做出任何承诺，而是诚实地告诉顾客情况有点特别，你会尽力帮助顾客解决，寻找解决的方案需要一些时间，然后约定给顾客回话的时间，你一定要确保准时给顾客回话。即使到时你仍不能帮助顾客解决，也要准时打电话向你的顾客说明问题的进展，表明自己所做的努力，并再次约定给顾客答复的时间。与向顾客承诺你做不到的事情相比，你的诚实回答更容易得到顾客的尊重。

（3）适当地给顾客一些补偿。

为了弥补公司操作中的一些失误，可以在解决问题之外给顾客一些额外补偿。但要注意：一是先将问题解决；二是改进工作，避免今后发生类似的问题。现在有些处理投诉的部门，一有投诉首先想到用小恩小惠去息事宁人，或是一定要靠投诉才能保障正常途径下顾客应该得到的利益，这样不仅不能从根本上减少问题的发生，反而造成了更大的失误。

6. 检讨结果

投诉问题处理结束后，应做好顾客的跟踪回访，并记录存档。若不能当场处理，应告诉所需处理的时间和程序。要及时对顾客投诉案件进行追查，了解顾客对处理结果的意见，及时修正完善。处理完顾客投诉后，应建立明确的处理档案，作为内部教育训练的重要资料。同时，要检讨工作中的失误，以免同类事件再次发生。

处理顾客投诉，不仅是解决一个顾客的问题，也是公司策略的回馈，是业务迈向顾客完全满意指标的不可低估的正面力量，是降低顾客投诉率的有效途径，是巩固老顾客和吸引新顾客的策略，是提升工作绩效和宣传企业形象的计划项目。

投诉是服务行业不可避免的挑战，在处理时既要掌握一些技巧，也应保持回旋余地与弹性空间。总的来说，顾客投诉是公司提高服务质量、管理水平、人员素质的正面动力。

正确处理顾客的投诉，正所谓“不打不成交”。通过妥善处理事件，结识顾客，进而发展顾客。虽然所有销售人员最感兴趣的都是发展新顾客，但绝不能忽视所有的老顾客。与开发新顾客相比，维持老顾客付出的时间和精力更少、更合算。

任务 1.2　客户关系管理

任务描述

在汽车 4S 店，顾客关系管理直接影响客户的满意度，怎样才能让顾客满意呢？

相关知识

一、客户满意度

1. 客户满意度的衡量指标

（1）对品牌的知名度。

知名度是指客户消费了某企业或某品牌的产品或服务的程度。如果客户在修复或购买过程中放弃其他选择而指名购买、非此不买，表明客户对这种品牌的产品或服务是十分满意的。

（2）对产品的美誉度。

美誉度是指客户对企业或品牌的褒扬程度。一般来说，持褒扬态度、愿意向他人推荐企业及其产品或服务的，肯定对企业提供的产品或服务是非常满意或满意的。

（3）消费后的投诉率。

投诉率是指客户在购买某企业的产品或服务后所产生投诉的比例。这里的投诉率不仅指客户表现出的显性投诉，还包括未倾诉的隐性投诉。投诉率越高，表明客户越不满意。

（4）单次交易的购买额。

购买额是指客户购买某产品或服务的金额。一般客户对某产品的购买额越大，表明客户对该产品的满意度越高；反之表明客户对该产品的满意度越低。

（5）消费后的回头率。

回头率是指客户消费了某企业的产品或服务之后，愿意再次消费的次数。客户是否继续购买产品或服务，是衡量客户满意度的主要指标。回头率的数值越大，满意度就越高。

（6）向其他人的推荐率。

客户愿不愿意主动推荐或介绍他人购买或消费，也可以反映客户的满意度高低。一般来说，客户如果主动介绍他人购买或消费，则表明客户对该产品满意度很高。

（7）对价格变化的敏感度。

客户对产品或服务的价格敏感度，也可以反映客户对某产品的满意度。当产品或服务价格上调时，客户如不动摇，表明客户对该产品的满意度很高。

客户满意度是一种很难测量的、暂时的、不稳定的心理状态。因此，汽车企业应该经常性地测试客户满意度高低。例如，可经常性地在现有客户中随机抽样，向其发送《××公司客户满意度调查表》，见表1—1，或者通过打电话、网络调研等方式，及时向顾客询问有关情况。

表1—1　　客户满意度调查表

××公司客户满意度调查表

1. 您的性别：

□男　□女

2. 您的年龄段：

□15岁以下　□15～20岁　□21～25岁　□26～30岁　□31～40岁　□41～50岁
□51～60岁　□60岁以上

3. 您目前从事的职业：________________

4. 您目前的年收入：

□暂时还没有收入　□1万以下　□1～3万　□3～5万　□5～8万
□8～15万　□15～30万　□30～100万　□100万以上

5. 您在本店购买的汽车的型号：________________

6. 您对本店的下列服务或者环境是否满意？

序号	项目	不满意	一般	满意	很满意
1	对专卖店的购车环境、整洁、舒适的满意程度	□	□	□	□
2	对专卖店提供的车型和颜色齐全的满意程度	□	□	□	□
3	对专卖店提供产品信息和资料的满意程度	□	□	□	□
4	对销售顾问仪表的满意程度	□	□	□	□
5	对销售顾问接待、服务态度的满意程度	□	□	□	□
6	对销售人员在车辆功能、特性、操作解说的满意程度	□	□	□	□
7	对销售顾问所具备的汽车及其他相关知识的满意程度	□	□	□	□
8	对销售顾问了解您的需求，并帮您选择最符合您需要车型的满意程度	□	□	□	□
9	看车时，销售顾问主动邀请您试乘试驾情况的满意程度	□	□	□	□
10	销售顾问介绍购车手续和付款方式的满意程度	□	□	□	□

7. 如果您已经在本店购买或维修保养自己的爱车，请完成下面的问卷。

序号	项目	不满意	一般	满意	很满意
1	对交车时车内外整洁、各方面完好无损，以及配备齐全方面的满意程度	□	□	□	□
2	对交车时，销售顾问解说保修期、保修范围和所需要的保养维修内容方面的满意程度	□	□	□	□
3	对交车时，主动向您介绍维修站和维修服务顾问的满意程度	□	□	□	□
4	对新车交车后，主动为您提供汽车上牌、保险、装潢等服务的满意程度	□	□	□	□
5	对新车交车后回访情况的满意程度	□	□	□	□
6	在您第一次回维修站时，对专卖店人员主动关心并帮助您处理问题的满意程度	□	□	□	□
7	对专卖店维护维修服务总体的满意程度	□	□	□	□
8	对维修项目价格标示的满意程度	□	□	□	□
9	对维修费用收取及明细解释的满意程度	□	□	□	□
10	对维修人员技术水平和技能的满意程度	□	□	□	□
11	对维修质量的满意程度	□	□	□	□
12	对车辆返修情况和返修接待态度的满意程度	□	□	□	□
13	对维修交车时车辆清洁的满意程度	□	□	□	□
14	对车辆维修后回访情况的满意程度	□	□	□	□
15	对维修工作人员向客户提出建议、提供信息的满意程度	□	□	□	□
16	对特色服务情况的满意程度	□	□	□	□
8. 您认为本店需要改进的服务是：________________					

2. 构建客户满意度指标的原则

（1）全面性。

满意度指标体系要尽可能全面、系统地评价与汽车相关的各界消费者的满意度。因此，需要对消费者满意项目进行层层提取或分解。

（2）代表性。

能够影响消费者满意度的指标很多，但是不可能把方方面面的指标都列入评价指标体系。全面性要求各项指标不能有遗漏，而代表性则要求在每方面都要选择最有代表性的指标。

（3）可区分性。

可区分性是每个指标必须具备其他指标不能代替的特性。如果某一指标与其他指标没有区分，那就不能被用作测量指标。

（4）可操作性。

可操作性主要是指各测量指标要容易懂，并且可以获取各指标的测量数据。

（5）相对稳定性。

测量指标体系一旦建立，应该保持其基本指标项目和内容的相对稳定，这样才有利于消费者满意度评价指标体系的完善和发展。

3. 让客户满意的技巧

说到做到。只要你说过的话，客户就会记得，你就应该做到。要有一个客户信息平台来确保一线的销售满意，并经常阶段性地公布客户满意度调研的结果，评选优秀的服务人员，从而将服务意识提升为从厂商到经销商、销售顾问、售后服务人员的一个一致追求的目标。

二、客户档案管理

1. 客户档案信息的建立

（1）客户档案信息的分类。

根据用户的特点，将顾客分为大用户和个性化用户。另外，根据经销商与厂家沟通的形式，信息可分为文件和函电；经销商基础信息；人员信息；售后服务月报；服务营销信息；车辆信息反馈；技术服务手册；电子信息系统等。

（2）建档的方法和内容。

1）标准。

在顾客档案中，顾客的信息必须详细，具有可读性，可以保证在回访的过程中很方便地与客户进行联系。

2）大用户档案内容。

长期维修合同；单位名称；主管领导姓名、职务、电话；负责人姓名、职务、电话；车牌号；发动机号；车架号；司机姓名、电话；维修记录；特殊政策；结账方式及时间；信誉程度。

3）个性化用户档案内容。

姓名、性别、出生年月日、单位、车牌号、发动机号、车架号、家庭住址、邮编、办电、宅电、手机、维修记录。

4）准确性。

在向用户询问通信方式时，一定要将信函、电话、实地走访的信息记录准确，以便日后进行回访。

5）约定。

在向用户询问电话时，一定要向用户约定，三种电话方式用户认可哪一种，并约定在什么时间回访用户比较认可。

6）意义。

在向用户询问信息时，有一部分用户会相当不耐烦，这就要求对用户做耐心的工作。因此，大家要相信，详尽的信息就是效益，只要用户肯把详尽的信息给我们，就说明他已经信任我们，并愿意与我们长期保持业务联系。

2. 客户档案信息的维护

客户档案信息的维护必须及时准确，它是确保客户档案的有效性和准确性的重要保证。其做法如下：

(1) 指定专人每天将当天的维修结算单汇总。

(2) 根据每天的结算单，由专人将所有的维修记录全部列入客户档案中。

(3) 要求前台维修接待人员，在顾客前来修车时向客户询问一下客户的信息是否有改动，如果有变动，必须立即修改计算机中的顾客信息存储，并且在结算单上做出标识，由档案维护人员在档案中及时修改。

3. 客户档案分析方法

根据不同的标准对客户档案进行统计分析。

(1) 按照地域或车牌等规律较强的因素进行分类统计分析，这样便于查找，有规律可循，比较具有直观性，简单明了。

(2) 按照维修的时间、频次进行统计分析。

1) 按规定，超过三个月未来的顾客，视为流失客户。

2) 对于经常性客户，应按照每三个月一次、每两个月一次、每一个月一次、每一个月两次或每一个月多次进行统计。对于频次较密集的客户，有一部分或许是由于返工或因为没有将故障彻底排除所致，因此应格外引起注意。

3) 每月月底对客户档案进行统计，一方面有新增客户，另一方面将流失客户档案进行封存。

4) 对流失客户应重点进行回访，弄清原因，应想方设法使其回心转意。

(3) 按照客户实际情况进行分类。

1) 公务用车；

2) 商务用车；

3) 私家用车；

4) 出租用车。

(4) 按照消费行为动机进行分类。

1) 权威至上者。

此类客户必须要到专业服务站，接收正规专业化服务，使用原厂配件，即使费用高也在所不惜。此类客户一般都会成为我们的忠诚客户，但由于付出较多，因此对质量、时间及服务的水平都会提出更高的要求。

2) 怀疑论者。

此类客户一般不了解汽车性能或汽车维修行业，疑心较重或有过受骗的经历，因此总是害怕上当，对谁都不信任。往往是走了东家走西家，把自己搞得稀里糊涂。对于此类客户，应加强透明度，不要害怕吃小亏。一旦这样的客户信任了我们，他们也会成为我们的忠诚客户。

3) 务实主义者。

此类客户的要求是在保证质量的前提下，尽可能便宜。因此，有时出现小毛病他会到路边小店维修，配件也会选用质量稍好的副厂件，而且认为很划算。但涉及一些技术难度较大的问题，还会来专业服务站，选用原厂件。对于此类客户，应尽量为其设计省钱的维修方案，包括使用一些质量可靠的副厂件，使其感到价格合理。

4) 廉价者。

此类客户只要价格便宜，尽可能对付，在万不得已情况下，才会去专业服务站。此类客户经常是在小店吃了大亏后才转向专业服务站，以出租车为主。对于此类客户，只能采取特殊的营销策略，但往往利润回报太低。

（5）按照资金信用情况进行分类。

1）AAA级：资金信用情况非常好，可以每隔一段时间结账；

2）AA级：资金信用情况还不错，但不是很宽裕；

3）A级：资金信用情况不好，对于此类客户应多加小心；

4）0级：此类客户不可为其服务，应客气地委婉拒绝，或尽可能减少损失。

三、VIP会员管理

1. 会员俱乐部的服务项目

会员俱乐部为客户提供的服务项目，见表1—2。

表1—2　　会员俱乐部的服务项目

项目	服务内容
业务培训	新客户培训、驾驶培训、维护和保养培训、安全培训
购车服务	代办车辆的购置税、代办工商验证、代办车辆保险、代办信贷购车、免费加入会员中心、定制车辆“贴身服务计划”
维修服务	修车无须等候、按会员卡类别给予优惠、按会员积分给予优惠
承保理赔	新车投保、车辆续保、理赔受理、代理索赔
VIP专区	专职的服务顾问、优先体验新产品、优先参与市场推广、优先获得新车资源、组织活动、结识业务伙伴、出行预订、休闲
提醒、回访	重要信息提醒、销售和维修回访、首保回访、节假日和生日问候、服务回访
援救服务	紧急援油、现场抢修、事故拖车
证件代办	驾驶证年审、换证、补办、行驶证年审、换证、过户、车船税代缴
专业咨询	保养和维护咨询、手续咨询、客户投诉、专家回访、服务政策、安全咨询
信息提供	会刊、在线查询、电话咨询

2. 会员管理的内容

（1）奖励体制；

（2）入会方式；

（3）入会卡级别确定；

（4）会员卡分类；

（5）会员卡资格期限；

（6）会员升级；

（7）会员积分；

（8）会员积分换算；

（9）会员优惠及礼品兑换。

四、跟踪回访管理

1. 重要性

跟踪回访管理就是建立与已购车客户之间的联系，为了加强和维护好与客户之间的关系，就要有计划地通过电话、信件与客户保持联系，将联系工作规范化；同时每次售后跟踪后，将新的客户信息填入卡，及时更新；客户信息卡为经销店的资产，应设定相应的归档及转接手续，以保持长期的客户满意度（CSI）。

2. 跟踪管理的内容

（1）交车后每 3 个月亲自拜访或电话访问客户一次，以确保和客户建立持续发展的关系，并填写《营业活动访问日报表》，客户访问情况录入《保有客户管理卡》，向客户问候致意，关心客户生意的经营情形并问候其家庭状况，协助客户对车子使用问题的处理，提醒客户有关定期维护服务及预约，借客户对所使用车辆有好感时，请他推荐有购车意愿的潜在客户，视客户的需要，推荐公司现有的商品及配件。

（2）交车后第 12、第 24 个月亲自拜访或电话访问客户，维系客户关系，并填写《营业活动访问日报表》，客户访问情况录入《保有客户管理卡》，向客户问候致意，关心客户生意的经营情形并问候其家庭状况，协助客户对车子使用问题的处理。招揽续保，借客户对所使用车辆有好感时，请他推荐有购车意愿的潜在客户。

（3）交车后第 36、第 48、第 60 个月亲自拜访或电话访问客户，维系客户关系，并填写《营业活动访问日报表》，客户访问情况录入《保有客户管理卡》，向客户问候致意，关心客户生意的经营情形并问候其家庭状况。

协助客户对车子使用问题的处理，邀请客户做车检前整备及续保招揽，借客户对所使用车辆有好感时，请他推荐有购车意愿的潜在客户，引导客户换购新车的意愿，促进其购买新车。

（4）经常向客户提供最新和有附加值的信息（如新车、新产品信息、售后服务信息、赠品、备件信息等），寻求各种机会促进客户来店，与客户保持长期的关系来促进客户购买新车。

（5）每年都向所有客户寄送生日卡。

（6）每年都向所有客户寄送节日卡（如春节、中秋等重要节日）。

【单元小结】

1. 介绍了客户接待过程中，接待客户的技巧、处理客户异议的技巧、处理客户投诉的技巧。

2. 建立客户档案、VIP 会员及跟踪回访管理，可使顾客的信息详细，具有可读性，保证在回访的过程中很方便地与客户进行联系。

3. 客户满意度是一种很难测量的、暂时的、不稳定的心理状态。因此，汽车企业应该经常性地测试客户满意度高低。其衡量指标包括对品牌的知名度、对产品的美誉度、消费后的投诉率、单次交易的购买额、消费后的回头率、向其他人的推荐率、对价格变化的敏感度。

【思考与练习】

一、判断题

1.（　　）处理异议技巧的忽视法针对的是指顾客真的要解决的异议。

2.（　　）顾客购车时反应和态度中的怀疑，是指顾客并不直接表示异议、冷淡、怀疑、拒绝，而是用拖延时间的方法。

3.（　　）处理异议技巧的转化法是指利用负面的异议，转变成销售顾问正面的观点。

4.（　　）处理异议技巧的预防法是指不承认自己产品的某方面的劣势或竞争对手的优势。

5.（　　）投诉率是指客户在购买某企业的产品或服务后所产生投诉的比例。

二、选择题

1. 下面不是异议产生的原因是（　　）。

A. 信息问题　　B. 信任问题　　C. 商家问题　　D. 沟通问题

2. 面对异议时，我们的态度不应该是（　　）。

A. 把异议当成一种积极的信号，抓住这个销售的机会。

B. 保持积极的心态，认真听取并理解顾客的异议。

C. 无关大雅的异议，暂时放置一边，不要耿耿于怀。

D. 站在顾客立场上，体贴耐心地化解顾客的异议。

3. 下面不是构建客户满意度指标的原则是（　　）。

A. 代表性　　B. 全面性　　C. 可操作性　　D. 误导性

4. 关于处理客户异议时，甲说：用精神焕发的容貌和彬彬有礼的态度，以及友好、热情的态度来接待顾客就会给顾客留下好感。乙说：站在公司的立场上进行说明，这样可以避免顾客听错，防止出现“费用太高”等。请问谁说的正确？（　　）

A. 甲正确　　B. 乙正确　　C. 甲乙都正确　　D. 甲乙都错误

5. 关于对客户档案信息的维护，甲说：客户档案信息是确保客户档案的有效性和准确性的重要保证。乙说：应由专人将所有的维修记录全部列入客户档案中。请问谁说的正确？（　　）

A. 甲正确　　B. 乙正确

C. 甲乙都正确　　D. 甲乙都错误

三、简答题

1. 异议产生的原因有哪些？
2. 建档的方法和内容有哪些？
3. 会员管理的内容有哪些？
4. 举例说明处理顾客的技巧有哪些？
5. 简述客户满意度的衡量指标有哪些？

【综合实训】

一、客户异议的处理

实训目标：掌握处理客户异议的技巧。

实训组织：学生分组实训客户异议的处理技巧。

实训提示：考察4S店销售顾问是如何处理顾客的异议的。

实训成果：根据教师的具体要求，学生各组提出演示方案，大家进行讨论，当场评比，公布结果。

二、客户关系的管理

实训目标：客户管理能力的培养。

实训组织：学生分组实训如何做好学习时间的管理，并扩充到客户的管理。

实训提示：考察已毕业的本专业的学生是如何做好客户管理工作的。

实训成果：根据教师的具体要求，学生各组提出演示方案，大家进行讨论，当场评比，公布结果。

三、顾客投诉管理

实训目标：处理客户投诉能力的培养。

实训组织：学生分组实训，分别扮演客户及维修接待人员。对相应投诉内容进行模拟演练。

实训提示：考察已毕业的本专业的学生是如何做好客户投诉管理工作的。

实训成果：根据教师的具体要求，学生各组进行投诉演练，大家进行讨论，当场评比，公布结果。

单元 2

汽车销售与管理

【教学目标】

1. 掌握汽车销售的技巧和礼仪；
2. 掌握汽车销售流程。

【能力目标】

1. 能运用规范的销售礼仪为顾客介绍产品；
2. 能利用资料和现车详细地为顾客说明车辆情况。

【引例】

某日，一对夫妇走进某品牌的汽车专卖店，他们来到一辆黑色轿车前，于是销售人员热情地、滔滔不绝地用比较专业的术语向他们介绍了本款车的结构和性能。当顾客问："本款汽车是全铝车身吗，全铝车身有什么好处?"销售人员支支吾吾地说："我为您查一查。"见此情形夫妇对接待他的销售人员说："谢谢你，改天我们再来。"于是两位顾客带着不信任的表情离开了这家专卖店，而走进了另外一家专卖店。

任务 2.1 汽车销售礼仪

任务描述

礼仪是在人际交往中，以一定的、约定俗成的程序、方式来表示尊重对方的过程和手段。礼仪的根本内容是“约束自己，尊重他人”；礼仪的目的是为了让人们能轻松愉快地交往；礼仪的基本原则是“为他人着想”，“己所不欲，勿施于人”则是礼仪的精髓。

就个人来说，礼仪可以有效塑造自己，使交往对象对自己产生专业、敬业、权威、有礼、有节的良好印象，从而形成独特的竞争优势。

就企业来说，礼仪可以塑造工作人员完美的专业形象，给客户留下最好的印象。礼仪同时贯穿在每个可操作的具体环节上，它可以帮助工作人员从细节上区分客户的心理，和客户打交道时能更加得心应手，赢得他们的好感、信任和尊重，并转化为公司形象的具体表现。我们的顾客购买的已不再仅仅是商品本身，“商品的质量，工作人员的态度，随之相关的服务”是现在顾客选择购买的新标准。

现代型的企业，强调的是组织团队的力量，而礼仪正可以促进这一力量。它使同事之间的交往更加得体，平级及上下级之间的关系处理更加有分寸，与客户的关系更加紧密。

所以，学习和运用礼仪，已成了企业提高美誉力、提升核心竞争力的重要手段，这不仅顺应潮流，更是形势所需。

相关知识

一、销售员标准服装

1. 着装要求

男士、女士在不同场合的着装标准见表 2—1。

表 2—1　　不同场合的着装标准

场合	说明	基本要求	适宜服装
公众场合	执行公务时涉及的场合	庄重保守	男士：制服、西装套装、长裤、长袖衬衫 女士：制服、西装套裙、长裙
社交场合	工作之余在公众场合和同事、商务伙伴友好进行交往应酬的场合，如宴会、舞会、音乐会等	时尚个性	礼服、时装等
休闲场合	工作之余一个人单独或在公众场合和其他不认识的人共处，如健身运动、逛街购物、观光旅游等	舒适自然	牛仔服、运动装、沙滩装等

2. 男性着装规范

（1）男士着装标准。

男士销售顾问，胡须应每天刮干净，头发梳理整齐，服装必须整齐干净，不得穿便服或休闲服，应穿公司规定的制服，新进人员未分发制服前，应穿白衬衫系领带。男士着装标准见表 2—2 和图 2—1。

（2）男西装正确穿着法。

男性出席正式场合穿西装、制服，要坚持三色原则，即身上的颜色不能超过三种颜色

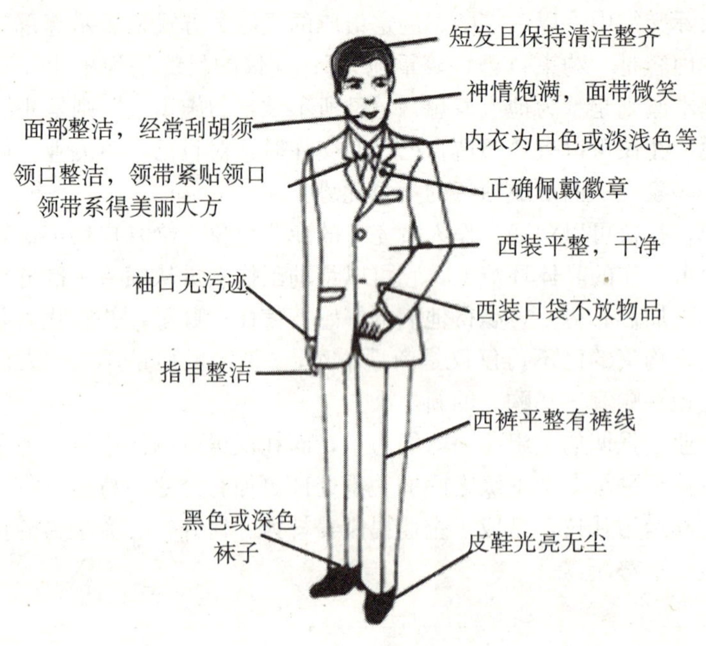

图 2—1　男士着装标准

或三种色系（皮鞋、皮带、皮包应为一个颜色或色系）。

1）穿单排纽的单件西装，可以不系领带；穿成套西装，最好系上领带；穿双排纽的西装，必须系上领带。

表 2—2　男士着装标准

场合	适宜服装
衬衫	白色或单色衬衫，无污渍，袖口不得长于手。领口不得有显露的破痕。所有扣子均系上，质地、款式、颜色与其他服饰相匹配，并符合自己的年龄、身份和公司的个性
领带	领带紧贴领口，端正整洁，不歪不皱，不过分华丽耀眼，质地、款式、颜色与其他服饰相匹配，并符合自己的年龄、身份和公司的个性
西装	整洁笔挺，背部无头发和头屑。不打皱，不过分华丽。与衬衫、领带和西裤匹配。与人谈话或打招呼时，将第一个纽扣扣上。上口袋不要插笔，所有口袋不要因放置钱包、名片、香烟等物品而鼓起来
铭牌	擦亮，表面没有胶条及皮筋。佩戴在上衣口袋连缝处，不能随意佩戴各种纪念牌
皮带	松紧适度，高于肚脐，不选用怪异的皮带头，颜色与鞋子、公文包搭配
裤子	无折皱，适体，不系裤带时不掉落。站立时裤脚不应拖地，应能盖住袜子，系简单的黑色皮带
鞋袜	鞋袜搭配得当。鞋面干净亮泽，鞋底不宜钉铁掌。袜子无折皱、脏迹、破痕、异味。不露出腿毛，不穿尼龙丝袜，袜子颜色和皮鞋相近

2）系领带时领结必须抽紧，卡住衬衫领口，不要吊在领角下面。领带的内页应短于外页。

3）打领带时，衬衫领口纽扣应扣上；不打领带时，衬衫领口应敞开。

4）穿背心或毛衣时，领带必须放在里面。

5）单排纽西装，一粒扣的，系上端庄，敞开潇洒；两粒扣的，只系上面一粒扣洋气、正统，只系下面一粒牛气、流气，全扣上土气，都不系敞开潇洒、帅气，全扣和只扣第二粒不合规范；三粒扣的，系上面两粒或只系中间一粒都符合规范要求。双排纽西装，应两粒纽扣都扣上，至少扣合下面一粒纽扣。

6）西装的上口袋，不宜插钢笔、圆珠笔及眼镜。

7）证章及纪念章不可别在西装的口袋上方。

8）西装的口袋一般不放东西，最多放一块手帕，不可放得鼓鼓囊囊的；走路时，也不要把双手插在西装上衣或裤子口袋内。

9）衬衫的袖口应露出在西装袖口外面，且衬衫袖口一定要扣上。

10）穿西装时应穿皮鞋，不能穿尼龙丝袜和白色的袜子。

3. 女性着装规范

（1）女士着装标准。

女性着装应符合身份，扬长避短，区分场合，遵守惯例。制服要完整、清洁及合身，不得穿脏或有折皱的衣服。女士着装标准见表 2—3 和图 2—2。

表 2—3　　女士着装标准

场合	适宜服装
衬衫	领口无显露的破痕、无污渍，领带、领结及所有扣子应系好
西装	无明显折皱，着装平整，按要求标准着装，无污渍
铭牌	擦亮，表面没有胶条及皮筋。佩戴在上衣口袋连缝处，不能随意佩戴各种纪念牌
裙子	长度适宜，无折皱、破痕
裤子	无折皱，适体，不系裤带时不掉落。站立时裤脚不应拖地，应能盖住袜子，系简单的黑色皮带
筒袜	没有显露的破痕，一般穿肉色短袜或长筒袜
鞋袜	擦亮，没有显露的破痕

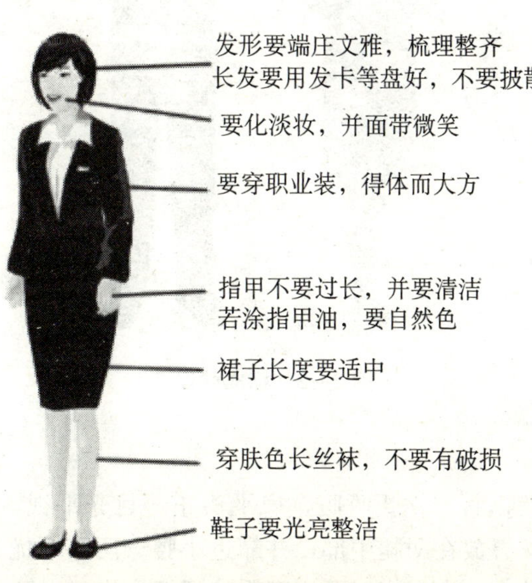

图 2—2　女士着装标准

（2）女士着装的注意事项。

1）不能在工作场合穿黑色皮裙；

2）不光腿；

3）袜子上不能有洞；

4）套裙不能配便鞋；

5）穿正式凉鞋——前不露脚趾，后不露脚跟；

6）不能出现三截腿——裙子一截，腿一截，袜子一截；

7）不能拿健美裤充当袜子；

8）不能将长筒袜卷曲一截。

总之，女士着装原则是：不过分杂乱，不过分鲜艳，不过分裸露，不过分透视，不过分短小，不过分紧身。

二、销售员标准姿势

1. 标准站姿

（1）女士：挺胸、收腹、抬头，下颌微收、目视前方，视线与眼睛同高，眼睛看前方1米左右，肩膀往后垂，前腿轻轻点地，重心全部放在后腿上。要表现出女性的温顺和娇巧、纤细、轻盈、娴静、典雅之姿，给人一种“静”的优美感。见图 2—3。

（2）男士：挺胸、收腹、抬头，两腿稍微分开，与肩同宽，若是空着手，可双手在下体交叉，右手放在左手上，双手放前、放后均可以。见图 2—3。

图 2—3　标准站姿

2. 标准坐姿

（1）女士：胸部自然挺直，立腰收腹，肩平头正，目光平视，上身挺直，双肩正平，两臂自然弯曲，两手交叉叠放在两腿中部，并靠近小腹。两膝并拢，小腿垂直于地面，两脚尖朝正前方。着裙装的女士在入座时要用双手将裙摆内拢，以防坐出皱纹或因裙子被打褶而使腿部裸露过多，如图 2—4 所示。

(2) 男士：胸部自然挺直，立腰收腹，肩平头正，目光平视，膝部可以分开些，但不宜超过肩宽，如图 2—5 所示。

入座时要轻，至少要坐满椅子的 2/3，后背轻靠椅背，身体稍向前倾，表示尊重和谦虚。

不正确的坐姿：两腿叉开，腿在地上抖动，腿跷得太高。

图 2—4　女士标准坐姿

图 2—5　男士标准坐姿

3. 标准蹲姿

(1) 女士：下蹲时不要光弯腰，使臀部向后撅起，这非常不雅，也不礼貌。正确的蹲姿应该是弯下膝盖，两个膝盖应该并起来，不应该分开，臀部向下，上身保持直线，如图 2—6 所示。

(2) 男士：常用的高低式蹲姿，下蹲时右脚在前，左脚稍后，两腿靠紧向下蹲。右脚全脚着地，小腿基本垂直于地面，左脚脚跟提起，脚掌着地。左膝低于右膝，左膝内侧靠于右小腿内侧，形成右膝高左膝低的姿态，臀部向下，基本上以左腿支撑身体，如图 2—7 所示。

图 2—6　女士标准蹲姿

图 2—7　男士标准蹲姿

三、销售员展厅礼仪

1. 握手礼仪

（1）握手次序。

1）年长者与年幼者握手，年长者先伸手；

2）长辈与晚辈握手，长辈先伸手；

3）老师与学生握手，老师先伸手；

4）男士与女士握手，女士先伸手；

5）已婚者与未婚者握手，已婚者先伸手；

6）先至者与后来者握手，先至者先伸手；

7）上级与下级握手，上级先伸手。

（2）握手动作。

对方伸手后，我方应迅速迎上去，但避免很多人互相交叉握手，用大约 2 公斤的力，避免上下过分地摇动。

（3）握手位置。

女士握位，食指位；男士握位，整个手掌；一般关系，一握即放；屈前相握。

（4）何时要握手？

1）遇见认识人；

2）与人道别；

3）某人进你的办公室或离开时；

4）被相互介绍时；

5）安慰某人时。

（5）具体握手礼仪。

1）用右手握手，同时要看着对方的眼睛，与异性握手不要用双手；

2）有力但不能握痛，时间大约持续三秒钟；

3）握手时，手要保持干净，且不要戴手套与人握手，如图 2—8a 所示；

4）多人互相介绍时，注意不要交叉握手，如图 2—8b 所示；

5）在介绍过程中不要一直握着对方的手，也不要握着对方手，而与第三人说话，如图 2—8c 所示。

6）握手开始和结束要干净利落，不要多次摇晃，只晃两三下为宜，如图 2—8d 所示。

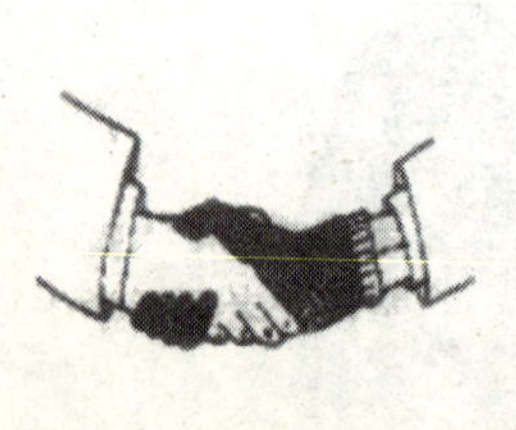

(a) 戴手套

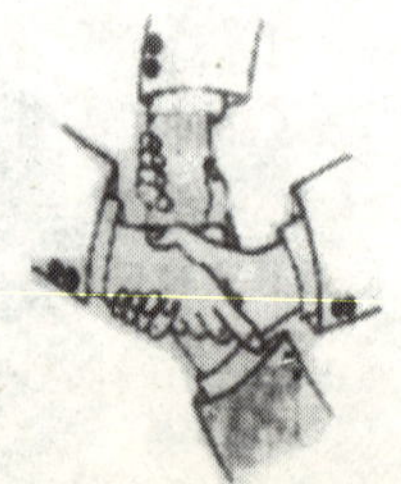

(b) 交叉握手

(c) 与第三人说话

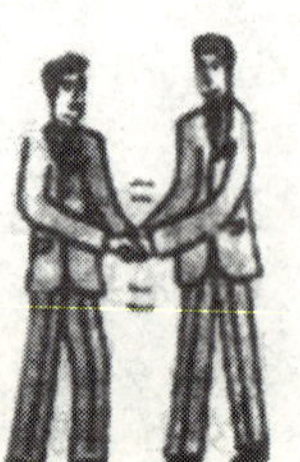

(d) 多次摇晃

图 2—8　握手礼仪中几种错误做法

2. 介绍礼仪

（1）先把顾客向主人介绍之后，随即将主人再介绍给顾客。

（2）在一般情况下，应先把男士介绍给女士之后，再把女士介绍给男士；应先把年轻的、身份低的介绍给年长的、身份高的，再把年长的、身份高的介绍给年轻的、身份低的；先把未婚者介绍给已婚者，再把已婚者介绍给未婚者。

（3）介绍时，要把被介绍的姓名、职衔（职位）说清楚。

（4）同级、同身份、同年龄时，应将先者介绍给后者。

（5）介绍双方姓名时，口齿要清晰，说得慢些，能让双方彼此记住。

（6）向双方做介绍时，应有礼貌地以手示意。手向外示意时手心向外，手向里示意时，手心向着身体，身体稍倾向介绍者，切勿用手指划，更不能拍打肩膀或胳膊。

汽车销售人员进行自我介绍时注意介绍的内容要让人对自己的信息有所了解，一般包括姓名、职业、单位、经历、年龄、特长和兴趣，但初次见面时可只向对方介绍前三项即可。

3. 接电话礼仪

（1）接电话的四个基本原则。

1）电话铃响在 3 声之内接起，如果你让电话铃响得时间过长，对方会挂断电话，你便会失去得到信息或生意的机会；

2）电话机旁准备好便签进行记录；

3）确认记录下的时间、地点、对象和事件等重要事项；

4）告知对方自己的姓名。

（2）接电话的注意事项。

1）左手持听筒、右手拿笔。在手边放有纸和铅笔，随时记下你所听到的信息。如果你没做好准备，而不得不请求对方重复，这样会使对方感到你心不在焉，没有认真听他说话。

2）电话铃声响过两声之后接听电话。注意要有礼貌，把你全部的注意力投入在电话中，包括语调和心情。

3）报出公司或部门名称。

4）确定来电者身份。

5）听清楚来电目的。

6）保持正确姿势，注意声音和表情。声音是适中的、清晰的、柔和的，不要在电话里喊叫或声音很尖。

7）复述来电要点。

8）最后道谢，说再见。

9）不要先挂断电话。

（3）接电话的技巧。

1）铃声响起。

2）拿起听筒。当你接听电话时，不要“哼哼哈哈”地拖延时间，而应立即做出反应。

一个好的开场白可能是："您需要我做什么？"。

3）报出名字及问候。

4）确认对方名字。

5）询问来电事项。

6）再汇总确认来电事项。

7）礼貌地结束电话。

8）挂电话。

如果你在接电话时不得不中止电话而查阅一些资料，应当动作迅速。你还可以有礼貌地向对方说："您是稍候片刻，还是过一会儿我再给您打过去？"

（4）打电话的技巧。

1）拨出电话。

2）自我介绍。一拿起电话就应清晰说出自己的全名，有时也有必要说出自己所在单位的名称。当对方说出其姓名，你可以在谈话中不时地称呼对方的姓名。

3）确定对方及问候。

4）说明来电事项。

5）再汇总确认。

6）礼貌地结束谈话。

7）挂断电话。

（5）转电话的礼仪。

自己接的电话尽量自己处理，只有在万不得已的情况下才能转给他人。这时，你应该向对方解释一下原因，并请求对方原谅。

在转接电话的时候，时间不能超过10秒。当接到一个顾客的电话是找另外一个人时，你应请顾客稍等，把这个电话转给他要找的那个人。如果那个人不在座位上，或者由于其他的原因不能迅速接到电话，你必须在10秒钟之内把这个电话接回来，向顾客说清楚，或者留下联络方法。

4. 名片使用礼仪

（1）使用名片的礼仪。

初次见到顾客，首先要以亲切态度打招呼，并报上自己的公司名称，然后将名片递给对方，名片夹应放在西装的内袋里，不应从裤子口袋里掏出。

1）递接名片时最好用双手，名片的正方应对着对方、名字向着顾客，最好拿名片的下端，让顾客易于接受。

2）如果是事先约好才去的，顾客已对你有一定了解，或有人介绍，就可以在打招呼后直接面谈，在面谈过程中或临别时，再拿出名片递给对方，以加深印象，并表示保持联络的诚意。

3）异地推销，名片上留下所住旅馆名称、电话；对方递给名片时，应该用双手接。

4）接过后要点头致谢，不要立即收起来，也不应随意玩弄和摆放，而是认真读一遍，要注意对方的姓名、职务、职称，并轻读不出声，以示敬重。对没有把握念对的姓名，可以请教一下对方，然后将名片放入口袋或手提包、名片夹中。

(2) 名片的用处。

名片除在面谈时使用外，还有其他一些妙用。

1) 去拜访顾客时，对方不在，可将名片留下，顾客来后看到名片，就知道你来过了。

2) 把注有时间、地点的名片装入信封发出，可以代表正规请柬，又比口头或电话邀请显得正式。

3) 向顾客赠送小礼物，如让人转交，则随带名片一张，附几句恭贺之词，无形中关系又深了一层。

4) 熟悉的顾客家中发生了大事，不便当面致意，寄出名片一张，省时省事，又不失礼。

(3) 接递名片的注意事项。

1) 不可递出污旧或折皱的名片；

2) 名片夹或皮夹置于西装内袋，避免由裤子的后口袋掏出；

3) 上司在时不要先递名片，要等上司递上名片后才能递自己的名片；

4) 外出拜访时，经上司介绍后，再递出名片；

5) 起身站立走上前，双手递过名片，正面朝对方；

6) 对外宾应递上印有英文的一面，面带微笑并说“多多关照”、“常联系”。禁忌：背面、字向颠倒。

5. 回答问题的礼仪

(1) 让知道的人来回答。

若碰到来电或者来访的顾客问你一些汽车方面的问题，比如新车具备哪些新的功能、新的装备，外观如何，与老款车有什么区别等，如果你知道答案就可直接回答；如果你不知道答案，绝对不能勉强，一定要把电话转给了解该产品的人，这也是一种规范。

(2) 区别标准装备和选装配置。

作为一款新车，出厂后都具备标准的装备，同时还会有一些选装件，特别是在进口车当中比较多，有的选装件的配置高达几十种。销售人员要把这几十种选装件另外列一个清单，每加一个配件，都需额外增加费用，所以销售人员在回答顾客问题时，必须了解这些清单里面的内容和车本身标准装备的价格。在回答顾客价格、咨询的时候，必须分门别类，向顾客解释清楚。

(3) 销售与售后服务各司其职。

如果顾客提出售后服务方面的问题，销售人员不应替售后服务人员去回答这些问题。因为每一个部门、每一个专业都有各自的分工。销售人员不可能承担售后服务的职能，而售后服务部门的人员比较清楚有关售后服务方面的问题，所以凡是遇到顾客咨询售后服务方面的问题，最好把问题转给售后服务部门，他们的回答比较专业，特别是一些技术上的问题。

(4) 按照规定回答。

二手车业务在过去汽车公司经营的不多，但从2004年开始，一些大型的汽车公司都陆陆续续地开展了二手车业务。开展二手车业务也需掌握二手车的专业知识，当顾客问起二手车业务的时候，销售人员不能随心所欲，在自己一知半解的情况下去回答顾客的问题。公司应制定一些规定，业务人员最好按照这些规定去回答顾客。

四、汽车销售话术技巧

1. 迎宾用语

“您好，您想看什么样的车?”

“请进，欢迎光临我们的专卖店!”

“请坐，我给您介绍一下这个车型的优点。”

2. 友好询问用语

“请问您怎么称呼？我能帮您做点什么?”

“请问您是第一次来吗？是随便看看还是想买车。”

“我们刚推出一款新车型，您不妨看看。不耽误您的时间的话，我给您介绍一下好吗?”

“您是自己用吗？如果是的话您不妨看看这辆车。”

“好的，没问题，我想听听您的意见可以吗?”

3. 招待介绍用语

“请喝茶，请您看看我们的资料。”

“关于这款车的性能和价格有什么不明白的请吩咐。”

4. 道歉用语

“对不起，这种型号的车刚卖完了，不过一有货我马上通知您。”

“不好意思，您的话我还没有听明白”，“请您稍等”，“麻烦您了”，“打扰您了”，“有什么意见，请您多多指教”，“介绍得不好，请多原谅”。

5. 恭维赞扬用语

“像您这样的成功人士，选择这款车是最合适的。”

“先生（小姐）很有眼光，居然有如此高见，令我汗颜。”

“您是我见过的对汽车最熟悉的客户了。”

“真是快人快语，您给人的第一印象就是干脆利落”；“先生（小姐）真是满腹经纶；您话不多，可真正算得上是字字珠玑啊”；“您太太（先生）这么漂亮（英俊潇洒），好让人羡慕”。

6. 送客道别用语

“请您慢走，多谢惠顾，欢迎下次再来!”

“有什么不明白的地方，请您随时给我打电话。”

“买不买车没有关系，能认识您我很高兴。”

任务 2.2 汽车销售流程

任务描述

相关知识

在汽车 4S 店，销售环节是非常重要的，它能为企业带来最直接的利润。因此规范汽车的销售流程及销售人员的营销技能，已成为当今各汽车公司以及各汽车 4S 店的追求。在本任务中，我们将以销售技巧和规范的销售流程为中心，以客户需求为导向，系统地讲述当今汽车市场需要规范的销售流程。

在汽车 4S 店，规范的汽车销售流程如图 2—9 所示。

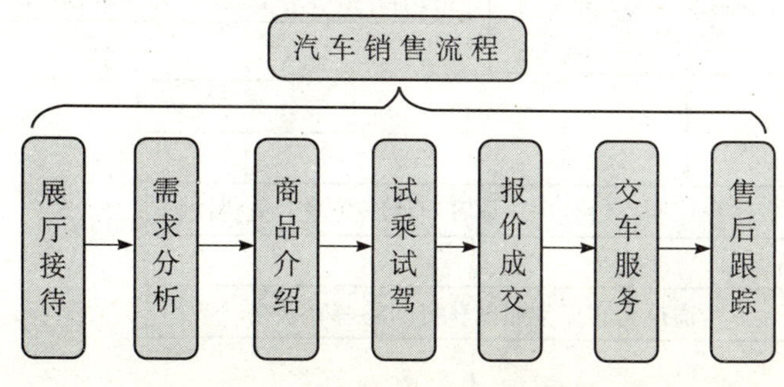

图 2—9 规范的汽车销售流程

(1) 展厅接待：在展厅接待环节，我们要学习怎样有效地接待客户，怎样获得客户的资料，怎样把客户引导到下一环节中去。

（2）需求分析：在需求分析里，我们将以客户为中心，以客户的需求为导向，对客户的需求进行分析，为客户介绍和提供一款符合客户实际需要的汽车产品。

（3）商品介绍：在商品介绍中，我们将紧扣汽车这个产品，对整车的各个部位进行互动式的介绍，将产品的亮点通过适当的方法和技巧进行介绍，向客户展示能够带给他哪些利益，以便顺理成章地进入到下一个环节。

（4）试乘试驾：客户可以通过试乘试驾亲身体验和感受以及对产品感兴趣的地方进行逐一的确认。这样可以充分地了解该款汽车的优良性能，从而增加客户的购买欲望。

（5）报价成交：在报价成交中，主要是汽车销售人员在即将成交的这个环节上所面临的“临门一脚”的问题。

（6）交车服务：交车是指成交以后，要安排把新车交给客户。在交车服务里我们应具备规范的服务行为。

（7）售后跟踪：最后一个环节是售后跟踪。对于保有客户，销售人员应该运用规范的技巧进行长期的维系，以达到让客户替你宣传，替你介绍新的意向客户来看车、购车的目的。因此，售后服务是一个非常重要的环节，可以说是一个新的开发过程。

一、展厅接待

1. 展厅接待流程

展厅接待流程如图 2—10 所示。

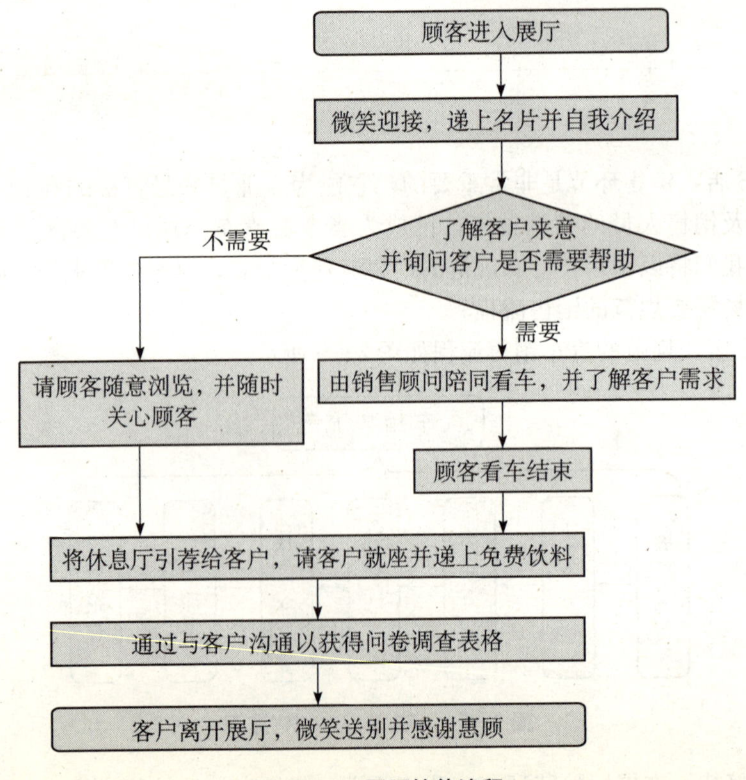

图 2—10　展厅接待流程

2. 顾客若开车来

(1) 顾客到来时迎至展厅外（至少在门口）迎接，主动为顾客引导安排车位，停放车辆，第一顺位值班人员引导顾客进入展厅。

(2) 观察顾客动作、车辆外形及新旧、车辆内部状况，以了解该顾客的特性及可能的需求，考虑合适的接待方式。

(3) 若是下雨天，主动拿伞出门迎接顾客。

3. 顾客进入展厅时

(1) 点头、微笑、目视并保持眼神接触，所有员工遇到顾客时都应以充满活力、明朗、欢快的声音，向顾客打招呼、致意。

(2) 热情招呼顾客带来的每一个人，第二顺位者应主动协助招呼顾客的同行人员。

(3) 介绍自己并递上名片，在迎接后立即询问顾客是否能为他效劳，以便弄清楚顾客光临的目的。若顾客不需要协助，让顾客轻松地自由活动，若顾客有疑问或需要服务的时候，要立即上前服务。

(4) 创造与顾客交谈的机会，适时灵活地随声附和顾客。

(5) 与顾客初步交谈时说话要热情，充分表达对企业及产品的信心。

(6) 若是两人以上同行则不可忽视对其他人的招呼应对；若同时有两、三组人来看车，要请求支援，不可使任何人受到冷落；若有儿童随行，其他业务代表应负责招待，若儿童愿意到儿童游乐区，则引导他们前往。

4. 顾客自行参观车辆时

请顾客自己随意浏览参观，离开并保持一定的距离，在顾客目光范围内随时关注顾客的需求。

5. 顾客需要帮助时

(1) 顾客表示想问问题时，销售顾问应立即上前服务。

(2) 用亲切的态度和易懂的语言与顾客交谈，准确地回答顾客的问题。

(3) 通过开放式提问了解顾客对车辆的需求，不用专业术语询问顾客。

(4) 从一般性的问题开始提问，例如询问顾客是否来过展厅，购车的用途，过去使用车辆的经验等。

(5) 与顾客交谈时要有热情和信心，适当介绍公司及其产品。

6. 顾客离开时

(1) 顾客要离开时，要和顾客约定下次见面的时间、地点等事项，并提醒顾客携带的物品。

(2) 放下手中的其他的事务，陪同顾客到停车场，感谢顾客光临。

(3) 陪同顾客到车位，为顾客打开车门，引导车辆出入。

(4) 真诚地感谢顾客关照，热情地欢迎再次来店。

(5) 微笑，向顾客挥手致意，并目送顾客离去。

7. 顾客离去后

(1) 整理顾客信息，填写 A 卡及《来店（电）顾客登记表》。

（2）联系顾客致谢。

（3）设定明确目标，实施计划、实施时间、实施对象。

（4）对每一位顾客进行锲而不舍的追踪，直到达成交易。

二、需求分析

1. 顾客需求分析流程

顾客需求分析流程如图 2—11 所示。

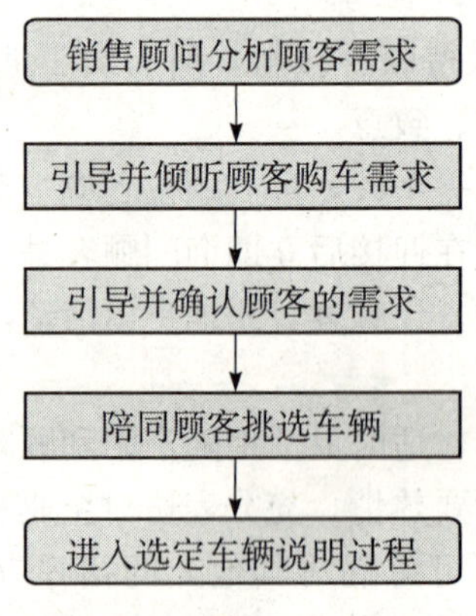

图 2—11　顾客需求分析流程

2. 顾客开始表达需求

（1）眼神的接触，关心的表情，身体前倾，热情倾听，表示对顾客的关心与尊重。

（2）征得顾客同意，详细记录顾客谈话的要点。

（3）运用一般性问题，收集顾客的信息，如：

1）您在购车上有什么想法？

2）您现在开什么车？

3）您看过什么车呢？

（4）运用辨识性问题理解顾客的需求，如：

1）您购车的主要用途是什么？

2）您购车时会考虑哪些因素？

（5）不要打断顾客的发言，顾客说完后再讲述自己的意见；未确认顾客需求时，不可滔滔不绝地做介绍。

3. 协助顾客总结需求

利用总结法确认顾客的需求，如：

“我帮您总结一下……”

三、新车介绍

1. 新车介绍流程

新车介绍流程如图 2—12 所示。

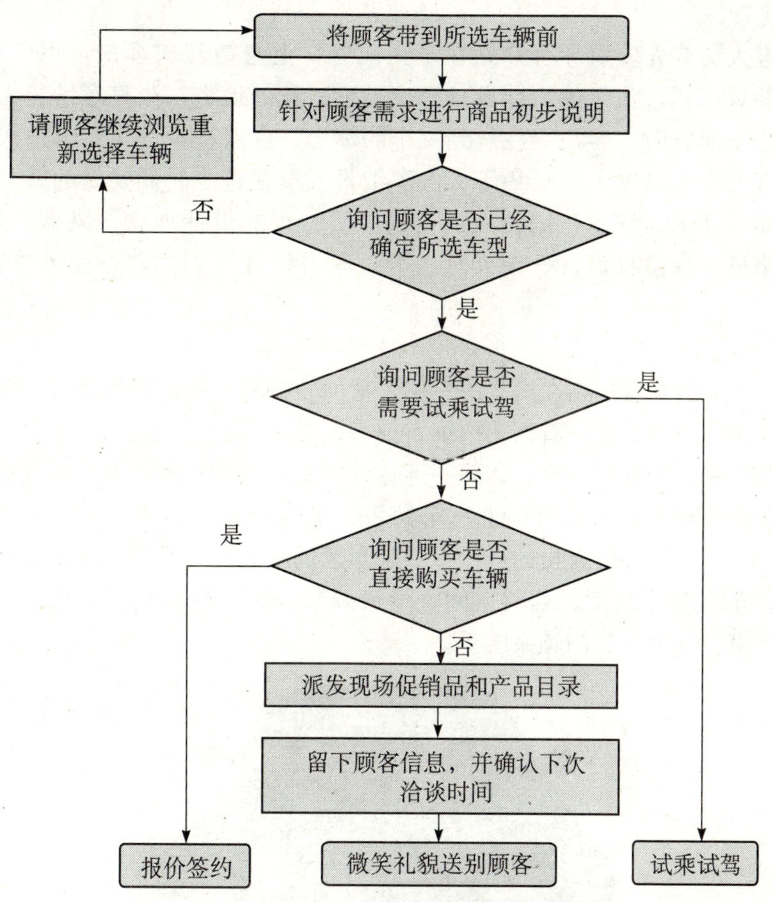

图2—12　新车介绍流程

2. 汽车产品介绍的程序

目前，汽车产品展示一般都遵循六位绕车法，如图2—13所示。六位绕车法是指在向客户介绍汽车的过程中，销售人员围绕汽车在车前方、车左方、车后方、车右方、驾驶室、发动机六个方位展示汽车，这六个步骤大约需要40分钟的时间来完成。

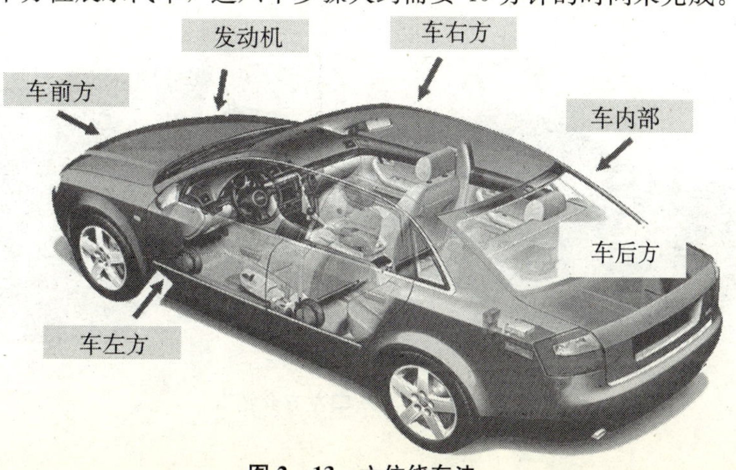

图2—13　六位绕车法

（1）车前方。

汽车销售人员首先应引导客户站在车正前方，上身微转向客户，距离30厘米，左手引导客户参观车辆。汽车的正前方是客户最感兴趣的地方，当汽车销售人员和客户并排站在汽车的正前方时，客户会注意到汽车的标志、保险杠、前车灯、前风挡玻璃、雨刷设备，还有汽车的高度、接近角等。汽车销售人员在这个时候要做的就是让客户喜欢上这辆车。如图2—14所示，销售人员重点介绍：车的设计理念、风格、外观与造型、车标、散热格栅、保险杠设计、前大灯组合、车身尺寸、雨刮器、前风挡玻璃、腰线、前脸等。

（2）车左方。

汽车销售人员引领客户站在汽车的左侧，从而发掘客户的深层次需求。让客户听听钢板的厚实或轻薄的声音，看一看汽车内饰，摸一摸做工精致的仪表盘，感受良好的出入特性以及侧面玻璃提供的开阔视野，体验一下宽敞明亮的内乘空间，客户就能将自身的需求与汽车的外在特性对接起来，再加上汽车销售人员的介绍和赞美，一定会使客户心神摇曳，如图2—15所示。销售人员的介绍重点是车辆的乘坐舒适性和驾驶的操控性。销售人员重点介绍：车门开启角度、驾驶空间、坐椅调节角度、转向盘、仪表板、操控台、音响、空调、天窗、安全带、门锁系统等。

图2—14　从车正前方介绍

图2—15　从车左方介绍

（3）车后方。

汽车销售人员陪客户一起站在汽车的正后方，站在轿车的背后，距离约 60 厘米，从行李箱开始，依次介绍高位制动灯、后风窗加热装置、后组合尾灯、尾气排放、燃油系统。开启行李箱介绍，掀开备胎和工具箱外盖进行介绍。汽车的许多附加功能可以在这里介绍，如后排坐椅的易拆性、后门开启的方便性、存放物体的容积大小、汽车的尾翼、后视窗的雨刷、备用车胎的位置设计、尾灯的独特造型等，如图 2—16 所示。销售人员重点介绍：车尾设计、后窗雨刷及加热、高位刹车灯、尾灯、倒车雷达、行李箱、保险杠、备胎、后组合灯、天线等。

图 2—16 从车正后方介绍

（4）车右方。

汽车销售人员带领客户来到车子的正右方。请他打开车门、触摸车窗、观察轮胎，注意观察他喜欢触摸的东西，告诉他车子的装备及其优点，认真回答他的问题，不要让他觉得被冷落，也不要给客户一种强加推销的感觉，如图 2—17 所示。销售人员重点介绍：安全气囊、车门把手、防撞钢梁、车身线条、车窗、悬挂系统、轮胎轮毂等。

图 2—17 从车右方介绍

（5）车内部。

汽车销售人员请客户进入车内。如果客户进入了车内乘客的位置，那么你应该告诉他的是汽车的操控性能如何优异，乘坐多么舒适等；如果客户坐到了驾驶员的位置，那么你应该向客户详细解释操作方法，如雨刷器的使用、如何挂挡等。最好让客户进行实际操作，同时进行讲解和指导，介绍内容应包括坐椅的多方位调控、转向盘的调控、开车时的视野、腿部空间的感觉，以及安全气囊、制动系统、音响和空调、车门和发动机盖。最后，引导客户到发动机盖前，根据实际情况向客户介绍发动机及油耗情况，如图 2—18 所示。销售人员重点介绍：头、肩、腿部空间、坐椅的材质、后排安全带、儿童安全锁、内饰、储物盒、后排空调、车窗按钮等。

图 2—18　从车内部介绍

（6）发动机。

汽车销售人员打开发动机盖，固定机盖支撑，向客户介绍发动机舱盖的吸能性、降噪性、发动机布置形式、防护底板、发动机技术特点、发动机信号控制系统。合上舱盖，引导客户端详前脸的端庄造型，把客户的目光吸引到品牌的标识上。所有的客户都会关注发动机，因此，汽车销售人员应把发动机的基本参数包括发动机缸数、气缸的排列形式、气门、排量、最高输出功率、最大扭矩等给客户做详细的介绍，如图 2—19 所示。销售人员重点介绍：发动机动力性能、发动机经济性能、电子防盗系统、电子喷射系统、ABS 系统、三元催化装置、发动机号、车架号、储液罐等。

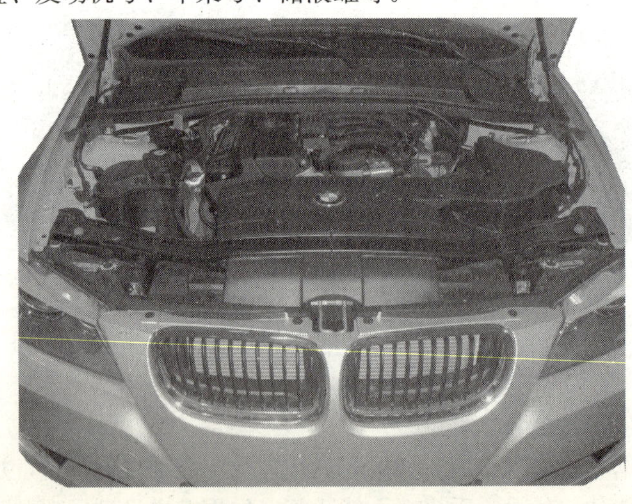

图 2—19　从发动机性能方面介绍

总之，六方位绕车介绍法是从车前方到发动机，刚好沿着整辆车绕了一圈，并且可以让汽车销售人员把车的配置状况做一个详细的说明和解释。这样的介绍方法很容易让客户对车型产生深刻的印象。

3. 汽车产品介绍的方法

汽车产品介绍的主要方法是FAB法，其中F是指车辆的配备和特性；A是指配备和特性的优势；B是指给顾客带来的利益和好处。如：这台车带有ABS，我们把这个ABS用FAB这个方法给大家做一个介绍。

首先ABS是这个车的配置，有了ABS以后，它可以有效地控制车行驶的方向。我们在一些汽车的样本资料里可以看到这样的图片，就是有两辆车走两条道，其中有一台车前面有一个障碍物，那辆车绕个弯儿过去了，另一辆车直接撞上了那个障碍物。这两个图片要说的意思是一辆车有ABS，另外一辆车没有，所以它不能够控制车行驶的方向，直接撞上了那个障碍物。如果这个障碍物是人的话，那就产生了人员的伤亡；如果是一个物的话，那财产就受到了损失。

那么ABS怎么工作呢？当你发现前面有障碍物踩刹车时，如果没有ABS一下子就把轮子抱死了，车子完全是靠着惯性向前冲的，方向没法控制。而有了ABS以后，刹车会在一秒钟内抱住那个车轴16次、17次，不停地抱紧松开，这样，车轮可以控制前进的方向。这样给客户带来的利益是双方的。一个是不会给对方造成损失；第二个是自己的车也不会受损失。通过FAB法给客户介绍，就会让客户感觉到印象很深。

4. 介绍汽车产品的注意事项

（1）介绍产品时要强调顾客的利益。

顾客关心的不是产品本身，而是产品所带来的利益。因此，销售顾问在销售汽车时要运用FAB法。

（2）介绍产品时要充满信心。

销售顾问应该充满热情、充满信心地介绍产品。如果销售顾问对自己的产品都缺乏足够的信心和热情，顾客就和对销售顾问介绍的产品感到怀疑。

（3）介绍产品时态度要不卑不亢。

销售顾问的傲慢无礼或低声下气最容易引起顾客的反感，平等真诚地对待顾客，以朋友的身份真心为顾客着想，就会赢得顾客的信任。

（4）介绍产品时不要太积极

这里所指的“不要太积极”不是说可以用消极的态度对待顾客。有些销售顾问在介绍产品时为了表明自己对车型的熟悉，会把自己所知道的知识信息全部介绍给顾客。每个车型都会有其优点和弱点，如果不加以思考，无选择性地进行介绍，顾客往往会从销售顾问的口中了解到起初并未发现的汽车弱点，或者其他竞争车型的优势，从而错失了顾客购买汽车的机会。

四、试乘试驾

1. 试乘试驾流程

试乘试驾流程如图2—20所示。

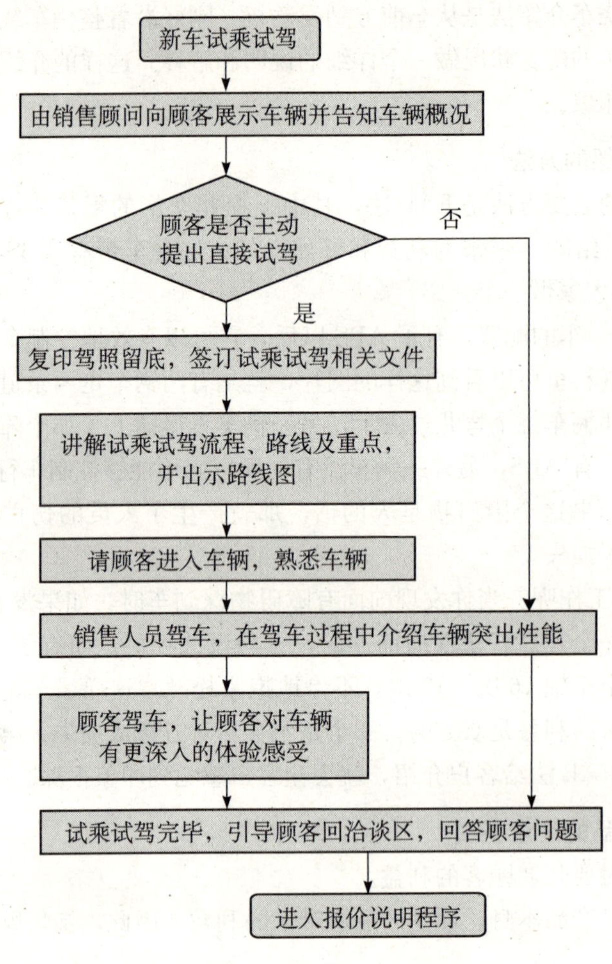

图 2—20　试乘试驾流程

2. 试乘试驾前的准备

（1）试乘试驾的路程和时间的安排。

试乘试驾的路线应该选择有变化的路段进行，应能满足试加速性能、制动性能和转向性能等要求，试车路段应该避免建筑工地和交通拥挤的地段，并充分展示车辆性能与特色，在半途有一地点可以安全地更换驾驶员。一般试乘试驾的时间为 10～20min，既能满足试车的需求，也不会浪费过多的时间。应将试乘试驾路线制作成路线图，并摆放在展厅，便于销售顾问在试乘试驾前向顾客进行路线的说明。

（2）试乘试驾的车辆准备。

管理员每天上班要检查车辆的行驶性能，包括发动机、变速器、制动系统、音响、空调、坐椅调节、雨刮器、轮胎等是否正常，如发现问题要及时进行调整和维修，确保车辆处于最佳状态；每天检查油量，确保油箱内至少有 1/2 箱燃油；同时应保持车内外清洁，车辆贴上试乘试驾标志，CD 碟中有 CD，车内有脚垫。

（3）试乘试驾车辆证件的准备。

试乘车的证件要齐全，试乘试驾车必须上车牌，行驶证、保险卡、养路费、车船税等一应俱全，严禁用商品车进行试驾。顾客必须持有国家规定的试驾车型的机动车驾驶证，才能亲自驾驶相应的试乘试驾车辆。

(4) 试乘试驾前销售人员的准备。

进行试乘试驾的销售顾问应具有合法的驾驶执照，在试乘试驾前应熟悉试乘试驾路线，至少在试车路段驾驶过两次以上，并经过系统的培训，知道在试乘试驾过程中的注意事项。销售顾问应熟悉试乘试驾中商品介绍的要点和时机。

(5) 试乘试驾前相关表格的准备。

试乘试驾前应根据试乘试驾要求填写《试乘试驾登记表》，见表2—4，并签订《试乘试驾同意书》，见表2—5，明确界定双方的权利和义务。还应准备《试乘试驾评估表》，见表2—6，以征询顾客对试乘试驾的感受。

3. 试乘试驾过程

(1) 销售顾问首先请顾客试乘，由销售顾问驾驶。在这一阶段主要是让顾客熟悉路况，为接下来的顺利试驾做好准备；销售顾问在驾驶的过程中要向顾客讲解此次试驾的主要内容，让顾客了解在什么地方试加速性能、什么地方试刹车性能、什么地方试转向、什么地方体验悬架系统、什么地方试感受静谧性等。这样，在接下来顾客自己试驾的过程中，顾客就知道应该试什么内容，在什么时候试，一方面可以提高试驾的效果，另一方面也提高了试驾的安全性。

(2) 在试驾开始前，顾客已经落座在车内的时候，如果试乘试驾顾客还有其他一起来的朋友，也可以将地图分发给他们，引发他们足够的好奇，并可基本掌握试乘试驾的话语主动权。

(3) 试乘试驾在发动车之前应注意调整坐椅、内外后视镜、转向盘的位置，注意指示转向灯开关的位置、指示雨刮器开关的位置、换挡的位置、大灯开关的位置；可以让顾客在乘坐时注意驾驶座空间、前方视野等，并告知顾客百公里加速、紧急制动、安全气囊、ABS等都不是试乘试驾的内容。

(4) 在试乘试驾过程中，指路是销售顾问的重要职责。在行驶的过程中注意给顾客指路，可以保证顾客在驾驶过程中的安全性，使顾客在试乘试驾过程中保持愉悦的心情。在指路的过程中可提示顾客感受操控的感觉、行驶中的力量、发动机的声音，并提示顾客在安全行驶的情况下，注意操作音响、空调，并观察速度表、发动机转速表等。在试乘试驾过程中以“顾客第一”的态度，让顾客充分体验试乘试驾，完成试乘试驾。

(5) 在试乘试驾返程的过程中，可以播放一些轻松舒缓的音乐，并主动征求顾客对这款车的意见，如对这款车的动力性、舒适性、操控性的评价，以及和一些其他车型的驾车感受的对比。

(6) 全程确保车上人员系好安全带，保证安全。

表 2—4　　试乘试驾登记表

<table>
<tr><td colspan="6">欢迎您参加×××试乘试驾活动！</td></tr>
<tr><td colspan="2">试乘试驾路线图</td><td colspan="4">试乘试驾注意事项：
请严格遵守驾驶规章制度，保证安全。
★试乘试驾时请全程系好安全带。
★请按照线路图设定的路线试驾。
★试乘试驾过程中请遵从销售顾问的安排。
★严禁在试驾时进行危险驾驶动作。</td></tr>
<tr><td>顾客姓名</td><td>顾客关注点</td><td>时间</td><td>销售顾问</td><td>公里数</td><td>备注</td></tr>
<tr><td></td><td>◇启动◇加速◇制动
◇转弯◇静谧◇舒适</td><td></td><td></td><td></td><td></td></tr>
<tr><td></td><td></td><td></td><td></td><td></td><td></td></tr>
<tr><td></td><td></td><td></td><td></td><td></td><td></td></tr>
</table>

表 2—5　　试乘试驾同意书

试乘试驾同意书

经销店名称：＿＿＿＿＿＿＿＿＿＿

试乘试驾车型：＿＿＿＿＿＿＿＿＿

致：

本人于＿＿＿＿年＿＿＿＿月＿＿＿＿日在＿＿＿＿＿＿＿＿＿＿＿＿＿经销店参加车型试乘试驾活动，特此作如下陈述与声明。

本人在试乘试驾过程中将严格遵守行车驾驶的法规和要求，并服从公司的指示，安全、文明驾驶，尽最大努力保护试乘试驾车辆的安全和完好。否则，对贵公司造成的一切损失，将全部由本人负担。

试驾人姓名：＿＿＿＿＿＿＿＿＿

驾驶证号码：＿＿＿＿＿＿＿＿＿

联系地址：＿＿＿＿＿＿＿＿＿＿

联系电话：＿＿＿＿＿＿＿＿＿＿

表 2—6　　试乘试驾评估表

顾客试乘试驾评估表

尊敬的朋友：

非常感谢您对×××进行试乘试驾，为了及时得到您对试乘试驾的安排与×××车性能的反馈信息，请配合填写以下评估问卷，以便于我们改进工作，为顾客提供优质服务。谢谢！

试乘试驾时间：　年　月　日

试乘试驾用户信息：

姓　　名：	＿＿＿＿＿＿	年　　龄：	＿＿＿＿＿＿
职　　业：	＿＿＿＿＿＿	性　　别：	＿＿＿＿＿＿
联系电话：	＿＿＿＿＿＿	电子邮件：	＿＿＿＿＿＿
通信地址：	＿＿＿＿＿＿	邮　　编：	＿＿＿＿＿＿
您的驾龄：	＿＿＿＿＿＿	评估车型：	＿＿＿＿＿＿

关于×××车

续前表

1. ×××车的造型美感如何？
□极好　□很好　□好　□一般　□较差
2. ×××车的内部装备如何？
□非常充足　□充足　□比较充足□不足　□较差
3. 前排坐椅的舒适度如何？
□极好　□很好　□好　□一般　□较差
4. ×××车的操控稳定性如何？
□极好　□很好　□好　□一般　□较差
5. ×××车的油门感应如何？
□极好　□很好　□好　□一般　□较差
6. ×××车的悬架系统的舒适度及路面感知力如何？
□极好　□很好　□好　□一般　□较差
7. ×××车的内饰视觉感？
□极好　□很好　□好　□一般　□较差
8. ×××车的中控台各类操作开关布局是否合理，使用是否得心应手？
□极好　□很好　□好　□一般　□较差
9. ×××车的中低速加速性能如何？
□极好　□很好　□好　□一般　□较差
10. ×××车后排坐椅舒适度以及膝盖间距是否满意？
□极好　□很好　□好　□一般　□较差
11. ×××车的智能钥匙系统感觉怎样？
□极好　□很好　□好　□一般　□较差
12. ×××车的空间宽敞度如何？
□极好　□很好　□好　□一般　□较差
13. ×××车在怠速工况及高速行驶中的隔音效果如何？
□非常宁静和谐　□宁静和谐　□感觉一般　□不太满意

4. 试乘试驾之后

（1）在顾客试乘试驾结束后，引导顾客回展厅，让其坐下来好好休息一下，可为顾客倒上一杯咖啡，舒缓一下顾客刚才驾车时的紧张情绪，并适当地称赞顾客的驾驶技术，并请顾客填写《试乘试驾意见表》（见表 2—7）。

表 2—7　**试乘试驾意见表**

试乘试驾意见表

试乘试驾车型：________________　______年______月______日

1. 请您就以下项目对试乘试驾车型给出您的意见：

项目					
启动、起步	□好	□较好	□一般	□差	□很差
加速性能	□好	□较好	□一般	□差	□很差
转弯性能	□好	□较好	□一般	□差	□很差
制动性能	□好	□较好	□一般	□差	□很差
行驶操控性	□好	□较好	□一般	□差	□很差
驾驶视野	□好	□较好	□一般	□差	□很差
乘驾舒适性	□好	□较好	□一般	□差	□很差
静谧性	□好	□较好	□一般	□差	□很差
音响效果	□好	□较好	□一般	□差	□很差
空调效果	□好	□较好	□一般	□差	□很差
操控便利性	□好	□较好	□一般	□差	□很差

续前表

内部空间	□好	□较好	□一般	□差	□很差
内饰工艺	□好	□较好	□一般	□差	□很差
上下车便利性	□好	□较好	□一般	□差	□很差
外形尺寸	□好	□较好	□一般	□差	□很差
外部造型	□好	□较好	□一般	□差	□很差

2. 您对随同试驾顾问的满意程度？

□很满意　□满意　□一般　□不满意　□很不满意

3. 您对经销店试乘试驾服务的满意程度？

□很满意　□满意　□一般　□不满意　□很不满意

4. 您有何其他宝贵意见和建议：

____

____

姓　　名：______________　通信地址：______________

联系电话：______________　电子邮件：______________

（2）在试乘试驾后，应针对顾客特别感兴趣的地方再次重点地强调说明，并结合试乘试驾中的体验加以确认。如果顾客试驾后对车型产生疑虑，应用展车向顾客进行合理和客观的说明。如无异议，应促使顾客签约成交；对暂时不能成交的顾客，要留下顾客的相关信息，并与顾客保持联系。

五、报价签约

1. 报价签约流程图

报价签约流程如图 2—21 所示。

2. 价格商谈的原则

原则一：

（1）控制价格谈判的时机，避免让顾客开始价格商谈；

（2）不要太早地将顾客导向价格商谈；

（3）绝不在价格面前投降；

（4）只有在极端例外的情况下，价格才是决定性的因素。

原则二：

（1）通过对产品优势与利益的阐述，让顾客觉得物有所值；

（2）尽量避免价格波动，让顾客认可他的需求、愿望和要求都通过产品真正地实现了。

3. 价格商谈方法

（1）三明治法。

在汽车销售中，销售顾问要将汽车销售价格放在两个利益之中，从而使顾客愉快地接受公司给定的销售价格的现象，称之为三明治法，如图 2—22 所示。

这种现象就如三明治，第一层是大家认同、肯定好处和利益，中间这一层夹着汽车销售价格，第三层是汽车售后的服务或附带的超值利益，使之好处无穷。这种价格商谈法，不仅不会挫伤顾客的自尊心和购买欲，还会促成顾客签约，同时顾客会把这种愉快的信息传递给他人。

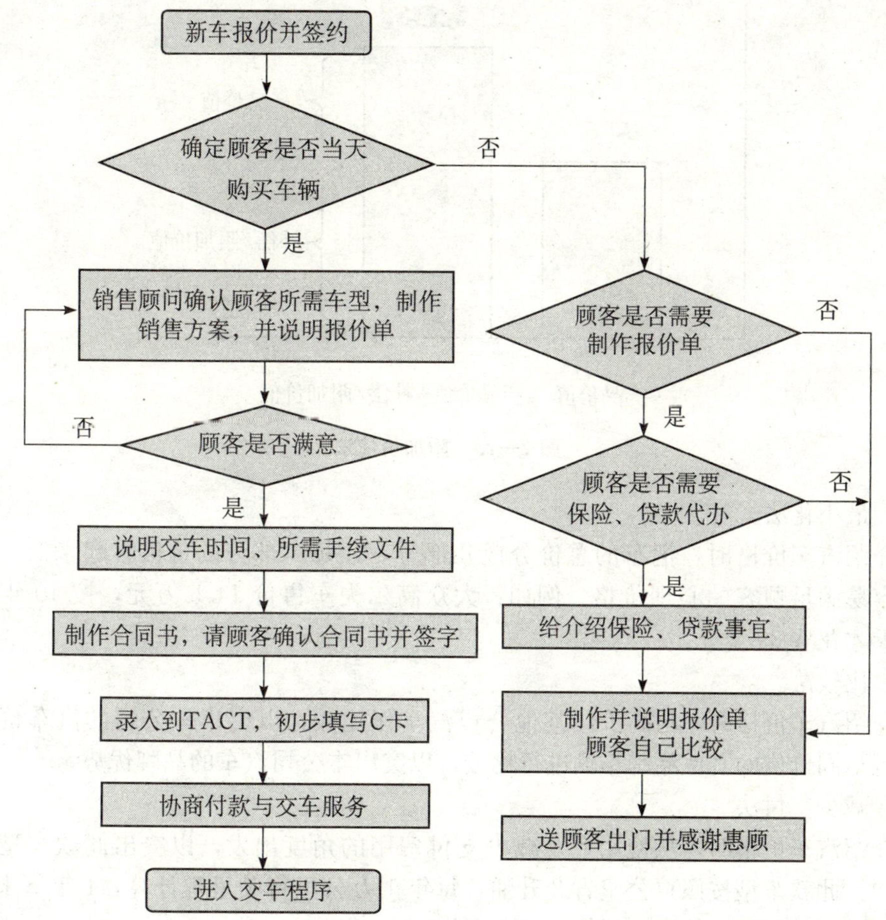

图 2—21 报价签约流程

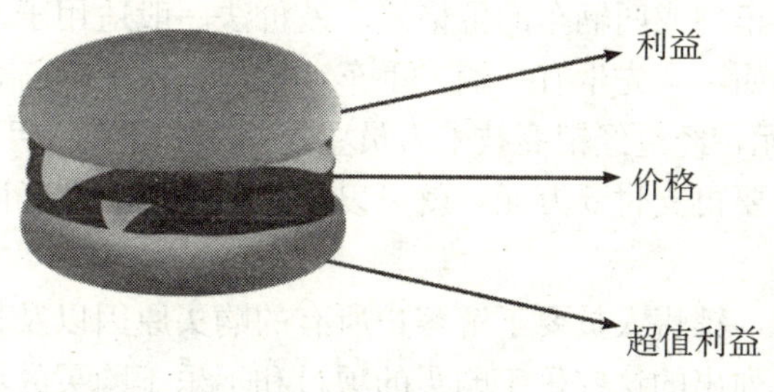

图 2—22 三明治法

（2）附加价值法。

附加价值（Value Added）是在产品的原有价值的基础上，通过生产过程中的有效劳动新创造的价值，即附加在产品原有价值上的新价值，附加值的实现在于通过有效的营销手段进行连接。附加价值法是汽车营销中常用的一种策略，旨在增加一种产品或者服务在消费者心目中所具有的价值。汽车经销商通过这种方式能增加汽车产品的原有价值，如图2—23所示。此外，一个公司的商誉或者形象本身可能就足以构成一种附加价值。

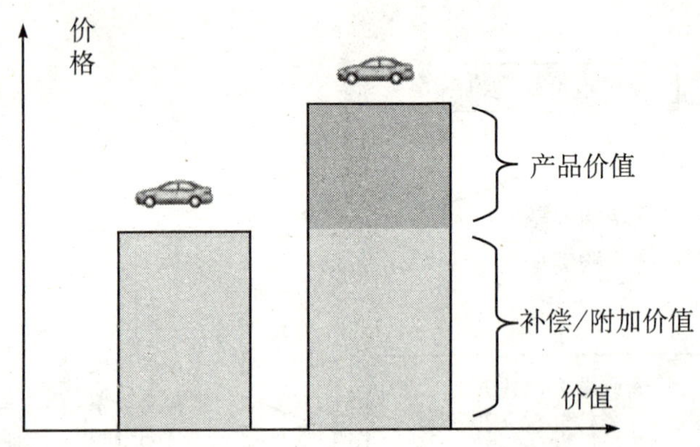

图 2—23　附加价值法

（3）最小化法。

在介绍汽车价格时，把车的总价分成几部分，让每一部分的价格看起来低一些，这样，能容易满足顾客的心理价格。例如：大众高尔夫车售价 14.5 万元，按 10 年报废计算，每天才花费 39.7 元。

（4）比较法。

在介绍汽车价格时，与高价位其他公司汽车作比较，以突出本公司的汽车价格的优势；也可与同价位的其他品牌车辆进行比较，以突出本公司汽车的品牌优势。

（5）减少支付法。

在介绍汽车价格时，从使用上要减少支付费用的角度出发，以突出此款车型的经济性。例如：此款车型按照百公里省 2 升油，每年 1 万公里行驶里程计算，1 年下来，就省 200 升油，93 号油按目前 7.5 元算，1 年就省 1 500 元。

（6）价差法。

价差法就是指两款车型或两辆车的价格差。差价法一般适用于车辆置换时，进行价格商谈而使用的方法。例如：李先生有一辆二手车，他想置换一辆新款低配高尔夫，目前这款高尔夫售价 13.5 万元，经过经销商技术人员鉴定，李先生的二手车估价 8.5 万，这样，利用价差法，李先生只要再支付 5 万元，就可以把这辆高尔夫车开回家了。

（7）衡量法。

在商谈汽车价格时，销售人员要了解客户所有的购买原因以及担心的各种情况，之后销售人员就要根据客户列出的这些乐于购买的项目和不乐于购买的项目有针对性地开展销售活动，最终达到说服客户做出成交决定的目的，这种方法就称为衡量法。

（8）忽略法。

在汽车销售过程中，当客户提出两款车之间差异时，销售人员经常贬低相关的微小差异，以达到客户认同此款车的目的，这种方法称为忽略法。

4. 抓住成交的最佳时机

（1）确认顾客已经完全理解在本阶段里双方所提方案中的所有内容，回答顾客所有的担心和疑虑，让顾客有充分的时间自己来思考和核准方案的可行性。

（2）成交时机是顾客购买欲望达到最高的时候，通过把握住顾客的性格、想法、要求、条件等，从气氛、动作、表情的变化中抓住成交时机，不要放过顾客任何不经意流露出来的本意，积极地促进成交。

（3）如果不在时机成熟时寻求成交，则机会稍纵即逝，会变成没有机会或是需要更辛苦的努力重新制造机会，也会造成顾客的疑虑和不满。

（4）寻求成交的时机要根据顾客的个性、当时情况、洽谈气氛等而定，要稳稳地把握住时机，即使第一次无法成功，也要创造下一次机会。

（5）当顾客心情非常欢乐、轻松时，销售人员适时提出成交要求，成交的几率会很大。例如：顾客开始向销售人员敬烟时，对销售人员突然亲热时，对销售人员的谈话表示十分赞同时，销售人员就要抓住这样好的时机。因为此时，顾客的心情很好，非常放松，多数人是会听从你的建议立即购买的。

（6）当销售人员进行完商品的说明、介绍和回答了顾客提出的疑问之后，就要抓住时机，技巧性地向顾客询问所需汽车的型号、数量或者颜色等，也可以询问顾客采用什么方式付款，上午提车还是下午提车，现在就给他安排做“PDI”（新车交车前的检查）等。这时提出的诱导性建议是成交的最好的办法。

（7）当顾客提出反对意见时，销售人员就要向顾客作出正确的解释，解释完之后，再征求顾客的意见，询问顾客是否完全了解产品的说明，是否需要补充，当顾客认可销售人员的说明时，销售人员就要抓住这一有利时机，进一步询问顾客选择何种产品，是手动挡的还是自动挡的，或是必须有特定喜好的配置。当销售人员对顾客的反对意见作出说明和解释被认可后，便可以直接向顾客要求成交。

对于优秀的销售顾问而言，若想成功地完成销售，关键是全面地了解目标顾客的态度以及他对产品成交试探所作出的反应。这就要求销售人员选择使用最恰当的成交技巧，而不是简单直接地询问目标顾客是否愿意购买。同时，销售人员若能在第一时间捕捉到顾客的购买信号，并以恰当的方式提出成交建议，是最好不过的了，也是在本阶段必须要运用的非常重要的销售技能。

5. 购买信号

购买信息就是顾客做购买决定时在无意中流露出来的信号。顾客的购买信号可分为行为信号和语言信号两种。销售顾问可根据下列特征判断成交时机已经成熟了。

（1）行为信号。

1）根据顾客表情。

①　嘴巴微张、嘴边肌肉松弛时；

②　表现出满意或者接受的表情时；

③　随着销售人员的话，表情微妙变动时。

2）根据顾客的动作。

①　拿手上的汽车样本资料做笔记，拿出计算器计算，并开始热烈讨论时；

②　对销售人员的说明开始点头时；

③　顾客突然间点根烟，深呼吸一下，然后沉静下来思考时。

3）根据现场气氛。

①　顾客的反应变得积极时；

② 对销售人员的态度比平常亲切时；

③ 对决定权以外的人表现出友好的态度时；

④ 顾客主动问话时；

⑤ 销售人员拿出订购合同顾客也不说什么时。

（2）语言信号。

1）开始认真地杀价时；

2）谈及具体的支付条件、赠送品、车身颜色、交货期时；

3）提出有关保修、售后、各种费用、保险等问题时；

4）询问第三者意见时。

6. 促进成交的方法和技巧

（1）请求成交法。

请求成交法是销售员用简单明确的语言直接要求顾客购买。成交时机成熟时销售顾问要及时采取此办法。此方法有利于排除顾客不愿主动成交的心理障碍，加速顾客决策。但此办法将给顾客造成心理压力，引起反感。该方法适用于顾客有意愿，但不好意思提出或犹豫时。

（2）假定成交法。

假定成交法是假定顾客已经做出了决策，只是对某一些具体问题要求作出答复，从而促使成交的方法。如对意向顾客说“此车非常适合您的需要，你看我是不是给您搞搞装饰”。此方法适用于老顾客、熟顾客或个性随和、依赖性强的顾客，不适合自我意识强的顾客。

（3）选择成交法。

选择成交法是指汽车销售顾问通过提出选择性问句，让顾客在提供的选择范围之内作出回应。此方法适用的前提是：顾客不是在买与不买之间作出选择，而是在产品属性方面作出选择，如产品价格、规格、性能等。

（4）利益汇总成交法。

利益汇总成交法是销售员将所销的车型将带给顾客的主要利益汇总，提供给顾客，有利于激发顾客的购买欲望，促成交易。但此方法必须准确把握顾客的内在需求。

（5）从众成交法。

消费者购车容易受社会环境的影响，如现在流行什么车，某某名人或熟人购买了什么车，常常将影响到顾客的购买决策。但此法不适应于自我意识强的顾客。

（6）优惠成交法。

汽车销售中提供优惠条件来促进成交即为优惠成交法。此方法利用顾客沾光的心理，促成成交。但此法将增加成本，可以作为一种利用顾客进行推广并让顾客从心理上得到满足的一种办法。

（7）保证成交法。

保证成交法是为向顾客提供售后服务的保证来促成交易。采取此方法要求销售员必须“言必信，行必果”。

（8）小点成交法。

小点成交法是指销售顾问通过解决次要的问题，从而促成整体交易的办法。牺牲局部，争取全局。如销车时先解决顾客的执照、消费贷款等问题。

(9) 最后机会法。

最后机会法是指给顾客提供最后的成交机会，促使购买的一种办法。如：这是促销的最后机会，“机不可失，时不再来”，变顾客的犹豫为购买。

(10) 诱导成交法。

诱导成交法是指通过提问、答疑、算账等方式，向顾客提示购买所能带给他们的好处，如折扣、抽奖、送礼物等，从而打动顾客的心，刺激他们的购买欲望，营造成交气氛。

(11) 压力成交法。

压力成交法是以该车型颜色、数量等供应紧缺，给顾客造成一定的压力，促使顾客作出购买决策。

(12) 本杰明·富兰克林成交法。

本杰明·富兰克林成交法是销售人员把顾客购买产品所能得到的好处和不购买产品的不利之处一条一条地列出来，用列举事实的方法增强说服力。在使用中，销售服务可用纸张列出该车的不利点和有利点，然后同顾客一起进行比较，得出该辆车的有利点远多于不利点，达到顾客接受的目的。

7. 促进成交的注意事项

(1) 成交的阶段。积极地在顾客的感情方面做工作；一旦进入成交阶段就不动摇条件了；有气魄的说话，短促有力，不说多余的事情；让顾客有自己决定的感觉；不要使用含糊的语句（明确 YES/NO）。

(2) 写订单之前的阶段。不要在销售条款上软下来；在规定的条件框内决定。

(3) 写订单的阶段。不要说多余的话；一定要将承诺和条件互相确认；确认车辆的所有人；确认支付方法、支付银行、交易银行、有无账户等。

(4) 签字或盖章的阶段。动作迅速；尽可能规范性地处理；一定要确认资金和支付方式；收取定金；把订单的顾客联交给顾客；注意事项在事前说清楚。

(5) 成交后注意事项。洽谈完毕后怎么都会表现出高兴、得意的表情，但这个阶段顾客对洽谈的内容还存在有担心，所以，一定要给顾客留下“买了好东西”的印象。例如：“买得正是时候啊”、“真的是买了好东西”、“到底还是给您便宜了很多”。

六、交车服务

1. 交车流程

交车流程如图 2—24 所示。

2. 交车基本事宜

(1) 交车前的准备。

1) 由服务部完成新车 PDI 检查，销售人员再次确认并在《PDI 检查单》上签名确认。

2) 确认并检查车牌、登记文件和《保修手册》，以及其他文件和发票等，再次确认顾客的付款条件和付款情况。

3) 电话联系顾客，确认交车时间、参与人员，并对交车流程和所需时间再做简要介

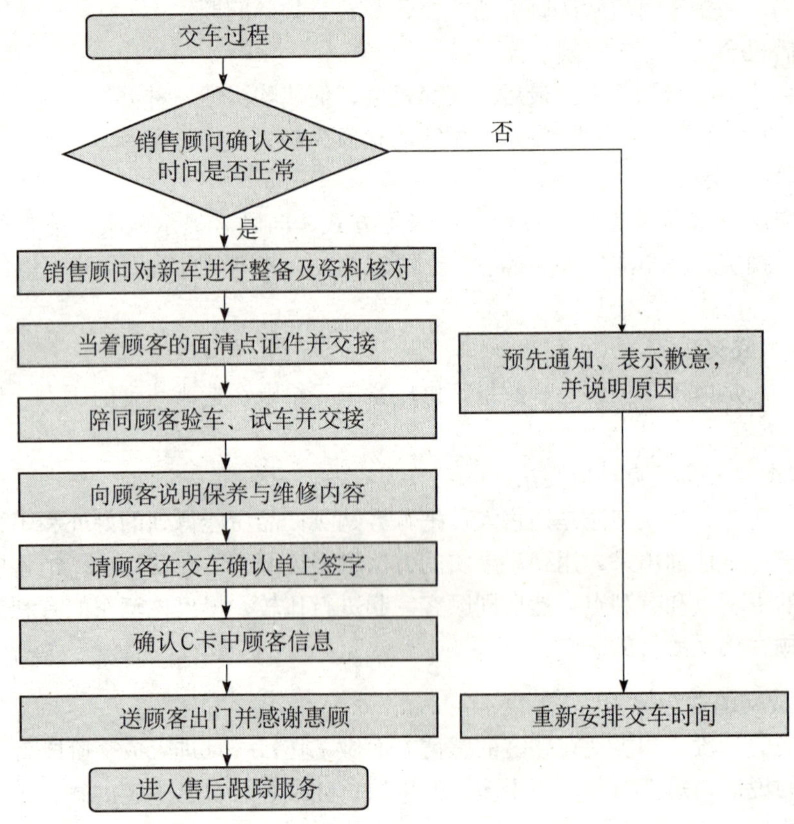

图 2—24　交车流程

绍，征得顾客认可。

（2）交车区和车辆的安排。

1）交车区应设在显眼的区域，交车区有明显标志，场地打扫干净。

2）清洗车辆，保证车辆内外美观整洁，车内地板铺上保护纸垫。

（3）实车说明。

1）邀请售后服务顾问出席，并向顾客介绍售后部的营业时间、行驶证、车辆钥匙等预约流程和××公司的服务网络。

2）售后服务顾问和销售顾问使用《实车说明清单》，用简单易懂的语言进行车辆说明。

3）使用《用户手册》介绍如何对待新车。

4）确认顾客所定购的选装件、附属件。

（4）有关保修事项的说明。

1）向顾客解释车辆检查、维护的日程，重点介绍和说明顾客可能利用的免费维护项目。

2）利用《用户手册》和《保修手册》，说明保修内容和保修范围。

3）说明发生故障的有关手续和联系方法。

4）确认后，核对《交车确认单》，并请顾客签字。

（5）交车仪式。

1）介绍销售经理、售后服务经理或其他人员与顾客认识。

2）在其他顾客面前向顾客赠送鲜花，拍摄纪念照。另外可向顾客及其同来人赠送小礼物。上列人员与经销店有空闲的工作人员列席交车仪式，鼓掌以示祝贺。

（6）文件点交。

1）向顾客点交相关文件，包括合格证、保修手册和使用说明书等。

2）向顾客说明各种证件的功能，请顾客妥善保存，并出示交车确认表，请顾客依各点交项目逐项确认。

3）说明车辆登记与更新的程序。

4）向顾客进行费用说明及单据点交，包括发票、保险单据、上牌费、车船使用税和车辆购置税等。

5）各项费用要向顾客详细解说，且要和商谈前符合，如果有不符合的地方，要向顾客说明原因。

6）出示交车确认表，依各点交项目请顾客逐项确认。

（7）车辆操作。

1）在指定的交车区将车提交给顾客。

2）示范车辆各项功能的操作：坐椅调整、转向盘调整、后视镜调整、电动窗操作、儿童安全锁、空调及除雾、音响、灯光、仪表、电子钟、特有配备的功能及任何顾客可能不熟悉的事项。

（8）建立长期关系。

1）向顾客说明专营店的后续跟踪服务程序和专营店自己提供的增值服务。

2）确定顾客对后续跟踪服务方式的选择，如联系方式、联系地点、联系时间，将以上信息记入《保有顾客管理卡》。

3）在可能的范围内，尽可能地获得有关顾客的各种信息，并记入《保有顾客管理卡》。

4）如顾客要求试驾，要确认顾客完全懂得该车如何操作。

5）衷心感谢顾客的惠顾并拍摄留念照。

6）将该顾客档案转交售后服务部。

3. PDI 检查事宜

（1）检查工作要点。

1）进行 PDI 检查前，应先将车辆清洗干净；

2）最好在快修工位检查；

3）操作人员必须穿戴干净的工作服、手套、脚套，并对车辆有防护措施；

4）根据车型以及年款的不同，“PDI 检查单”所列项目与实际车型检查内容可能有所不同，为此，请结合实际车型进行检查；

5）PDI 检查单将有助于正确完成检查并防止漏检任何项目；

6）进行 PDI 检查时，应按 PDI 检查单上的检查序号逐项检查，逐项记录；

7）PDI 的操作方法见《交车前检查手册》。

（2）必须具备的基本条件。

1）操作人员必须全面阅读新车型使用手册的内容与《交车前检查指导手册》，培训合格后方能上岗；

2）必须熟悉车辆的电器、电路、机械运行的基本原理；

3）具备足够数量的工具设备和辅料，以东风本田为例，见表2—8；

4）必备资料：《用户使用手册》、《交车前检查手册》、《维修手册》与《维修手册增补册》、PDI检查AB单。

表2—8　　工具设备与辅料

序号	名称	型号	备注
1	HDS故障诊断仪	见《东风本田设备工具配备标准》	诊断软件保持最新版本
2	高压冷热水清洗机		
3	吸水吸尘器		
4	数字万用表		应符合计量标定要求
5	蓄电池充电机		恒压、可变电流
6	带充气嘴的气压表		应符合计量标定要求
7	常用工具一套		
8	皮革清洗剂		用于真皮、人造革的清洁

（3）PDI特别注意事项。

1）如果PDI检查有一个或几个项目不合格，检查员要把所需修理项目填写在B单，修理完毕并确认后填上“已修复”，同时重新填写一份全部合格的A单；

2）PDI检查完成后，检查员必须在检查单上签字，并在《保修手册》中“交车前检查”栏中签字；

3）车辆销售时顾客在确认车辆完好后，必须请顾客在全部检查项目合格的A单上签字，以明确车辆在交付顾客时处于完好的状态，避免以后发生问题时因责任不清而产生纠纷；

4）售后经理或质检员每周至少应抽查一台PDI已完成的车辆。

七、售后跟踪

1. 售后跟踪流程

售后跟踪流程如图2—25所示。

2. 新车交车后的跟踪

（1）销售顾问在交车后三日内向顾客发出感谢信，并电话致谢；

（2）服务顾问（车保服务担当）在交车后一周内根据约定的时间与顾客进行电话联系，询问车辆情况，介绍维护服务等业务；

（3）跟踪人员在电话中直接告知自己的姓名、职称和经销商的名称。依据顾客的意愿掌握谈话内容与谈话时间。

【单元小结】

1. 汽车销售员礼仪包括化妆、服装、站姿、坐姿、握手等。

2. 汽车销售基本流程：展厅接待、需求分析、商品介绍、试乘试驾、报价签约、交

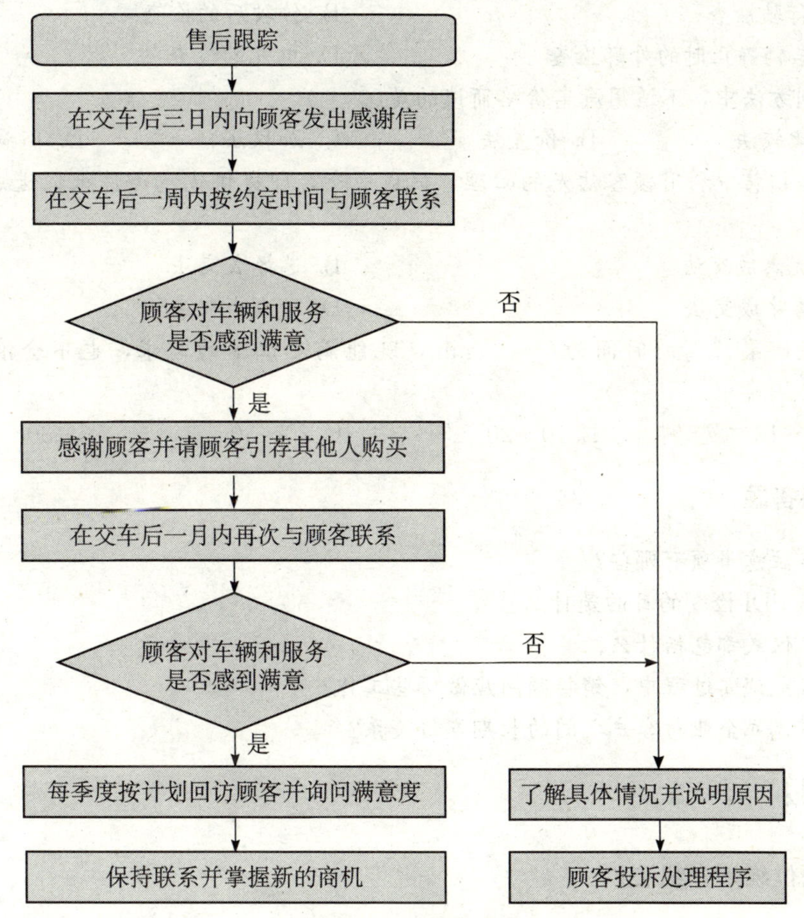

图 2—25 售后跟踪流程

车服务及售后跟踪。

【思考与练习】

一、判断题

1. (　　)检查冷却液、制动液液面是否处于最大 (max) 和最小 (min) 刻度之间。
2. (　　)变速器换挡应轻便灵活，挡位准确，不脱挡、不乱挡、无异响。
3. (　　)冷车起动发动机时应顺利，每次时间为 20 秒，点火一两次即可发动。
4. (　　)男性打领带时，衬衫领口纽扣应扣上；不打领带时，衬衫领口应敞开。
5. (　　)销售顾问应从六个方位随意向顾客介绍车辆的特征、优势。

二、选择题

1. 下面不是交车时客户心理的是(　　)。
   A. 喜悦兴奋　　B. 复杂难言　　C. 疑问没底　　D. 信心百倍
2. 下面不是交车前检查步骤的是(　　)。

A. 行驶检查　　B. 停驶后的检查

C. 车辆静止时的外部检查　　D. 电气的检查

3. 下列方法中，不适用汽车价格商谈的是(　　)。

A. 比较法　　B. 价差法　　C. 加权法　　D. 衡量法

4. 汽车销售中利用顾客沾光的心理，促成成交，即提供优惠条件来促进成交的方法为(　　)。

A. 优惠成交法　　B. 选择成交法

C. 诱导成交法　　D. 从众成交法

5. 一般试乘试驾的时间为(　　)min，既能满足试车的需求，也不会浪费过多的时间。

A. 5～10　　B. 10～20　　C. 20～30　　D. 30～40

三、简答题

1. 交车注意事项有哪些?
2. 新车 PDI 检查的目的是什么?
3. 交车仪式都包括什么?
4. 在试乘试驾过程中，销售顾问应做哪些工作?
5. 如何建立企业与客户之间的长期友好关系?

【综合实训】

一、六位绕车介绍法

实训目标：掌握整车介绍方法。

实训组织：学生分组扮演客户及销售顾问，进行整车介绍方法演练。

实训提示：考察 4S 店销售顾问是如何介绍车的。

实训成果：根据教师的具体要求，学生各组进行介绍，大家进行讨论，当场评比，公布结果。

二、PDI 检查

实训目标：掌握 PDI 检查方法。

实训组织：学生分组进行 PDI 检查，并完成 PDI 检查记录单。

实训提示：考察 4S 店销售顾问如何进行 PDI 检查。

实训成果：根据教师的具体要求，学生各组进行 PDI 检查，大家就检查结果及过程进行讨论，当场评比，公布结果。

单元 3

汽车备件索赔与管理

【教学目标】

1. 了解汽车备件索赔岗位的职责及素质要求；
2. 了解汽车备件的管理方法；
3. 了解配件管理软件的应用方法；
4. 了解备件索赔流程。

【能力目标】

1. 胜任汽车备件索赔岗位要求；
2. 能根据生产实际进行汽车备件的采购计划制定；
3. 会利用备件的管理软件进行配件管理；
4. 能按索赔规定进行备件索赔服务。

【引例】

一客户打来电话预约车辆保养，并咨询说："我车前减振器有点漏油，保养同时给我做一下检查，看看能免费维修不?"

索赔员说："您的车到店维修时，维修技师会给您进行检查，如果符合厂家索赔条件，我们免费给您更换维修……"

任务 3.1 汽车备件索赔

任务描述

客户在严格按产品有关使用文件（《保养手册》，《使用说明书》）规定进行使用的前提下，因产品设计、制造、装配和材料等质量问题而引发的各类故障和零部件损坏，经汽车厂家授权店的销售服务店鉴定属厂家责任的，给予质量担保服务。一般，整车质量担保期为自购买之日（以购买发票日期为准）起三年或行驶里程六万公里，且二者中以先达到的限定为准（各厂家的质量保修期略有不同）。整车质量担保期内，因产品质量问题而免费更换的零部件，其质量担保期随整车质量担保期的结束而结束。客户在销售服务店自费修理更换零部件的质量担保期为自零部件更换之日（根据开具修理发票的日期）起一年或三万公里，且二者中以先达到的限定为准（各厂家的质量保修期略有不同）。由于产品质量问题，造成的人身和他人财产损害的，厂家将依据国家有关法律规定进行赔偿。

相关知识

一、汽车备件索赔岗位职责

（1）熟悉授权公司索赔业务的具体工作流程。

（2）负责协助业务接待，认真检查索赔车辆，做好车辆索赔的鉴定，保证索赔的准确性。

（3）负责按规范流程完成索赔申请及相应索赔事务。

（4）负责定期整理和妥善保存所有索赔档案。

（5）负责在授权公司开展质量返修和相关活动中，报表资料的传递与交流。

（6）负责按授权公司要求妥善保管索赔件和及时按要求回运。

（7）负责客观真实地开展索赔工作，不得弄虚作假，并及时向领导汇报工作情况。

（8）主动收集、反馈有关车辆维修质量、技术等相关信息给相关部门。

（9）积极向客户宣传授权公司的索赔条例。

（10）完成部门负责人交办的相关工作。

二、汽车备件索赔流程介绍

（1）客户向经销商提出索赔。

（2）经销商对故障车辆进行鉴定，在质量担保期内，符合质量担保条例的车辆给予索赔，维修工时费、材料费不与用户结算。

（3）如索赔材料费（含管理费，不包括工时费）金额较大，需经厂家现场服务代表确认，方可办理索赔。不同厂家对金额管理权限不同。

不同厂家索赔规定略有不同，基本流程如图 3—1 所示。

三、整车及零件索赔鉴定

1. 质量担保规定

（1）整车质量担保。

不同生产厂家对整车质量担保期限略有不同，以一汽大众车型为例：捷达、宝来、高尔夫、新宝来、开迪、速腾、迈腾等车型，起始时间为：汽车自购买之日（以购车发票为

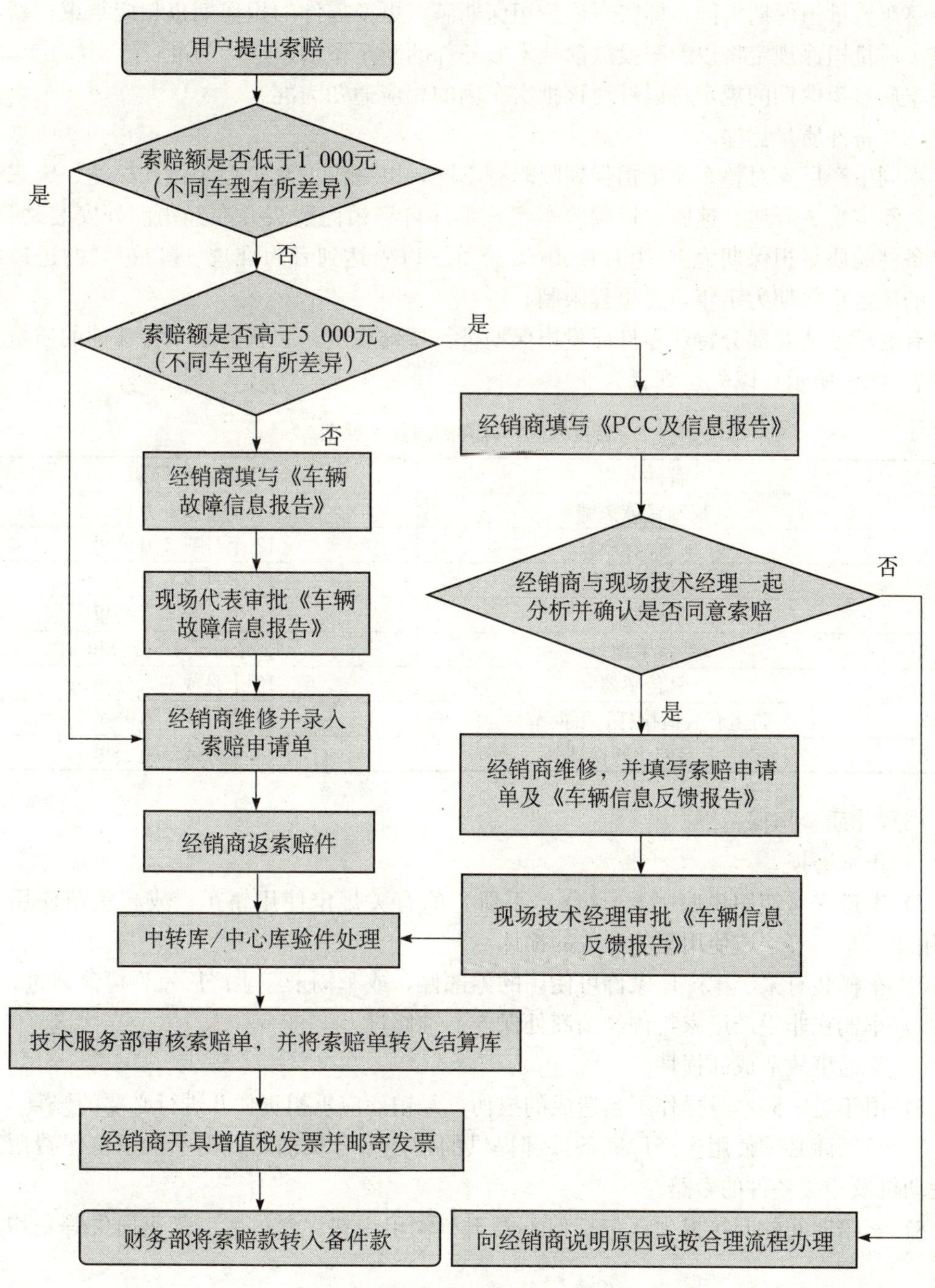

图 3—1　索赔基本流程

准）起计，属出租营运用的新购汽车质量担保期为 12 个月或 10 万公里（以先达到者为准）；出租营运外的所有其他用途新购汽车（进口迈腾除外）质量担保期为 24 个月或 6 万公里（以先达到者为准）；进口迈腾非营运用车整车质量担保期限为 24 个月，无里程限制；质量担保期内若用户变更轿车用途，轿车享受原质量担保期，期限和里程不作变更；质量担保期内的质量问题，对于更换上的零件（必须是一汽大众原装备件），其质量担保期与整车质量担保期相同，即整车质量担保期满，更换零件的担保期也相应结束；新车型的整车质量担保规定将以新车投放前技术服务部的新车型索赔通知为准；针对特定车辆调整整车质量担保期的规定将以针对该批次车辆的相应通知为准。

（2）备件质量担保。

不同生产厂家对整车质量担保期限略有不同，以一汽大众车型为例：捷达、宝来、高尔夫、新宝来、开迪、速腾、迈腾等车型，零件自经销商购买并在经销商处安装之日起，原装备件的质量担保期为 12 个月或 10 万公里（以先达到者为准）；进口迈腾的进口原装备件的质量担保期为 1 年，无里程限制。

有的厂家还对部分特殊零件质量担保期进行特殊规定，如新宝来车特殊件的质量担保期如表 3—1 所示（以先达到者为准）。

表 3—1　新宝来车特殊件的质量担保期

序号	备件名称	质量担保期
1	控制臂球头销	12 个月或 6 万公里
2	前后减振器	12 个月或 6 万公里
3	等速万向节	12 个月或 6 万公里
4	喇叭	12 个月或 6 万公里
5	蓄电池	12 个月或 10 万公里
6	氧传感器	12 个月或 7 万公里
7	防尘套（横拉杆、万向节）	12 个月或 6 万公里
8	三元催化转换器	24 个月或 5 万公里

（3）非质量担保范围。

1）正常磨损。

2）未遵守《使用说明书》、《保养手册》的有关规定使用轿车，或超负荷使用轿车（如用作赛车）等，或使用不当造成的损坏。

3）车辆装有未经生产厂家许可使用的零部件，或车辆未经生产厂家许可改装过。

4）车辆在非生产厂家特许经销商处保养、维修过。

5）交通事故造成的损坏。

6）由于经销商本身操作不当造成的损伤，经销商应承担责任并进行必要的修复。

7）经销商必须使用生产厂家备件部提供的指定型号机油，否则不给予首保费用及办理发动机及相关备件的索赔。

8）索赔期间的间接损失（包括但不限于车辆租用费、食宿费、营业损失等）均不予赔偿。

9）质量担保指根据技术要求进行修复或更换，更换下的零部件归生产厂家所有。经销商从生产厂家备件部订购的备件在未装车之前发生故障，各经销商向生产厂家备件部索赔。

10）关于常规保养，生产厂家或用户已支付其费用，经销商有责任为用户车辆做好每一项保养工作。如果用户车辆在经销商保养后，对保养项目提出索赔要求，应由经销商自行受理。

11）车辆零部件自然磨损、车辆的使用条件超出说明书规定范围引起的损坏不属于质量担保范围。

12）同样，使用了不符合标准或规定要求的油料或燃料，以非法方式使用，使用不当或滥用（如用于货运，用作赛车、试验用车等）所造成的损坏、损失也不属于质量担保范围，即使在质量担保期内。

13）车辆部分零部件属于易损件，如灯泡、制动片、火花塞、滤清器、轮胎、雨刮器片等。这些易损件的质量担保期有另行规定，如上海大众为三个月或行驶里程一万公里。时间数和里程数两者以先到达者为准。

14）调整和测量工作是不属于质量担保范围的，例如：调整车门、行李箱盖；前轮定位、轮胎平衡、油耗测量及发动机调整等工作。

15）用户车辆在购买后质量担保期内发生质量问题而更换的原装零件，质量担保期随整车的质量担保期结束而结束。用户车辆在上海大众汽车特约维修站进行正常修理（用户付费）更换的上海大众原装零件，从更换之日起，享有十二个月质量担保服务。

（4）关于索赔件管理。

各汽车厂家对索赔细节进行详细规定，发生下列情况索赔件不予被认可：

1）假件。

2）索赔件不符合返件要求（未清洗、包装不合格）。

3）索赔单与索赔件不符。

4）索赔单数量与索赔件数量不符。

5）索赔件缺损。

6）超期送件。

7）生产日期不符。

8）索赔件故障描述与索赔件不符（索赔单、索赔件、挂签信息不一致）。

9）电器件无故障码打印信息。

10）索赔单厂家代码与索赔件不符（可更改）。

11）损伤件号不符（可更改）。

12）待鉴定是否索赔（可更改）。

13）备件索赔结算单管理，经销商需将备件索赔结算单与索赔件一起返至索赔件库。

14）经销商发生的索赔必须在10天内录入完成（录入日期不得晚于修理日期10天），如因录入不及时造成索赔申请单无法录入，该后果由经销商自行承担。

15）经销商每月被拒绝的索赔件及索赔申请单在20天内修改完成，如因修改不及时造成的损失，该后果由经销商自行承担。

16）经销商必须将《索赔委托书》、《索赔结算清单》做妥善档案管理，同时计算机中的维修档案记录也需妥善管理，这两项均要求保留两年以上，对索赔检查工作中发现《索赔委托书》、《索赔结算清单》遗失的，相应索赔将做扣款处理。

17）经销商索赔员未经培训，不能办理索赔业务。

（5）整车索赔。

1）车辆故障由重大产品质量缺陷引起，且故障无法完全排除。

2）车辆故障由重大产品质量缺陷引起，车辆的修复达不到国家相关技术标准。

3）用户提车不超过24小时，就发现重大车辆故障（由用户提出后，经生产厂家质量保证部、产品工程部及售后等技术部门确认后确属质量缺陷，而且用户强烈要求换车的）。

4）以下情况不能索赔整车：车辆行驶超过质量担保期；车辆没有按规定定期保养或操作、使用不当；车辆发生过交通事故的；车辆故障由于加装、改装引起，且加装、改装未经过厂家允许的；通过经销商维修（或部分零部件索赔）可以达到商品车质量标准的。

2. 首保规定

为了保证用户车辆处于良好的技术状态，厂家对售出的车辆进行强制保养，此项工作由经销商承担。新车行驶到规定里程范围，应该接受新车首次保养。

一汽大众各车型的保养里程为：捷达、宝来、高尔夫、新宝来、开迪、速腾、迈腾为7 500公里，超过里程、超过担保期的车辆一汽大众将不提供保养服务。免费保养凭证为随车技术文件——《7 500公里免费保养凭证》。保养项目按一汽大众最新的相应保养项目单执行。

保养过的车辆，经用户认可后，由执行保养的经销商在保养手册上签字盖章，以便日后在索赔期内出现制造质量缺陷时，凭此证由经销商为用户提供索赔业务，未经首次保养的车辆，一旦出现产品质量缺陷，经销商只为用户提供有偿服务。

7 500公里免费保养前，用户须向经销商提交《机动车行车证》、《产品合格证》、《保养手册》和《7 500公里免费保养凭证》。经经销商审核车、证相符后，对未超出保养里程的车辆给予免费保养服务。

首次保养工时费及材料费由厂家承担，每辆车保养费用按规定标准执行。在保养检查时，如发现质量缺陷，可以用索赔方式处理。在保养中发现因使用不当造成零部件损坏，由经销商提供有偿维修服务。经销商在车辆保养结算后，将《7 500公里免费保养凭证》存档；由于保养不当造成的质量缺陷，由保养单位负责。经销商个别人员如不按首保项目认真工作，造成不良后果，将追究经销商责任。

任务 3.2 汽车备件管理

任务描述

相关知识

一、备件采购管理

1. 备件计划管理

经销商备件建储的规划要根据所在区域的网络规划和服务能力，结合经销商经营目标具有前瞻性地规划备件储备。经销商备件库存金额必须满足厂家规定的建储标准。经销商应依据维修台次和市场拓展的能力合理预测客户的备件需求，努力提升订货金额实现备件部分类级别的提升。

2. 备件销售等级

A类备件：销售排行榜前20%的备件品种为A类备件，A类备件的最低安全库存不低于两个订货周期和一个到货周期的备件使用量；

B类备件：销量排行榜20%～50%的备件品种为B类备件，B类备件的最低安全库存不低于一个订货周期和一个到货周期的备件使用量；

C类备件：销量排行榜50%～95%的备件为C类备件，C类备件必须保证有库存；

D类备件：销量排行榜95%～100%的备件及新车型储备件为D类备件，D类备件为特殊储备建立库存的备件；

Z类备件：连续超过三个月无销售记录的备件为Z类备件。

配件销量的影响因素较多，应灵活利用备件销售特性如周期性、季节性等，合理预测备件需求变化情况，及时调整采购计划。如换季的机油保养时间应加大换季机油的采购等。

根据销售排行榜之级别，对于A类备件必须保证立即供应，提高对车间的支持度。

二、备件仓储管理

1. 目的

备件仓储管理的目的是以最低的库存月数或金额来达到最高的配件供应，以获得最高的客户满意度。

2. 具体要求

备件仓库在防火、防盗、防尘、防潮等方面必须符合国家的有关规定及厂家的有关要求。

（1）备件部储位规划应考虑公司发展性、厂家车型、车间产值、进出货便利性、存贮空间安全性、备件特性等因素。

（2）备件仓储要遵循货架分类、货物分区、货位编号、先进先出的原则。

（3）定期检视库房及备件安全情况，按消防安全要求设置灭火器，确保人员及财产安全。

（4）使用频率高的备件放在仓管人员容易操作的地方，一般设在中间层，并靠在通道和发货区域。

（5）重量大的部件放在货架的底层。

（6）轮胎不得堆放，必须按照贮存要求避免阳光、高温、潮湿、油类、化学药剂等，使用专用轮胎架摆放。

（7）不能水平放置的备件，如：车门、机器盖、减振器等应按安全指示标签要求保持竖直放置，条件允许时尽量使用原包装。

（8）刹车盘必须使用油纸密封，盘面向下水平放置。

（9）电器备件不得直接暴露在外，如无原包装也必须使用塑料袋进行包装。

（10）安全气囊存放时必须正面向上放置，气囊接头严禁取下。

（11）风挡玻璃存放时尽量使用原包装箱，确因空间无法存放时，必须使用格架竖直放置，玻璃边缘及与格架接触的位置必须使用减振泡沫加以防护，防止玻璃表面和边沿磨伤。

（12）线束必须单独包装存放，防止相互缠绕，不得折叠。

（13）为提高空间使用率，在确保低层备件包装不变形和码放的安全性下，相同备件应尽量堆垛叠放，备件在货架上堆垛不得超过三层。

（14）堆垛码放时备件标签一律朝外，不得倒置。

（15）库存量大的常用件应设置有第二货位，如机油、机滤一般设有堆放区。根据备件性能特点，实行五五堆码原则，即五五成行、五五成堆、五五成层、五五成串、五五成捆。并与前、后、左、右的垛堆保持适当距离。

（16）注意安全“五距”，保证交通畅通无阻：堆垛与内墙的距离不得少于0.3m，货堆与柱子之间不得少于0.1～0.2m，货堆相互之间一般为0.5m，货架相互之间一般为0.7m，库外存放时堆垛与外墙距离不得少于0.5m。

（17）备件储位必须实行位置码管理，有利于管理。

三、备件进出货管理

1. 进货管理

（1）到货验收确认：根据到货单上备件号核对到货备件包装条码上货号是否正确，质量是否有瑕疵，数量是否与验收单上相符。

（2）不良品退货作业：到货验收确认过程中发现所到备件质量有瑕疵，依备件索赔流程系统，备齐相关资料申请备件索赔。

（3）到货上架：到货备件验收确认后，根据电脑库存仓储所规划备件架位逐项核实上架。货物上架时应先将原货位备件移出，新到备件放置在原货物后面或下面，以保证先进先出原则。

（4）维护系统：备件上架同时要及时将到货备件信息维护到库存系统中。

2. 出货管理

（1）出货之准确性：备件人员依任务委托书项目核对车型与出厂日期发放备件，先经电脑系统打印出库单后至库房捡料。

（2）签名确认：备件库管员依照出库单到备件库房逐项核对备料，备齐后在出库单上签名确认，请领料维修技师/工核对确认无误后签名发件。

3. 日常管理

（1）避免进出货错误发生：备件部对相关备件的管理必须依据进出货操作流程：结合

采购订单，进货验证，备件上架，系统出单，备件出库，签名确认。

（2）及时清理现场，通道上绝对不能堆放备件及杂物。

（3）日常管理严格执行现场6S管理的方法。

4. 库存盘点

（1）根据出货频率和数量制定相应盘点周期，通则是频率越高和销售数量越多者循环盘点周期和次数越多。

（2）备件盘点可采用当日盘点、循环盘点、集中盘点、抽查盘点等多种形式。

（3）集中盘点每年至少进行一次。

（4）库存盘点由备件经理负责组织，财务部门配合执行和监督。

（5）库存盘点不得影响正常业务进行，不要给客户带来不便。

库存盘点不仅要检查账物是否相符，还要检查备件是否摆放在正确位置，检查备件摆放位置是否混淆，检查备件货位是否便于查找。

库存盘点后形成盘点报告，分析盘差原因，及时采取纠正措施，并对防止类似情况的再次出现采取预防措施。

（6）及时更正库存系统数据。

（7）降低呆滞件形成：根据备件销售循环特性，掌握形成呆滞件周期，提前预防并请车间针对相关车型加强检查，增加商机。

（8）对于已经产生的呆滞备件，分析产生原因，采取积极措施进行处理。

5. 呆滞备件处理

对于呆滞备件，首先选出连续12个月以上无销售（异动）的备件，排除去年以后上市新车型的备件，排除促销及召回的备件，然后进行下面处理：

（1）以较低价格促销，或清仓拍卖；

（2）继续测试，或继续抱库存；

（3）认真考虑报废，以提高周转率，并在料架上放些更有获利性备件；

（4）与公司内其他单位讨论更好的处理方式；

（5）加强备件人员对电子目录查询的培训，使之熟练掌握。

6. 备件信息管理

备件经理负责备件信息的收集和处理，定期向厂家传送相关信息。及时更新备件价格表，以保证客户能够及时准确地了解备件价格。不断收集并及时向厂家提供汽车配件市场信息、价格变动及竞争对手信息资料。收集、提供仿制配件、假冒配件证据，收集提供配套厂商推销信息及证据。

【单元小结】

1. 介绍了汽车备件索赔岗位职责、汽车备件索赔流程及整车/零件索赔鉴定和质量保证等规定。

2. 介绍了汽车备件采购管理、备件仓储管理及备件进出货管理的具体内容及要求。

【思考与练习】

一、判断题

1.(　　)在质量担保期内车辆出现故障后，经鉴定情况属实，且符合质量担保条例的车辆给予索赔，但不包含维修工时费。

2.(　　)新车型的整车质量担保规定将以新车投放前技术服务部的新车型索赔通知为准。

3.(　　)备件经理依照出库单到备件库房逐项核对备料，备齐后在出库单上签名确认，请领料维修技师/工核对确认无误后签名发件。

4.(　　)备件仓储管理的目的是以最低的库存月数或金额来达到最高的配件供应，以获得最高的客户满意度。

5.(　　)销售经理负责备件信息的收集和处理，定期向厂家传送相关信息。

二、选择题

1. 一汽大众车型的零件自经销商购买并在经销商处安装之日起，原装备件的质量担保期为(　　)。

A. 6 个月或 5 万公里　　B. 6 个月或 10 万公里

C. 12 个月或 5 万公里　　D. 12 个月或 10 万公里

2. 对于备件仓储管理，甲说：要遵循货架分类、货物分区、货位编号、先进先出的原则。乙说：堆垛码放时备件标签一律朝内，不得倒置。请问谁说的正确？(　　)

A. 甲正确　　B. 乙正确

C. 甲乙都正确　　D. 甲乙都错误

3. 新车行驶到规定里程范围，应该接受新车首次保养。一汽大众各车型的保养里程为(　　)公里。

A. 5 000　　B. 7 500

C. 10 000　　D. 15 000

4. 对于备件进出货管理，甲说：根据到货单上备件号核对到货备件包装条码上货号是否正确，质量是否有瑕疵，数量是否与验收单上相符。乙说：备件库管员依照出库单到备件库房逐项核对备料，备齐后在出库单上签名确认，请领料维修技师/工核对确认无误后签名发件。请问谁说的正确？(　　)

A. 甲正确　　B. 乙正确

C. 甲乙都正确　　D. 甲乙都错误

5. 呆滞备件是指连续(　　)以上无销售的备件，不包括上市新车型的备件，以及排除促销及召回的备件。

A. 3 个月　　B. 6 个月

C. 9 个月　　D. 12 个月

三、简答题

1. 简述事故车辆索赔基本流程。

2. 一汽大众经销商关于整车质量担保有何规定?

3. 一汽大众经销商关于备件质量担保有何规定?

4. 备件仓储管理的具体要求有哪些?

5. 备件进、出货管理的具体要求有哪些?

【综合实训】

一、配件库房管理

实训目标：掌握配件库房管理方法。

实训组织：学生分组参观大型配件库。

实训提示：考察4S店配件库房的管理，要求学生拍摄配件摆放、货位设计等相关图片并制作PPT。

实训成果：根据教师的具体要求，学生各组进行PPT演示介绍，大家对配件货位管理等进行讨论，当场评比，公布结果。

二、零配件索赔

实训目标：掌握零配件索赔方法。

实训组织：学生分组进行零配件索赔检查，并提交检查结果，分析是否符合索赔条件。

实训提示：考察4S店零配件索赔流程。

实训成果：根据教师的具体要求，学生各组进行零配件索赔检查，大家将检查结果及过程进行讨论，当场评比，公布结果。

单元 4

汽车维修接待实务

【教学目标】

1. 了解汽车维修接待岗位的职责及素质要求；
2. 了解汽车维修接待流程。

【能力目标】

1. 胜任汽车维修接待岗位的要求；
2. 能按正确流程进行汽车维修接待服务。

【引例】

一客户打来电话故障报修，并咨询说："我车发动机故障灯已经亮起，我是将车开到维修站，还是等待救援?"

电话转接到维修接待，并解释到："您的车可以开到店里维修，但要减速慢行，如果有其他异常情况，请立即停车，并与维修站取得联系。我们会派维修技师给您救援。请您把您的车号及大致到店时间告诉我，我给您安排预约，并做好配件调度……"

任务 4.1 维修接待岗位简介

任务描述

相关知识

随着汽车所有者身份的变化，带来了客户需求的多样性。汽车维修企业为树立企业形象，提高企业的竞争力，纷纷在企业内开展宾馆式服务，业务接待已逐步成为汽车维修企业经营管理的重要组成部分。作为一名合格的维修接待，不仅要熟练掌握接待流程，还应有一定的维修经验，解答客户不同的疑问，正确估算维修时间及费用。

一、维修接待员的素质要求

1. 维修接待的作用

客户来修车，第一步踏入的是企业的接待大厅。从成功经验来看，只有在汽车维修业务接待这个"第一窗口"彻底改变服务，才能降低不满意的发生。维修业务接待员这个岗位由此而生，对维修企业的发展有着至关重要的作用。具体表现在：

（1）代表企业的形象。

维修业务接待在客户心中的形象就是企业特征的直接反映，是企业的"窗口"代表，其言谈举止、接人待物、服务水平等直接关系到企业形象的好坏。

（2）影响企业的收益。

维修业务接待要对承修车辆在维修前进行估价，在维修过程中所发生的费用进行统计，并向客户解释相关费用的收取标准，听取客户的意见并向上级部门反映。其维修估价的合理性，收费结算过程的流畅性，发生费用结算纠纷处理的灵活性，都直接影响着企业的信誉、企业的效益。

（3）反映企业技术管理的整体素质。

维修业务接待在接车、估价等过程中所表现出的解决问题和处理问题的能力，体现了企业技术水平的高低，也体现了企业服务和管理水平的高低。

（4）沟通维修企业与车主之间的桥梁。

维修业务接待有许多不同的名称，如接待专员、服务顾问、维修顾问、诊断顾问等，这个角色之所以重要在于他是顾客进厂碰到的第一人，如果服务好、顾客信赖度高，也可能是顾客在服务厂唯一接触的人。因为顾客的时间有限、专业不足，所以很容易将爱车交给业务接待后就放心等待结果。因此，从理论上讲，来厂维修的客户是由业务接待从头到尾完成接待工作的。

2. 工作人员的素质要求

根据各汽车 4S 店的调查现状和汽车工业的发展水平来看，一个合格的汽车维修业务接待必须具备的素质包括：

（1）基本素质。

1）具有汽车维修专业大专以上文化程度，或者取得中级维修工技术证书，以及有维修岗位 5 年以上的工作经验；

2）品貌端正、口齿伶俐，会说普通话、具有较强的表达能力和随机应变能力；

3）熟悉汽车维修、汽车材料、汽车配件知识及汽车保险知识，并有一定实践经验；

4）接受过业务接待技巧的专业培训；

5）熟悉汽车维修价格结算的工艺流程、工时单价和工时定额，具有初步的维修企业财务知识；

6）熟练驾驶车辆。

（2）品质素质。

1）良好的忍耐力。忍耐与宽容是优秀接待人员的一种美德。面对客户要包容和理解。良好的服务就是让客户满意。真正的客户服务是根据客户的喜好提供满意的服务，不同客户的性格、人生观、价值观不同，要根据不同顾客的需求和喜好提供服务。在工作中要像对待朋友那样对待客户，要有很强的包容心，树立“客户就是上帝”这一现代服务理念。

2）不轻易承诺，说了就要做到。对于业务接待，通常很多企业都有要求：不轻易承诺，说到就要做到。因此业务接待不要轻易地承诺，随便答应客户，这样极易使工作陷于被动。业务接待必须要注重自己的诺言，一旦答应客户，就应竭力做到。

3）勇于承担责任。业务接待需经常承担各种各样的责任和失误。工作中出现问题和失误的时候，同事之间不应相互推卸责任，而要勇于承担责任，积极主动解决问题以消除客户的不满和报怨。

4）博爱、真诚。拥有博爱之心，真诚地对待每一个人，这个博爱之心是指“人人为我，我为人人”的那种思想境界，热爱客户就像热爱自己一样。

5）谦虚谨慎。谦虚是做好客户服务工作的要素之一。拥有一颗谦虚之心是人类的美德。对业务接待员而言，谦虚这一点很重要。一个业务接待拥有较强的专业知识，靠专业知识和技能提供服务，面对相对外行的客户极易产生自满，这是客户服务的大忌。在客户面前炫耀自己的专业知识揭客户的短处，这是不礼貌的行为，更无法提供让客户满意的服务。业务接待在拥有了较高的服务技巧和专业知识后，还应谦虚、谨慎。

6）强烈的集体荣誉感。客户服务必须要有团队精神。而业务接待也是一样，所做的一切，不是为表现自己，而是为了能把整个企业客户服务工作做好。强烈的集体荣誉感也是对业务接待品质方面的要求。

（3）技能素质。

1）良好的语言表达能力。良好的语言表达能力是与客户沟通的必要技能和技巧。

2）丰富的行业知识及经验。丰富的专业知识及经验是解决客户问题的必备武器，做哪个行业都需要具备专业知识和经验。

3）熟练的专业技能。熟练的专业技能是客户服务人员的必修课。

4）优雅的形体语言表达技巧。形体语言表达技巧，能体现出业务接待的业务素质。优雅的形体语言的表达技巧指的是气质，内在的气质会通过外在形象表露出来。举手投足、说话方式、笑容，都能说明业务接待足够专业。

5）思维敏捷，具备对客户心理活动的洞察力。思维敏捷，具备对客户心理活动的洞察力是做好客户服务工作的关键所在。所以，业务接待需要具备这方面的技巧。思维要敏捷，洞察顾客的心理活动，这也是对业务接待技能素质的起码要求。

6）具备良好的人际关系沟通能力。业务接待具有良好的人际关系沟通能力，跟客户之间的交往会变得更顺畅。

7）具备专业的客户服务电话接听技巧。专业的客户服务电话接听技巧是业务接待的重要技能，业务接待必须掌握怎么接客户服务电话，怎么提问的技巧。

8）良好的倾听能力。良好的倾听能力是实现客户沟通的必要保障。与客户交谈时应“说三分，听七分”，学会倾听，善于倾听，应借助目光与客户产生互动，真正实现与客户的有效沟通。

二、工作职责及职业道德

1. 汽车维修接待员的工作职责

（1）保持接待区整齐、清洁。

（2）接待客户时，应快速向前并热情地了解客户的需求及期望。

（3）接收车辆、初步诊断车辆的问题，评估维修内容，给客户提供汽车的专业知识及交换意见，与客户意见达成一致。

（4）估计维修费用或征求有关人员意见，并耐心向客户说明收费项目及其依据，得到客户认同后开出维修单。

（5）掌握维修进度，增加维修项目或延迟交车时，及时联络客户，取得客户的同意和理解。

（6）确认车辆的问题是否完成。

（7）能妥善保管客户车辆资料。

（8）能及时建立客户档案。

（9）能协助车主完成结账程序并目送客户离开。

（10）能主动宣传本企业，推销新技术新产品，准确解答客户提出的有关问题。

（11）能听取客户的意见和建议，并及时向上级汇报。

（12）能不断学习新汽车新技术及国家新政策，努力提高自身业务水平。

2. 汽车维修接待员的职业道德

（1）真诚待客。

真诚待客是指要主动、热情、耐心对待客户，最大限度地满足客户的期望并与之达成共识。

（2）服务周到。

服务周到是指在维修的全过程中向客户提供全方位的优质服务。具体要求有以下几点：

1）在维修前应该认真倾听客户对车故障的描述，初步诊断出汽车故障，对维修内容、估算费用和竣工时间进行详细说明，并得到客户的认同，还要向客户提供有关汽车保养等方面的建议和其他有关信息。

2）在维修过程中要及时与车间沟通，确保修理项目合理，避免一些不必要的修理项目。需要增加维修项目时，要耐心、详细地向客户说明，同时要征得客户认可。随时了解维修进度，督促维修车间按时完工，如发现不能按时完工，要及早通知客户，说明原因，取得客户的谅解。

3）结算前要向客户详细说明维修内容、维修费用的组成，并征得客户认可。

4）交车时要简要介绍修车过程中的一些特殊情况，车辆现在的状况及使用中的注意问题等。

5）在维修后应该建立健全汽车维修技术档案，并及时回访。

6）回访客户时要诚恳，对客户提出的所有问题要认真调查。对企业的问题要承担，对疑问要耐心解释，必要时要勇于承担责任，不推诿和敷衍，对客户发现的问题和建议要表示感谢。

（3）收费合理。

收费合理是指汽车维修企业在承接汽车维修业务时，要做到价格公道，付出多少劳务，就收取多少费用，严格按照交通行政管理部规定的汽车维修工时定额和收费标准核定企业的维修价格。

（4）质量保障。

严格按照技术要求和操作规程进行生产。使用的原材料及零配件的规格、性能要符合规定的标准。要按规定的程序严格进行检验与测试，使汽车故障完全排除。

三、维修接待员注意事项

汽车维修接待员工作时，应注意以下几点事项：

（1）出迎及时，问好。新用户递交名片。（例：您好！请问有什么可以帮助您?）

（2）受理车辆需检查车身外观是否完好，内部功能是否使用正常以及是否有贵重物品等，都应与客户一一确认后，让其签字。

（3）始终保持微笑服务（包括领导/同事）。

（4）值班人员上班准时站在引导台（午休时间除外），并且做好引导台及前台卫生，以及上班的准备事项（电脑开机/电话转移/单据整理等）。

（5）递水及时，时时关注客户，不要让他有被冷落的感觉。

（6）及时整理管理板记录内容，管理板上显示情况，需与在修车辆的真实情况相符。

（7）接待的车辆要跟踪全程直至目送客户离去。

（8）接车过程中，如有增减维修项目（或是需与客户沟通的）必须由接待员完成。若是技术性问题无法表述清晰的，可请客户到接待台，让维修技师解释。

（9）估价单、车历卡在接待员描述清楚维修项目及维修费用后，由客户确认签名。

（10）对在维修车辆，接待员要清楚其动态。上班的第一件事就是查看今天还有几台在修车辆，现在是什么状态，什么时间交车。

（11）完检后，接待员须再次检查确认（尤其是喷漆、大修及事故车）后，方可通知客户来提车。

（12）接听所有来电都需做电话记录。

（13）结算时，发现有增加维修项目的，需告之客户，客户不同意增加时，应将故障及需做维修项目记录在DMS“完工检查”中的备注栏中，然后打印，并让客户签字确认。

（14）在订件前告知客户所订零件的价格、换件工时费用及到货日期，到货后及时通知客户来更换。

（15）下次保养公里数及时间在结算时告知客户，并将保养提示卡贴在左前门边上（标准胎压贴纸处）。

（16）送客时，需当着客户的面摘下四件套，并致谢寒暄，目送客户离开（直到看不到后视镜为止）。

(17) 问诊表、快修单填写完整规范。

(18) 各类需填写的报表要及时认真地填写。

(19) 试车需经客户同意，并尽量让客户一同试车。

(20) 尽量不要让客户进入车间，若必须进入车间的客户，须挂参观牌。

(21) 重视客户提出的每一个问题，并且尽量满足。

(22) 接待员如果次日休息，需将当日未交车辆情况转交给其他接待员。

任务 4.2　维修接待流程

任务描述

相关知识

汽车维修接待服务流程是维修企业为客户提供服务需要遵循的标准。维修企业通过服务流程可以为客户提供优质的服务、建立客户对维修企业的信心、保证客户对服务的满意、创造品牌忠诚客户。其服务流程如图 4—1 所示。

一、预约服务

1. 预约的定义

预约就是预先约定，主要是通过电话与客户达成预定内容。包括主动预约和被动预约两种形式。

(1) 主动预约：指工作人员使用电脑系统，分析客户档案，预先了解客户需求，主动预约客户回厂接受服务。工作人员在主动预约时，要使用标准用语，一般是提前 7 天致电

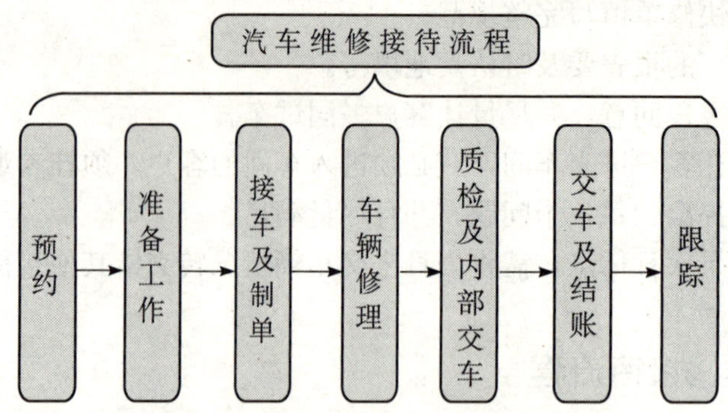

图 4—1　汽车维修接待服务流程

提醒客户，然后再提前 3 天发送手机短信进行一次提醒。

(2) 被动预约：指客户自主致电或到访维修站进行的预约服务。工作人员在接听客户预约电话时，要认真倾听客户描述，理解客户需求，翔实记录在《预约登记表》上。

2. 预约的目的

(1) 提高客户满意度。

通过与客户预先沟通，进行初步需求分析，做好充足服务准备，避免因缺配件导致修车拖期；同时使客户不必排队等候，节省客户等待时间。

(2) 提高生产效率。

维修厂可以根据预约车辆情况，准备合适的工具、该车辆的相关资料，在保证维修质量的前提，节省维修时间。

(3) 培养忠诚客户。

预约可以变被动为主动，在配件、工具、技术方面都会准备得有条不紊，从而为客户提供更佳服务及车辆养护方案，通过优质的品牌服务形象来吸引更多的客户。

3. 预约流程

预约流程如图 4—2 所示。

4. 服务标准

客服人员应具备良好的电话沟通技巧，具备熟练的电脑系统操作技能，掌握服务流程知识、车辆养护知识，以及常用备件、工时价格等。其服务标准如下：

(1) 预约电话应为专线，保持线路畅通。

(2) 客服人员接听预约电话时，要使用标准用语。

(3) 规范填写《预约登记表》。

(4) 在服务接待区明显位置放置预约服务公示牌，内容包括：预约电话、预约好处等，能使客户清晰看到。

(5) 提前 7 天致电客户，做预约提醒，提前 3 天向客户发短信再次提醒。

(6) 与客户确认信息，并及时更新。

(7) 合理安排客户进厂时间。

(8) 告知客户维修所需要携带的手续，礼貌道别。

(9) 定期将《预约登记表》递交服务经理。

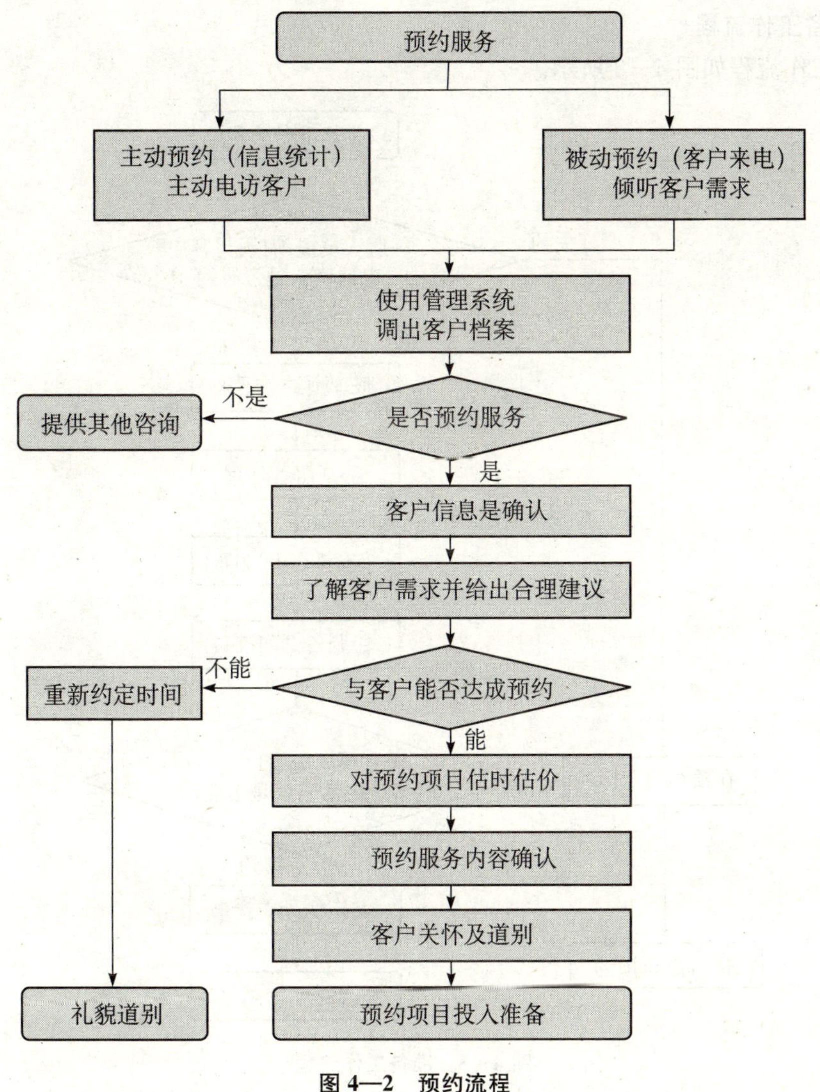

图 4—2　预约流程

二、维修准备

维修准备工作是保证顺利完成工作的重要环节，是提高客户满度的有效方法。维修服务准备工作包括：人员、工位、工具、备件、技术方案、设备等。

1. 相关工作人员

与维修服务准备工作相关的人员有客服人员、服务经理、服务顾问。

（1）客服人员：将确认的《预约登记表》传递给服务经理，填写《预约客户欢迎看板》。

（2）服务经理：审核预约内容，妥善安排并监督服务顾问进行工作准备。

（3）服务顾问：协调和督促车间、备件库及时做好准备工作。

2. 准备工作流程

准备工作流程如图 4—3 所示。

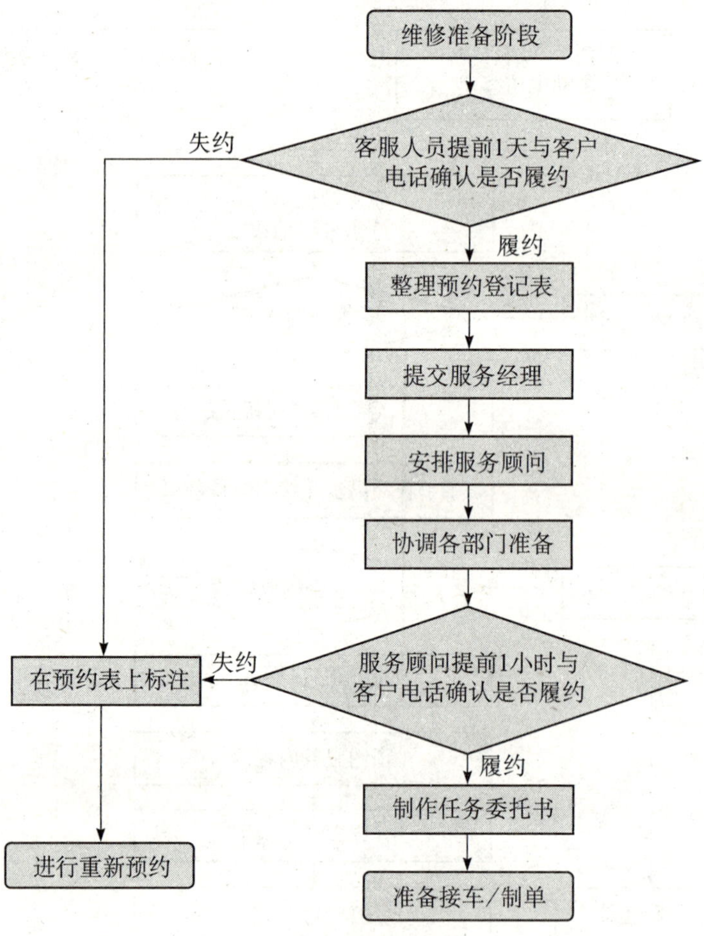

图 4—3 准备工作流程

3. 工作标准

（1）客户进厂前 1 天，客服人员与客户电话进行预约确认。

（2）服务顾问负责协调预约准备工作，并将结果向服务经理汇报。

（3）服务经理将准备结果向客服人员进行反馈。

（4）备件部有专用的预约备件存放区，并对应每名服务顾问划分成小备件区。

（5）备件部提前将预约备件放在相对应服务顾问的预约备件区，并注明车号。

（6）车间为预约客户提前准备好人员、工具和技术资料。

（7）服务顾问提前 1 小时与客户电话再次确认。

（8）服务顾问根据预约信息制作《任务委托书》，样式如图 4—4 所示。

任务委托书

客户：莫某某　　　　　　　　　　　　　　　　　　　　委托书号：2—20100700286
地址：沈阳皇姑区×街×号　　　　　　　　　　　　　　生产日期：2010/02/20
电话：136×××××××× 邮编：110031　　　　　　　　送修日期：2010/07/28 14：09：55
联系人：莫某某　　　联系人电话：136××××××××　约定交车：2010/07/28 15：00：55

牌照号	收音机密码	颜色	底盘	发动机号	万公里	领证日期	付款方式
辽 A-××××		银灰	LFVBA11 GX33028696	ATK296341	1.512	2010-3-25	提车付款
车型	豪华改脸 MPI GIX 1G7JM4	旧件保留 □Y ☑N			满 √		空
修理工位	修理项目名称	性质	工时	工时费	起止时间	主修人	
101000	15 000 公里保养	正常		80		吕某某	

检验员：________　　　　　　　　客户凭此委托书提车，请妥善保管。

站长：高某某　　　接待员：胡某某　　业务员：胡某某

地址：沈阳铁西区汇工街××号

电话：024-88××××33

说明：贵重物品自行保管　　　　客户签字：________

图 4—4　任务委托书样式

三、接车/制单

接车/制单是服务顾问使用《接车单》接待客户车辆，并规范填写的过程。服务顾问应从客户的角度出发，提供热忱、快捷、周到的服务。在接待过程中通过沟通和服务技巧，向客户展现规范、优质的品牌形象，最终达到客户满意。

1. 相关工作人员

与接车制单工作相关的人员有引导员、服务顾问。

（1）引导员：其职责是主动为客户提供到达维修站后的先期咨询和指引工作。

（2）服务顾问：其职责是主动理解、发掘和满足客户需求，取得客户信赖，树立专业的服务形象。

2. 接车/制单流程

接车/制单流程如图 4—5 所示。

3. 工作标准

（1）设立专职的引导员，一分钟内接待客户。

（2）引导员与服务顾问之间使用对讲机沟通。

（3）使用标准服务用语热忱迎接客户："您好，欢迎光临！"

（4）服务顾问使用《接车单》接待客户车辆，并规范填写。

（5）服务顾问当客户面使用四件套接待车辆。

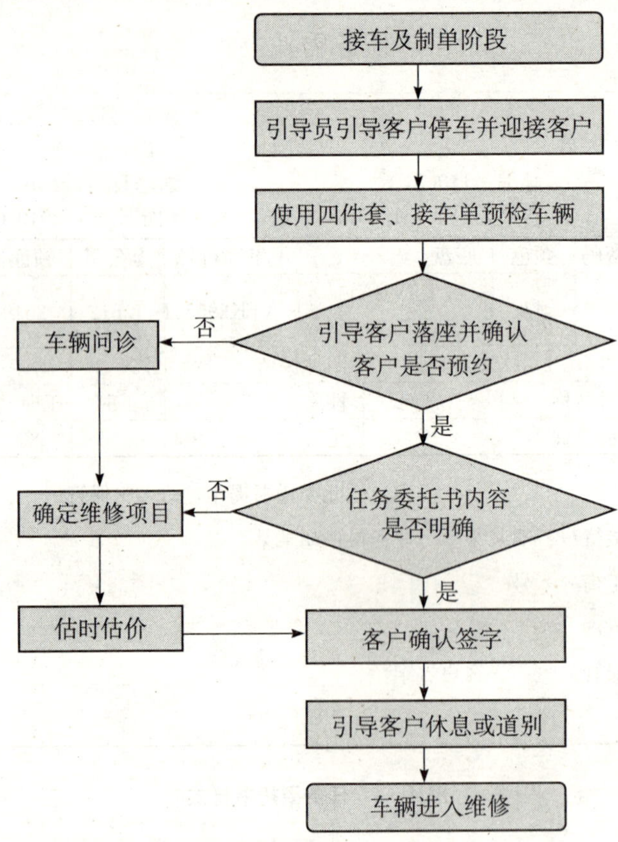

图 4—5　接车/制单流程

（6）服务顾问陪同客户一同预检车辆。

（7）主动引客落座，按照维修类别开具《任务委托书》。

（8）必须将客户对车辆的具体需求陈述录入到系统中。

（9）接待台面明显位置摆放工时和备件价格手册，向客户进行目录式报价。

（10）在《任务委托书》规定位置注明车辆维修所需要的备件、工时和总计价格。

（11）在《任务委托书》规定位置注明交车时间、旧件保留方式、结账方式、燃油量、洗车需求。

（12）《接车单》和《任务委托书》请客户签名确认。

（13）每日下班前向服务经理索取第二天的《预约登记表》，保证次日能够及时准确地为预约客户做好服务顾问的联络工作。

（14）准备好对讲机，保持电量充足，信号稳定，并与服务顾问进行试通话，保证通话质量良好。

（15）引导员应在经销商停车场的入口处随时准备对进厂的车辆进行引导。

（16）服务顾问准备好接车用单据《接车单》、《定期保养单》等，样式如图 4—6、图 4—7 所示。

接　车　单

客户车牌：　　　　　　　　　　　　行驶里程：　　　　　　　　　　　服务顾问：

客户需求陈述：

服务顾问检测诊断结果及主要故障件：

服务顾问建议或提醒：

图 4—6　接车单样式

定期保养单　一汽一大众特许经销商（服务）

Sagitar（2007）7 500km					
用户姓名	牌号	底盘号	领证日期	行驶里程（km）	保养日期
7 500 公里首次免费保养	一汽一大众特许经销商速腾轿车定期保养项目		合格	不合格	消除
•	查询自诊断系统故障存储器				
•	润滑车门止动器				
•	目测检查发动机及机舱内的其他部件是否有泄漏或损坏				

图 4—7　定期保养单样式

4. 接车/制单工作操作过程及要求

（1）接待准备。

1）引导员：

①每日下班前向服务经理索取第二天的《预约登记表》，保证次日能够及时准确地为预约客户做好服务顾问的联络工作；

②准备好对讲机，保持电量充足，信号稳定，并与服务顾问进行试通话，保证通话质量良好；

③引导员应在经销商停车场的入口处随时准备对进厂的车辆进行引导。

2）服务顾问：

①准备好接车用的各种单据（《接车单》、《定期保养单》、《质量标签》等）；格式见图4—7；

②准备好对讲机，保持电量充足，信号稳定，并与引导员进行试通话，保证通话质量良好；

③准备好办公用具（至少2支笔、钉书器、打印纸、留言便签、印章等）；

④将预约客户的《任务委托书》，按时间顺序摆放在台面的明显位置；

⑤保证名片充足，保证电脑系统和打印机等办公电器正常运行；

⑥准备好工时和备件价格手册，摆放在台面的明显位置；

⑦保证接车用四件套干净、充足并按每车一套折叠整齐，放置在接待台下，便于随手拿取；

⑧清洁工作区域及工作设备，尤其注意要保证客户坐椅和电话的清洁；

⑨服务顾问应面向维修接待区域的入口方向，随时关注客户的到来。

（2）引客停车：

1）客户到访时，由引导员引导客户将车辆停放在维修接待区，为客户开启车门并正确指示维修接待区入口位置。

2）引导员对客户表示欢迎，使用标准用语："您好，欢迎光临！"

3）引导员用对讲机通知服务顾问客户到来的信息。

4）引导员应关注《预约客户名单》上的信息，保证在预约客户到达时，立即通知相对应的服务顾问快速接待，并向其转述相关的预约信息，方便服务顾问做好充足准备。

5）在《预约客户名单》上标注客户到达时间等信息。

（3）迎接客户：

1）客户进到接待区，服务顾问应主动迎接客户。

2）对于预约客户，服务顾问应携带相对应的《任务委托书》进行接待。

3）保证在一分钟之内向客户表示欢迎，使用标准用语："您好，欢迎光临！"

4）服务顾问简单询问客户来意或车辆故障状况。

（4）预检车辆：

1）服务顾问携带必要的简单工具、四件套和《接车单》陪客户对车辆进行预检。

2）正确使用车辆四件套，当客户面保护车辆。

3）询问客户车辆情况，认真倾听，将客户的需求陈述记录在《接车单》"客户需求陈述"处，然后向客户复述。

4）经过初步判断，向客户提供相关建议方案（尽可能提供几套方案供客户选择，满足客户需求），将客户认可的方案记录在《接车单》相应位置。将对客户的其他建议，也要记录在《接车单》的相应位置。

5）对不能确定的车辆故障应请相关技术人员协助诊断，需要时应将车辆开入专用的预检工位进行检查。

6）检查车辆外观、灯光、轮胎、车辆内饰和各功能开关等，并做记录。

7）准确记录车辆的行驶里程，燃油量。

8）打开发动机舱检查内部情况，并做记录。

9）经客户同意，打开后备箱检查备胎和随车工具，并做记录。

10）根据车辆检查情况，将新发现的问题向客户做建议，并主动提供合理的车辆养护建议，将客户认可的项目记录在《接车单》上。

11）提醒客户保管好车内的贵重物品，并向客户提供物品代管服务。

（5）引客落座：

1）服务顾问引领客户回到维修接待区；

2）服务顾问主动为客户看座，客户落座后，服务顾问再坐下。

（6）信息维护：

1）使用管理系统，按照车辆维修类别，选择对应的任务委托书类别；

2）在系统中核实客户和车辆信息，必要时进行更新；

3）在系统中更新车辆行驶里程；

4）查询车辆维修历史记录，根据相关信息，再向客户进行全面的维修建议；

5）对于预约客户，需要与客户确认车辆和客户信息，必要时进行更改。

（7）确定方案：

1）首先必须将客户对车辆具体的需求陈述录入到系统中；

2）其次将客户同意的维修方案录入到系统中；

3）客户不同意的维修项目也应作为维修建议登记在维修系统中，提示维修技师对这些维修建议，提供正常使用的时间或里程数据；

4）需要对预约《任务委托书》上已有的维修内容进行核对更新；

5）需要对预约《任务委托书》上已有的维修费用和交车时间进行核对更新。

（8）估时估价：

1）接待台上摆放常用工时和备件价格手册；

2）根据客户认可的维修方案，查询备件库存，并依照备件价格手册向客户作目录式报价；

3）根据客户认可的维修方案，依照工时价格手册向客户作目录式报价；

4）告知客户提供免费洗车服务，并询问客户是否需要此项服务；

5）告知客户目前所预计发生的备件总价、工时费总价和维修总价；

6）告知客户约定的交车时间（包含洗车时间在内）。

（9）客户确认：

1）将目前向客户预估的备件总价、工时费总价和维修总价，标注在《任务委托书》规定位置；

2）将向客户预估的交车时间，标注在《任务委托书》规定位置；

3）与客户确定旧件保留方式和存放位置，标注在《任务委托书》规定位置；

4）与客户确定结账方式，标注在《任务委托书》规定位置；

5）与客户确定是否洗车，标注在《任务委托书》规定位置；

6）将所检查的燃油量，标注在《任务委托书》规定位置；

7）将客户交代的特别注意事项标注在《任务委托书》规定位置；

8）出具《任务委托书》，请客户过目，并逐项说明；

9）对于《任务委托书》上暂时不能确定的维修项目，应告知客户需要经过进一步的检测后，再通知客户确切的维修方案以及时间、费用；

10）客户认可后在《任务委托书》和《接车单》上签字；

11）将《任务委托书》和《接车单》的取车联交给客户，并提醒客户此单据为提车凭证，需要保管好以防丢失；

12）将《任务委托书》和《接车单》整齐装订。如果维修为常规保养项目，还应另附《定期保养单》，整齐装订；

13）将特殊客户的区别标识标注在《任务委托书》规定位置。

（10）客户关怀：

1）询问客户是否在此等待车辆竣工；

2）对于在此等待提车的客户，应由服务顾问引导或陪同客户进入休息区休息等待，或进入精品备件展示区介绍给精品销售人员；

3）对于非等待客户，应向客户提供机动性保障，如：代步车、代叫出租车等；

4）向客户说明在车辆维修过程中，如出现维修项目、时间或费用变化的情况，服务顾问会及时与客户联系，并再次确认客户的联系方式。

四、维修进度管控

维修进度管控是车间人员维修车辆的过程，通过合理的派工和规范的维修作业，管控维修进度，保证准时交车，展现车间生产效率。

1. 相关工作人员

与维修进度管控工作相关的人员有维修技师、作业管理员、技术经理。

（1）维修技师：通过企业内部资格认证或企业承认的认证资格，且熟练掌握维修技术操作规范，并能在规定的时间内完成车辆的维修。

（2）作业管理员：根据车辆进厂维修情况，合理调控人力和技术资源，提高车间效率，保证良好生产秩序和环境。

（3）技术经理：及时向车间提供必要的技术支持。

2. 维修进度管控流程

维修进度管控流程如图4—8所示。

3. 工作标准

（1）服务顾问将《任务委托书》和《接车单》等单据随车辆送入车间，向车间派工；

（2）服务顾问向维修技师叙述《任务委托书》和《接车单》上的信息，并重点强调客

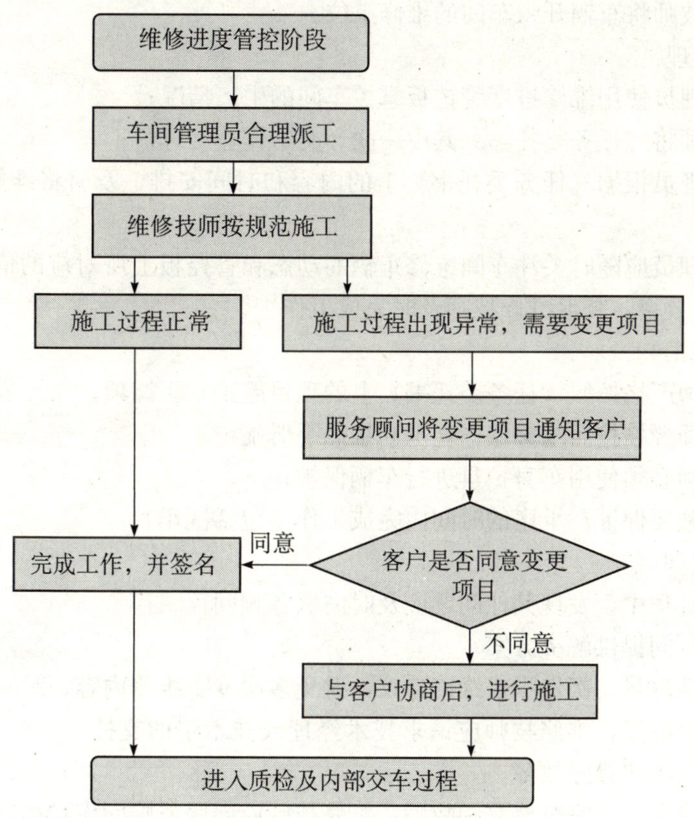

图 4—8　维修进度管控流程

户的需求陈述和交车时间；

（3）作业管理员使用车间维修进度管控板掌控维修进度；

（4）维修技师应使用车身护具保护车辆；

（5）维修技师遵循操作规范和维修手册施工；

（6）维修技师按照《任务委托书》严格施工；

（7）变更《任务委托书》内容，应及时通知服务顾问，并需经过客户同意；

（8）对于定期保养车辆，逐项填写《定期保养单》；

（9）对于疑难故障，技术经理应组织会诊，填写《维修技术方案》；

（10）维修技师需将车辆检查的结果和建议注明在《任务委托书》上；

（11）维修技师需在所完成项目后作标识确认，并在《任务委托书》上签名。

4. 维修进度管控工作操作过程及要求

（1）车间派工：

1）服务顾问将《任务委托书》和《接车单》等单据一同随车辆送入车间；

2）将《任务委托书》等单据传递给作业管理员或所对应的技师班组；

3）向主修人员交代清楚《任务委托书》和《接车单》上的内容，尤其要强调客户的需求陈述和交车时间，提醒维修技师务必要给予满足；尤其是故障现象、维修项目、交车时间、旧件保留方式、是否洗车和客户交代的特别注意事项；

4）由维修技师将车辆开入车间的维修工位。

（2）进度管理：

1）作业管理员使用维修进度管控板掌控车间的生产情况；

2）维修技师将《任务委托书》其中一联，交给作业管理员；

3）作业管理员根据《任务委托书》上的内容和时间安排，及时将维修信息登记到进度管控板上；

4）作业管理员应随时关注车间维修车辆的动态和管控板上所对应的信息，随时更新，合理调控，提高效率，督促维修技师及时完成工作。

（3）严格施工：

1）维修技师严格按照《任务委托书》上的项目施工，不漏项；

2）维修技师严格按照维修操作规范和维修手册施工；

3）维修技师必须使用车身护具进行车辆保护；

4）维修技师要保证在承诺的时间内完成工作（包括洗车）。

（4）异常处理：

1）在维修过程中，发现其他问题应及时向服务顾问反映；

2）向服务顾问提供解决方案；

3）维修技师尽量一次性提供维修建议，避免多次变更维修内容、时间和费用；

4）对于疑难故障，维修技师应请求技术经理或技术组的支持，并填写《维修技术方案》，讨论会诊，尽快排除故障；

5）对不能确定已经完全修复的故障，维修技师应向服务顾问作详细的说明；

6）维修技师应将此事报告技术经理，并填写《维修技术方案》备案；

7）由服务顾问向客户说明情况，并向客户提供合理建议，必要时可以请求技术经理的支持。

（5）项目变更：

1）服务顾问根据新发现的问题和解决方案，确定所需备件的库存、价格、工时费和所需时间后，通知客户；

2）在得到客户认可后，由服务顾问将所变更的项目落实在《任务委托书》上，请客户签字；

3）如果客户不在现场，服务顾问应将通知客户的时间和客户的回复意见记录在《任务委托书》上，并使用系统可监控的电话装置与客户沟通；

4）如果客户有条件收发传真，服务顾问可通过传真的形式请客户签字确认。

（6）维修建议：

1）维修技师将客户暂时不做的建议项目记录在任务委托书上；

2）将可以预估使用时间或里程的备件期限标注在《任务委托书》上。

（7）完成工作：

1）维修技师将客户需要保留的旧件，做好清洁和密封处理，放在客户指定位置；

2）维修技师每完成一项工作项目，都应在项目后边作标注；

3）对于定期保养的车辆，维修技师应按照定期保养单上的内容逐一检查确认，并在表单上标注。

五、质检/内部交车

通过严格执行自检、互检和终检的三检制度，确保完成所有维修项目，保证维修质量和一次修复，满足《任务委托书》的要求，将车辆交付服务顾问。

1. 相关工作人员

与质检/内部交车工作相关的工作人员有质量检验员、维修技师、技术经理/作业管理员。

（1）质量检验员：质量检验员必须有岗位资格证，其职责是依据检验标准完成维修车辆的最终检查。

（2）维修技师：其职责是按照操作规范，能进行自我检查和班组之间的互相检查。

（3）技术经理/作业管理员：其职责是按照技术规范和操作标准，对车辆的维修过程进行监督指导。

2. 质检/内部交车流程

质检/内部交车流程如图 4—9 所示。

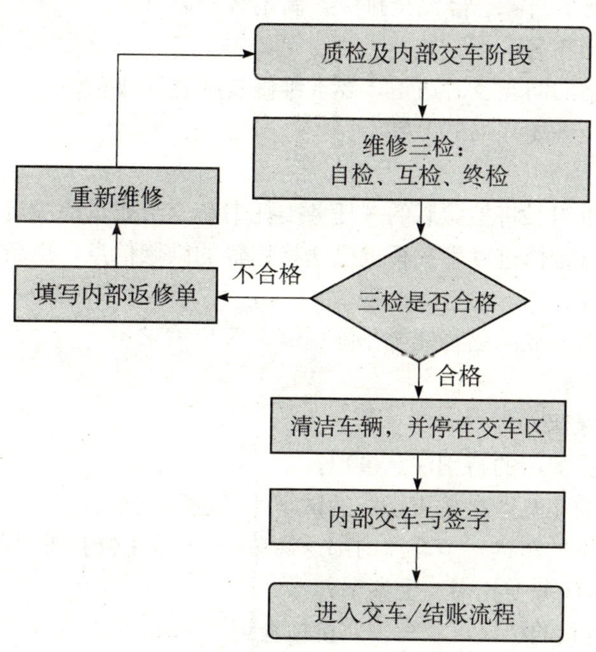

图 4—9　质检/内部交车流程

3. 工作标准

（1）对维修车辆实施三检，即自检、互检、终检。

（2）维修技师按照《任务委托书》完成自检，并签字确认。

（3）技师班组长核实维修技师自检结果，完成互检，并签字确认。

（4）质量检验员对维修车辆进行最后检验，填写《质量检查记录表》，完成终检并签字。

（5）路试车辆，必须由指定的试车人员，依照试车路线进行路试。

（6）检验不合格的车辆，应填写《内部返修单》，并签字。

4. 维修质量检验工作操作过程及要求

（1）过程检验：

技术经理或作业管理员加强维修过程检验，及时规范技师的操作方法。

（2）自检：

1）维修技师按照《任务委托书》检查完成所有的维修项目；

2）确保没有发生与此次维修无关的备件；

3）确保每个施工项目都按照维修手册的要求进行操作；

4）检查旧件的保留方式正确；

5）保证遵守客户提出的特别注意事项；

6）检查车内是否有维修后的残留物品，并对车内进行清理。

（3）互检：

1）维修技师将竣工的车辆和《任务委托书》交给班组长；

2）班组长核实维修技师的检验结果；

3）检查客户报修的故障已经完全排除，满足客户需求；

4）检查维修技师签名；

5）对发现不合格的问题及时纠正，要求维修技师立即改正；

6）合格后在《任务委托书》上签字。

（4）终检：

1）维修技师或班组长将检验后的《任务委托书》交给质量检验员做终检；

2）质量检验员将维修进度管控板上已送检车辆的维修信息，更新至完工检验状态；

3）按照《任务委托书》检查无漏项；

4）检查客户报修的故障已经完全排除，满足客户需求；

5）检查技师签名；

6）检查旧件的保留方式；

7）保证遵守客户提出的特别注意事项；

8）对需要路试的车辆严格按照规定的试车路线进行试车；

9）对检验不合格的车辆，填写《内部返修单》，要求主修技师重新操作；

10）合格后在《任务委托书》上签字；

11）对车辆所检验的结果，填写《质量检查记录表》。

（5）洗车：

1）终检后，将合格车辆和《任务委托书》交给维修技师，由维修技师送交洗车班组；

2）用清水、泡沫（或清洁剂）淋湿车辆；

3）用湿毛巾（或海绵）擦拭车辆外表，翻开雨刮臂，清洁雨刮片上的污物；

4）用清水冲洗泡沫，并用干毛巾将车身擦干；

5）保持毛巾清洁，不得携带异物，以免划伤油漆；

6）清洁脚垫（或地毯）灰尘；

7）对无法清洁的异物（如沥青等）在工单上注明；

8）客户所有物品如脚垫、座套、饰物等按原样归位；

9）清洁标准：

①车身外部无污渍、无水印、车窗透明、无尘；

②仪表台、坐椅、地板、烟灰缸、前后灯罩、左右后视镜、门把、轮辋、全车玻璃干净无尘。

10）清洗要求：

①设专用洗车工位和工人；

②着统一专业防水清洗车服装；

③使用专用工具（如麂皮、清洁液等）或专用设备（冬天有热水、高压水枪、高压气枪等）；

11）可以提供免费外委洗车，但上述清洁标准不可降低；

12）完成车辆清洁后，及时通知维修技师。

（6）内部交车：

1）由维修技师将合格的竣工车辆停放在交车区；

2）将车位号码记录在《任务委托书》上；

3）车辆在停放时，车头朝外，锁好车辆；

4）维修技师将车辆钥匙和《任务委托书》递交给原接车服务顾问。

六、交车/结算

按照客户的要求将车辆交付客户，向客户清晰解释维修事宜以及提供的附加服务，以达到客户满意，为客户下次进厂打下良好的基础。

1. 相关工作人员

与交车/结算相关的工作人员有服务顾问、结算员。

（1）服务顾问：其职责是审核完工车辆的操作项目及内容，向客户清晰解释车辆的维修过程和结算清单，陪同客户并对车辆给出合理建议，主动推荐附加服务内容，陪同客户结算。

（2）结算员：其职责是为客户提供准确快捷的结算。

2. 交车/结账流程

交车/结账流程如图 4—10 所示。

3. 工作标准

（1）服务顾问执行交车前检查，使用《质量标签》；

（2）服务顾问完工审核，确认单据，录入系统；

（3）对车辆的维修建议与提醒，服务顾问需录入系统，以便查询与跟进；

（4）陪同客户交车确认，解释维修过程和建议；

（5）陪同客户结算；

（6）目送客户离开。

4. 交车/结算工作操作过程及要求

（1）交车检查：

1）按照《任务委托书》上的交车区号码，检查车辆外观；

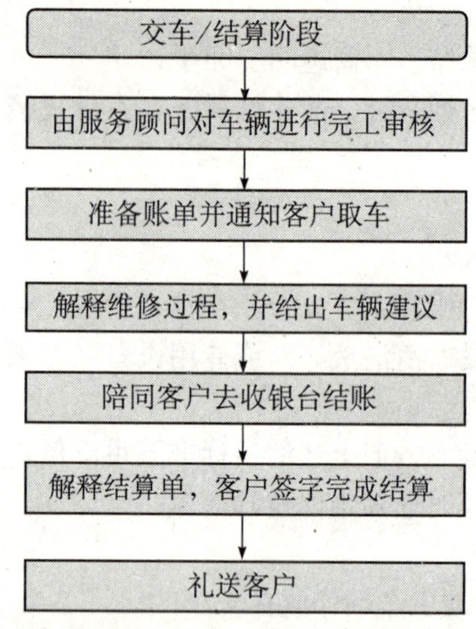

图 4—10　交车/结账流程

2）检查车辆内外清洁；

3）检查车辆报修故障现象已经排除；

4）检查维修的旧件按要求存放；

5）检查遵守客户提出的特别注意事项；

6）将客户不同意操作的建议项目和量化信息填写在《质量标签》上；

7）将《质量标签》悬挂在车内后视镜上。

（2）完工审核：

1）由原接车服务顾问对《任务委托书》进行审核；

2）检查《任务委托书》、《接车单》和《定期保养单》正确填写；

3）检查所有维修项目都已完成，没有与此次工作无关的项目；

4）检查所发生的备件明细没有与本次工作无关的备件；

5）确保所发生的费用与向客户的最终报价一致；

6）检查每项维修项目都有维修技师签名；

7）检查车辆经过三级检验，有质检员签字；

8）将客户不同意操作的项目，进行时间或里程量化，记录在《任务委托书》上；

9）将这些项目和量化后的信息作为维修建议，录入系统。

（3）准备账单：

1）原接车服务顾问打印《结算单》；

2）对承诺给客户的优惠，务必兑现；

3）将一汽大众或经销商的宣传资料附在结算单上。

（4）通知取车：

原接车服务顾问通知客户取车。

（5）解释过程：

1）引领客户到车旁，当面取下四件套；

2）告知客户所报修的项目已经全部竣工；

3）向客户解释维修内容和过程；

4）向客户强调车辆准时完工。

（6）车辆建议：

1）向客户提供未修项目的维修建议和使用注意事项；

2）向客户推荐相关的附加服务（精品、美容等）；

3）向客户提供车辆在维修后的使用注意事项；

4）提醒客户注意《质量标签》上所提示的内容。

（7）解释账单：

1）对照所更换下来的旧件，向客户解释《结算单》明细内容：备件和工时；

2）向客户强调实际发生的费用与事先的报价一致；

3）向客户强调进行的免费项目，例如洗车等；

4）向客户强调给予客户的优惠；

5）陪同客户到收银台结算，将《结算单》和车辆钥匙递交收银员。

（8）结算收银：

1）收银员应面带微笑并起身招呼客户："您好！"

2）请客户出示提车单并核对，向客户提供相对应的结算清单，请客户确认；

3）客户确认无误后，收银员请客户在《结算单》上签字认可；

4）收银员按照《结算单》上的金额和《任务委托书》上约定的结算方式结算；

5）收银员在结算时应实时向客户说明应收、实收、找零等金额，当面点清维修款项、写支票或刷卡结算；

6）收银员给客户开具发票和出门证，并将《结算单》的客户联、宣传资料、发票、出门证和车辆钥匙整理整齐，一同交还客户；

7）收银员感谢客户；

8）将《接车单》、《定期保养单》、《结算单》、《任务委托书》等单据整理装订，统一收集，整齐存放，便于客服专员收取。

（9）礼送客户：

1）服务顾问送客户出门；

2）服务顾问向客户说明一汽大众对备件的保修条例；

3）服务顾问提醒客户下次保养的时间和里程，并推荐其预约；

4）服务顾问向客户递交名片，并告知客户救援热线；

5）服务顾问提示客户公司客服部门会在3日内进行回访，并记录客户方便联系的时间和方式，在系统中标注；

6）服务顾问目送客户离厂。

七、客户回访

客户回访也称跟踪服务，通过客户回访，可以主动维系客户感情，了解服务质量和客户感受，进而改善维修企业的服务品质。

1. 相关工作人员

客户回访工作是由客服人员来完成的。客服人员应客观、准确地反映客户评价、意见和建议，评估客户对售后服务各环节的满意度，统计及分析回访结果，并提供给上一级主管，作为维修企业工作改进方向和员工的评核指标。

2. 客户回访流程

客户回访流程如图 4—11 所示。

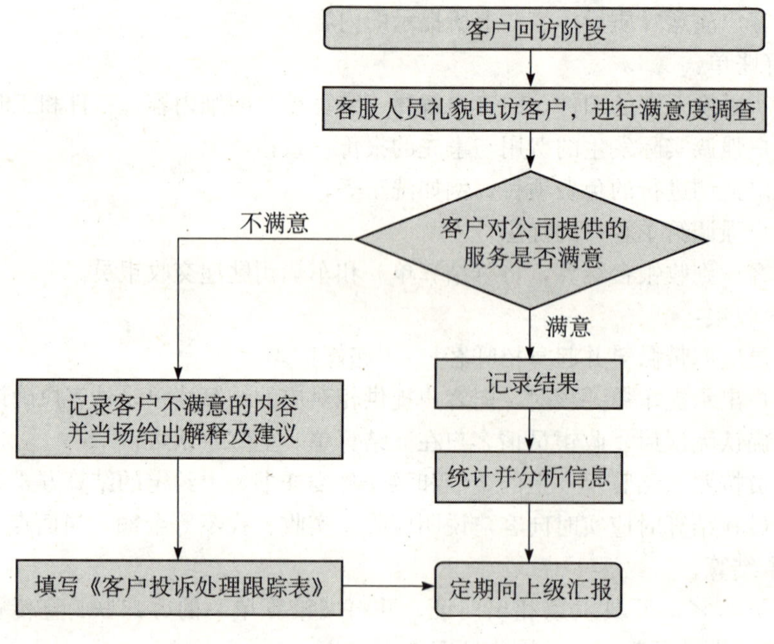

图 4—11　客户回访流程

3. 工作标准

（1）客服人员 3 天内对维修后的客户进行 100％回访。

（2）客服人员电访时，要使用标准用语。

（3）使用电话录音功能，并填写《客户电话回访登记表》。

（4）对于不满意客户，应填写《客户投诉处理跟踪表》。

（5）应定期将统计分析的信息向上级汇报。

4. 客户回访工作操作过程

（1）回访准备：

1）客服专员每日整理前一天维修后的客户单据（《任务委托书》、《结算单》、《定期保养单》等），便于回访时能够及时查询客户当日维修时的具体情况；

2）充分做好回访前的准备，使用单据并结合系统进行回访；

3）使用标准的回访问卷和用语。

（2）回访要点：

1）跟踪回访的内容应不断进行调整，使之更加趋于客户的需求与期望；

2）跟踪回访内容还应根据公司对员工的绩效考核重点进行调查，并根据考核点的内容和权重变化而调整；

3）跟踪回访时间应按照系统中记录的，客户方便接受回访的时间和方式进行，尽量避开客户休息时间或者工作高峰期；

4）在客户档案中更新客户可以接受的回访时间段；

5）通话期间，客户电话不得被转接；

6）客户电话无法接通时，在三至五天内，应在每天不同的时间段试着进行三次联系；

7）连续三次无法联系上的客户，应使用关怀短信或关怀信函，并在客户系统档案中进行标注，以提醒服务顾问进行更正；

8）已进行的电话回访应立即记录，并标注在客户档案中；

9）对于不接受电话回访形式的客户，也应在系统中进行标注。

（3）回访过程：

1）客服专员使用标准回访用语问候客户；

2）询问客户对上次维修经历是否满意；

3）对有抱怨或投诉的客户，应真实记录，并填写《客户投诉处理跟踪表》；

4）对抱怨或投诉的客户，客服专员应向客户承诺后续的处理措施；

5）联系客户时，提醒客户定期保养和预约服务，并进行友善关怀；

6）使用系统进行回访记录统计和分析，形成《回访分析周报》；

7）每周向服务部门提供《回访分析周报》，为其进行工作优化或整改提供指向，周报抄送服务总监和总经理；

8）组织各整改部门，定期召开回访分析会或员工培训，制定合理的改进措施和具体实施流程，防止客户抱怨的重复出现；

9）定期根据《回访分析周报》数据，对各部门的优化和整改效果进行评估，督促持续改进；

10）将单据和回访记录整理存档。

【单元小结】

1. 介绍了汽车维修接待岗位的作用及岗位职责、汽车维修接待的职业道德以及维修接待员的素质要求。

2. 汽车维修接待的流程是：预约、维修准备、接车/制单、维修进度管控、质检/内部交车、交车/结算、客户回访。

【思考与练习】

一、判断题

1.（　　）预约可以变被动为主动，在配件、工具、技术方面都会准备得有条不紊，从而为车主提供更佳服务及车辆养护方案，通过优质的品牌服务形象来吸引更多的客户。

2.（　　）服务顾问的职责是主动理解、发掘和满足客户需求，取得客户信赖，树立专业的服务形象。

3.（　　）通过严格执行自检、互检、终检和领导检查的四检制度，确保完成所有维修项目，保证维修质量。

4.(　　)客户回访也称跟踪服务，通过客户回访，可以主动维系客户感情，了解服务质量和客户感受，进而改善维修企业的服务品质。

5.(　　)客服人员接听预约电话时，可以使用方言服务。

二、选择题

1. 客服人员接听预约电话时，要使用(　　)用语。

A. 地方用语　　B. 标准用语

C. 通俗用语　　D. 修理工用语

2. 预约就是预先约定，主要是通过(　　)与客户达成预定内容。

A. 电话　　B. 拜访

C. 邮件　　D. 网络

3. 服务顾问当客户面使用(　　)件套接待车辆。

A. 四　　B. 三　　C. 二　　D. 一

4. 服务顾问应使用(　　)标准服务用语热忱迎接客户。

A. “嗨!”　　B. “来了!”

C. “您好，欢迎光临!”　　D. “吃饭没!”

5. 引导员与服务顾问之间使用(　　)沟通。

A. 对讲机　　B. 手机　　C. QQ　　D. 邮件

三、简答题

1. 汽车维修业务接待人员应具备哪些素质?
2. 汽车维修接待人员的职责有哪些?
3. 简述汽车维修接待服务流程。
4. 简述接车/制单的基本流程。
5. 简述交车/结算的基本流程。

【综合实训】

实训项目：维修接待。

实训目标：掌握维修接待方法。

实训组织：学生按照预约到跟踪的整个维修接待流程，进行角色扮演，重点考查学生的接待语言应用、服务标准、汽车专业知识等。

实训提示：观摩4S维修接待视频，要求学生熟记接待流程、工作标准等。

实训成果：根据教师的具体要求，学生各组进行角色扮演，大家互相评价，老师总结，当场评比，公布结果。

单元 5

事故车维修接待

【教学目标】

1. 了解事故车接待岗位的职责及素质要求；
2. 掌握事故车损失评估的流程和方法；
3. 掌握事故车维修费用的确定方法。

【能力目标】

1. 胜任事故车接待岗位要求；
2. 能按正确流程进行事故车损失评估；
3. 能正确估算事故车维修费用。

【引言】

事故车维修接待有别于正常车辆的维修接待，不仅要了解汽车维修知识，还要掌握事故车损失评估的流程和方法，掌握事故车维修费用的确定方法。事故车维修接待在4S店已逐渐成为独立岗位。

任务 5.1　事故车接待岗位介绍

任务描述

相关知识

一、事故车维修接待岗位职责

（1）负责车辆保险理赔接待工作；

（2）配合保险公司定损员（或根据定损权限）做好车辆定损工作；

（3）每日对已定损案件进行整理汇总；

（4）负责与保险公司的沟通与联络；

（5）负责定损车辆的数据库的建立与管理；

（6）配合财务，负责每月与保险经纪公司的理赔结账；

（7）负责下月定损车辆入厂的工作计划；

（8）其他临时性工作。

二、事故车维修接待流程

事故车进厂后维修接待应主动迎接客户，陪客户环车检查，将车辆损失翔实记录在《接车单》上，必要时请维修技师拆检，辅助进行损失确认；确认客户保险手续，协助客户办理保险理赔程序；追加项目及时通知服务顾问和客户，变更保险手续和《任务委托书》。

具体接待流程如图 5—1 所示。

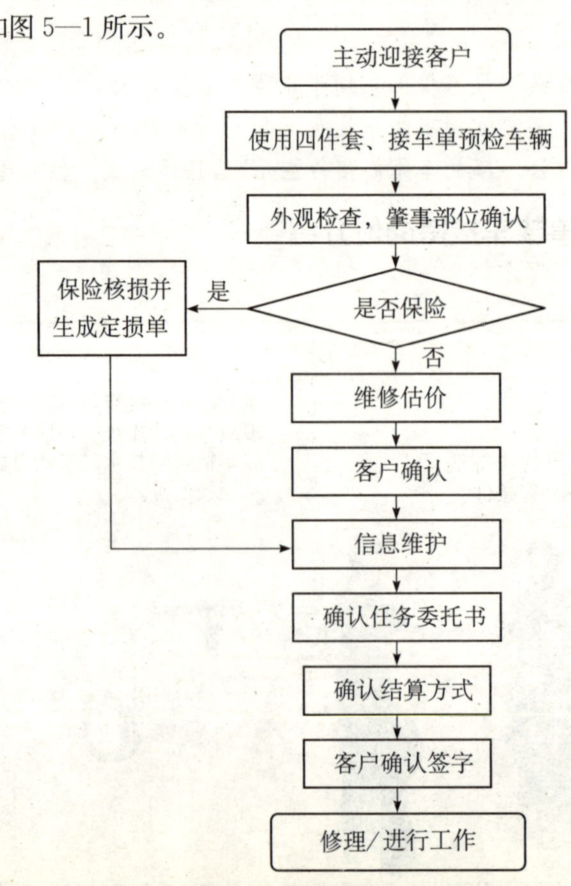

图 5—1　事故车接待流程

三、事故车接待岗位技能要求

要做好保险接待，应了解查勘员的工作，合格的保险接待要掌握事故车辆查验技术、车辆分解照相技术等。

1. 车辆查验技术

（1）确认保险标的。主要通过比照行驶证正本上记载的车辆类型、型号、VIN 码与保单承保的车辆对比，以查验出险车辆是否为保险公司承保的车辆。

（2）汽车的结构及配置。查验汽车的款式、车身内外颜色、转向盘左右形式、采用燃料的种类等是否符合该车的出厂规定或登记档案。

（3）车辆改装检查。

2. 车辆分解照相技术

（1）碰撞痕迹照相。

客体碰撞痕迹表现为凹陷、隆起、变形、断裂、穿孔、破裂等特征，拍摄时应根据情况而定。拍摄断裂痕迹时，应区别是撞击断裂还是疲劳断裂。拍摄破碎痕迹时，应注意拍摄碎片在现场上的原始状态，以帮助分析确认碰撞接触点。拍摄凹陷、隆起痕迹时，照片应能清楚地表现痕迹的形状、大小、深浅、受力方向、颜色、质感、位置等特征。

（2）刮擦痕迹照相。

刮擦痕迹是平面痕迹，没有明显的客体变形。拍摄时光照应均匀，对反差微弱的痕迹，应用弱光或反射光拍摄。可以采用滤色镜突出物体的色调，加强照片的反差。

（3）分解照相要求。

对受损部位进行拍照。拍摄原车照及拆解照，细目照片。清楚反映受损情况。特别注意，价格较贵或者损失不明显的配件必须拍摄原车照以及拆车照。图 5—2，图 5—3，图 5—4 所示为整个拆解过程，及部分零件损坏图片，分解过程前后相互印证。

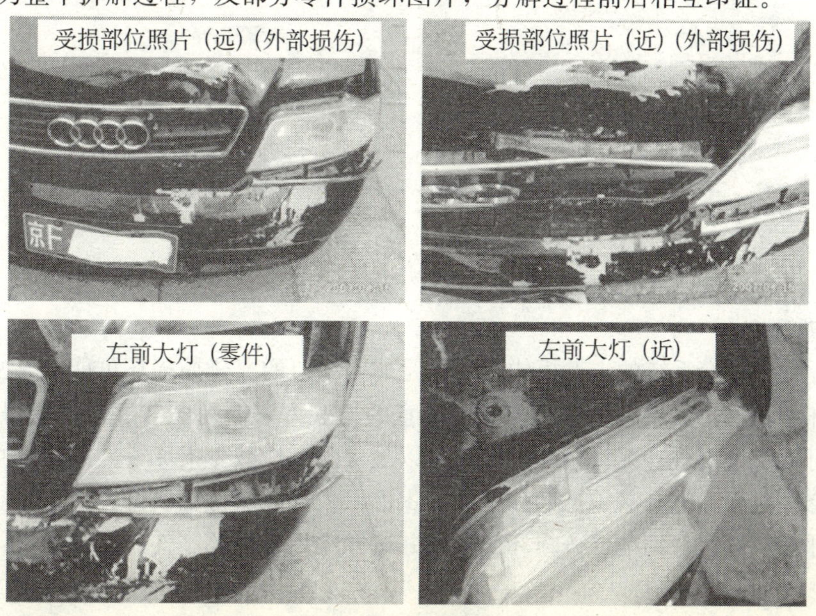

图 5—2 外观图

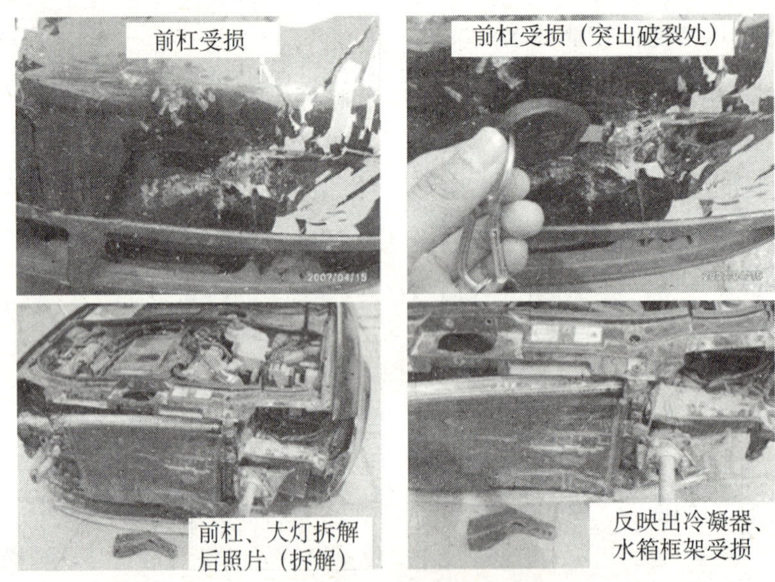

图 5—3　前杠分解后

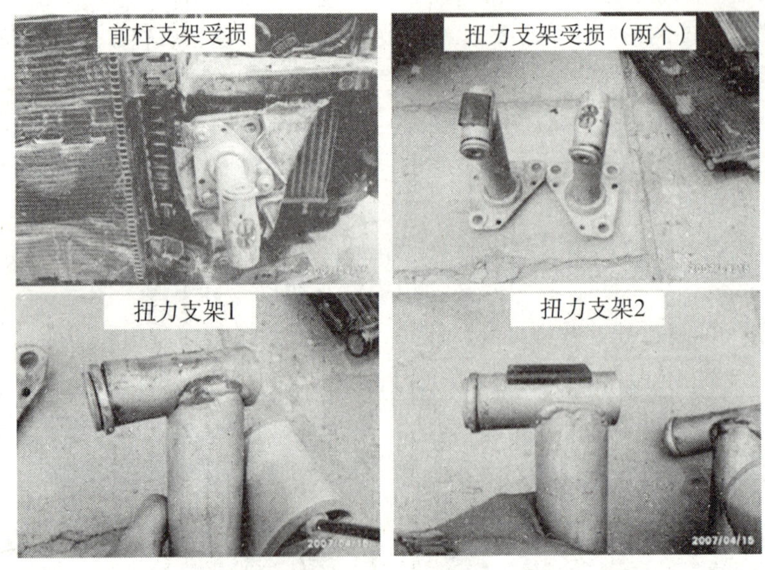

图 5—4　损伤零件

3. 查勘顺序

车损评估中一套系统的查勘模式或顺序是非常重要的。碰撞损坏可能非常复杂，尤其是严重损坏的车辆。如果采用粗心大意、随意的检验方法，则评估过程将变得非常混乱，并且会不可避免地出现遗漏。有序的检验可以最大限度地减少损坏零件漏检的可能性，同时避免在修理过程中遗漏必须拆卸和更换的零件，大大减少待定项目。

车损评估应逐区仔细地检查损坏车辆，并按顺序记录损坏零件及损坏程度。应按下列方法进行：

（1）检查应从车前到车后（在追尾碰撞的情况下，从车后到车前）。

（2）检查应从车外到车里。

（3）首先列出主要总成，然后列出比较小的部件以及未包含在总成里的附件。

4. 良好的协调能力

事故车维修接待应该具备良好的协调能力，工作中考虑到一个总体目标：兼顾到车主、汽车维修厂、保险公司三方面的利益，事故车维修工作才能顺利进行。

（1）有利于车主。

保险的查勘、定损、理赔，要使车主的合理索赔要求能够得到满足，及时解除其后顾之忧，达到投保的真正目的，维护保险公司在其客户心中的良好形象。

（2）有利于汽车修理厂。

汽车修理厂的愿望在于能够从保险公司获得维修任务、得到较高的定损估价以及快速的划款，维修接待应保护好汽车修理厂的合理利益。

（3）有利于保险公司。

保险公司是维修企业的大客户，维修接待应按保险公司的规定，合理掌握配件的修与换、工时的高低等重要环节，切实维护保险公司利益。

任务5.2 汽车碰撞理论

任务描述

相关知识

汽车碰撞后的损伤非常复杂，损伤程度与受力大小、方向、障碍物的类型、接触面积等有关。只有对车辆在发生碰撞时的受力情况进行科学、正确的分析，才能准确地把握车辆的损伤形式、部位，确定出具体损伤的发生原因。这一点不但对车辆损伤的判定具有重要的意义，对今后的修复工作同样具有指导性的意义。

一、汽车碰撞损伤类型

1. 按碰撞损伤行为不同分类

汽车碰撞损伤按碰撞损伤行为不同可分为直接损伤和间接损伤两种，直接损伤也称一次损伤，间接损伤也称二次损伤。

（1）直接损伤。

汽车碰撞直接接触点的车身一次损伤称直接损伤。由于车辆结构、碰撞力和角度以及其他因素的差异，损伤区域是多种多样的。像造成翼子板变形和开裂以及零件破碎等可见的，不需要测量的损伤。直接损伤修理，一般是在完成所有间接损伤的修理后，采用对车身填料的方法对直接损伤进行修理，由于钣金件非常薄，对其修理是非常有限的。

（2）间接损伤。

发生在直接损伤区域之外，并离碰撞点有一段距离的损伤称间接损伤。间接损伤是在碰撞力向后传递过程中形成的，即碰撞力从冲击区域延伸到车身连接区，并且碰撞能量在向相邻板件移动的过程中被吸收，造成相邻零件变形。

间接损伤程度取决于碰撞力的大小和作用方向以及吸收碰撞能的各个结构件的强度。很多承载式汽车车身被设计成能压溃并能吸收碰撞能量的结构，以便于保护车内乘员。间接损伤也可由动力传动系和后桥的惯性力造成。车辆因碰撞突然停止，机械零部件的惯性力将全部作用到固定点和支撑构件上，使毗邻金属件可能发生皱曲、撕裂或开焊等现象，因此，定损员必须注意检查悬架、车桥、发动机和变速器固定点是否损伤。

间接损伤有时不容易发觉，如钣金件皱曲、漆面开裂和伸展、钣金件缝隙错位、接口撕裂、开焊等，这些损伤要求定损员仔细查找相关线索。

2. 按车身损伤结果不同分类

按车身损伤结果不同可分为侧弯、凹陷、折皱或压溃、菱形损伤和扭曲等几种。

（1）侧弯。

侧弯是指汽车前部、汽车中部或汽车后部在冲击力的作用下，偏离原来的行驶方向发生的碰撞损伤。如图 5—5 中 1 所示为汽车的前部侧弯，冲击力造成汽车的一边伸长，一边缩短的损伤情况。

（2）凹陷。

凹陷是指由于正面碰撞或追尾碰撞引起的零件表面呈现的凹陷形状，可能发生在汽车的一侧或两侧，如图 5—5 中 2 所示，是交通事故中常见的碰撞损伤类型。

（3）折皱或压溃。

折皱就是微小的弯曲，是指汽车发生正面碰撞或追尾碰撞时，非承载式汽车车架或承载式车身纵梁上引起的类似损伤，如图 5—5 中 3 所示。在决定折皱件修理方法时，定损员必须合理地考虑零件是修理还是换新件，当损伤件弯曲超过 90°时应换新件，当损伤件弯曲小于 90°时可以修理，但必须满足设计强度。

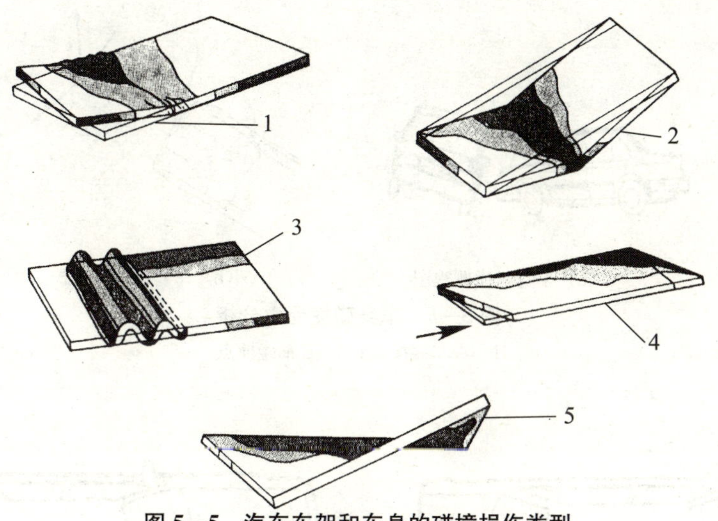

图 5—5　汽车车架和车身的碰撞损伤类型

1—侧弯；2—凹陷；3—折皱或压溃；4—菱形损伤；5—扭曲

（4）菱形损伤。

菱形损伤是指一辆汽车的一侧向前或向后发生位移，使车架或车身不再是方形的损伤情况，如图 5—5 中 4 所示。常为汽车碰撞发生在前部或尾部的一角或偏离质心方向所造成的发动机罩和车尾行李舱盖发生了位移的损伤。

（5）扭曲。

扭曲是指汽车的一角比正常要高，而另一角比正常低的损伤情况，如图 5—5 中 5 所示。

非承载式车身发生扭曲时，是指车架的一端垂直向上变形，而另一端垂直向下的变形。承载式车身发生扭曲时，是指前部和后部车身发生相反的凹陷。扭曲一般有车架扭曲和车身扭曲，它们的修理方法和修理工时不同，定损员必须合理地考虑这些。

二、车身碰撞冲击力分析

1. 碰撞角度

在同一部位汽车碰撞过程中，不同碰撞冲击力的方向造成的损伤不同。例如，在一次汽车碰撞过程中，冲击力以垂直和侧向角度撞击汽车的右前翼子板，冲击合力可以分解成为两个分力：水平分力和侧向分力（如图 5—6 所示）。这两个分力都被汽车零部件所吸收。水平分力使汽车右前翼子板变形方向指向发动机罩中心。侧向分力使汽车的右前翼子板向后变形。这些分力的大小及对汽车造成的损伤与碰撞角度有关。水平分力通过水箱框架传递给左侧纵梁，间接造成左侧纵梁变形。所以正确的受力分析对搞好车损评估减少遗漏至关重要。

冲击力造成的损伤程度也同样取决于冲击力与汽车质心相对应的方向。如果冲击力的方向并不是沿着汽车的质心方向，如图 5—7a 所示，一部分冲击力将形成使汽车绕着质心旋转的力矩，该力矩使汽车旋转，地面与轮胎的摩擦消耗了大量能量，从而减少冲击力对汽车零部件的损伤，损伤程度较轻。

（a）车身碰撞侧视图　　（b）车身碰撞俯视图

图 5—6　车身碰撞受力分析

1—A 车碰撞点；2—B 车碰撞点

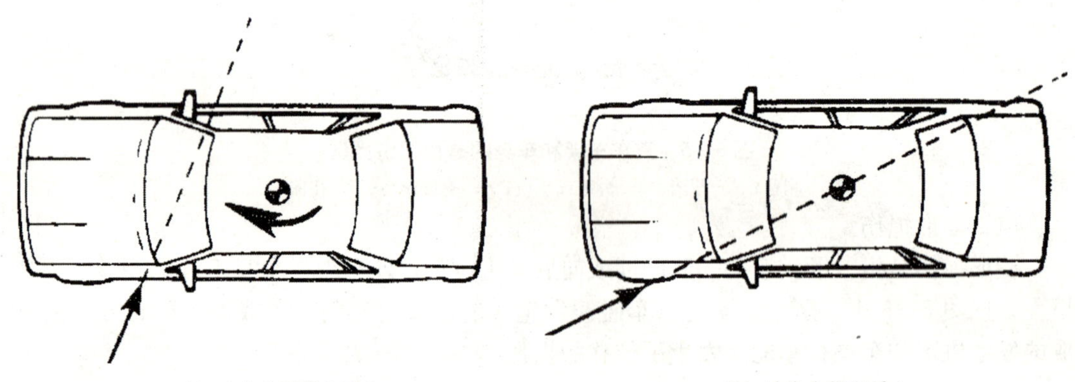

（a）冲击力不指向质心　　（b）冲击力指向质心

图 5—7　损伤程度与冲击力方向

如果冲击力指向汽车的质心，如图 5—7b 所示，汽车不会旋转，大部分能量将被汽车零件所吸收，造成的损伤非常严重。

2. 碰撞接触面积

汽车以相同的速度碰撞不同类型的障碍物，损伤的程度也就不同。如果撞击到一面墙，如图 5—8a 所示，撞击的面积较大，损伤程度就较小；如果撞击到电线杆等，如图 5—8b 所示，接触面积小，保险杠、发动机罩、散热器等都会发生严重变形，使发动机向后移动，甚至扩展到后悬架等，这样碰撞损伤的程度很严重。

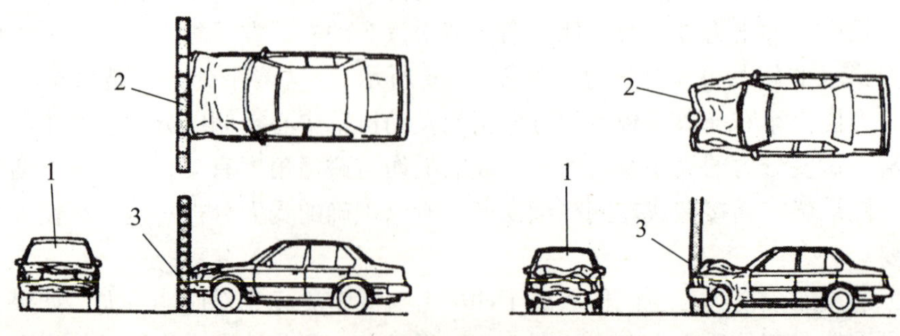

（a）碰撞接触面积大　　（b）碰撞接触面积小

图 5—8　损伤程度与碰撞接触面积

1—事故车；2—俯视图；3—侧视图

三、碰撞冲击力的影响

现代汽车车身上有许多焊接缝。这些焊接缝可以作为汽车结构的刚性连接点。这些刚性连接点将冲击力传递给整个汽车上与之连接的钣金件和汽车零部件，这样就降低了汽车的结构变形。

冲击力的传递及结构变形情况分析如图 5—9 所示，当汽车前角受到一个力 F_0 作用给 B 区域时，B 区域将会变形而吸收能量，冲击力减到 F_1 并传递到 C 点，金属将发生变形，能量继续减小到 F_2，传递到 D 点，并分解成两个方向，其中 F_3 继续减弱传递给 E，F_4 继续减小，汽车车顶盖金属轻微变形，在 F 点几乎不再有冲击力，也不再发生变形。碰撞能量大部分都被变形汽车零部件所吸收。所以，刚性连接点、结构件、钣金件都可以吸收能量。

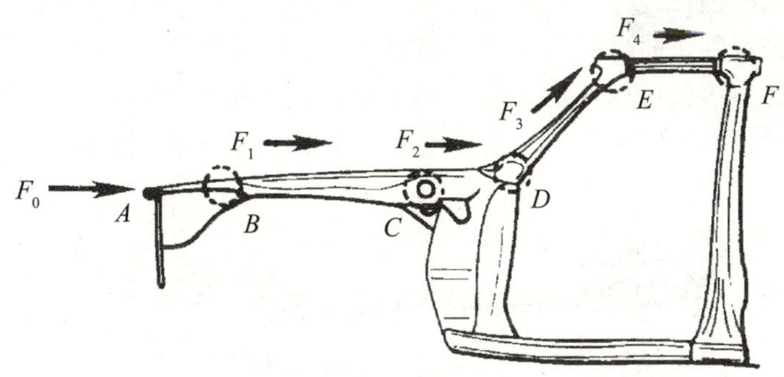

图 5—9　碰撞力在承载式车身结构上的分布和传递

1. 冲击力对非承载式车身的损伤

非承载式车身用橡胶垫支撑固定到车架上，当受到严重的碰撞时可以导致车身与车架的连接螺栓和橡胶支架弯曲或断裂，在车身与车架之间形成一条缝隙。所以，对于非承载式车身的碰撞查勘要注意橡胶连接处的勘查。非承载式车架碰撞损伤类型有侧弯、下凹、折皱或压溃、菱形、扭曲等。

（1）侧弯损伤。

侧弯损伤由侧面碰撞所引起，造成车架或承载车身发生侧向弯曲变形，如图 5—10 所示。侧弯通常出现在车辆某一侧的前部或后部，从表面上看，一侧车门拉长而出现裂纹，一侧车门缩短而出现折痕，其结构上导致纵梁的内侧和对面那根纵梁的外侧出现折皱凸痕。

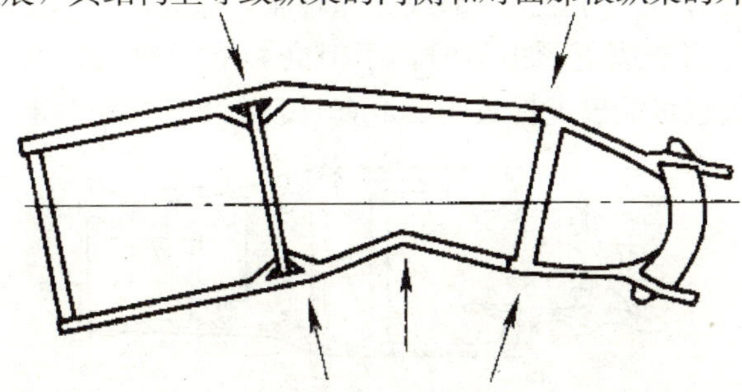

图 5—10　侧弯损伤（箭头表示冲击力方向）

（2）下凹损伤。

下凹损伤是指车架前部或后部由于正面碰撞引起的损伤，即车架或承载车身上某一段比正常位置低。下凹损伤可能发生在某一侧，也可能在两侧同时发生，如图 5—11 所示。

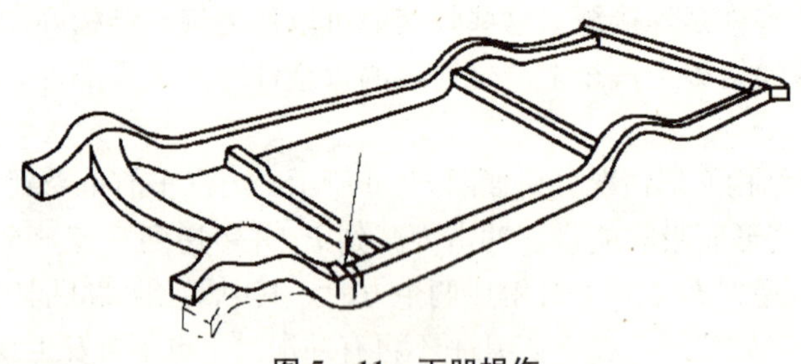

图 5—11 下凹损伤

(3) 折皱或压溃损伤。

它是指保险杠受到正面碰撞而造成车架的折皱或压溃现象，如图 5—12 所示。非承载式车身的车架设计有多处可压溃的弯角，用于吸收汽车碰撞过程中的大部分能量。所以，定损员在车身碰撞损伤确定工作中，要重点检查车架上这些可压溃部分是否损伤。

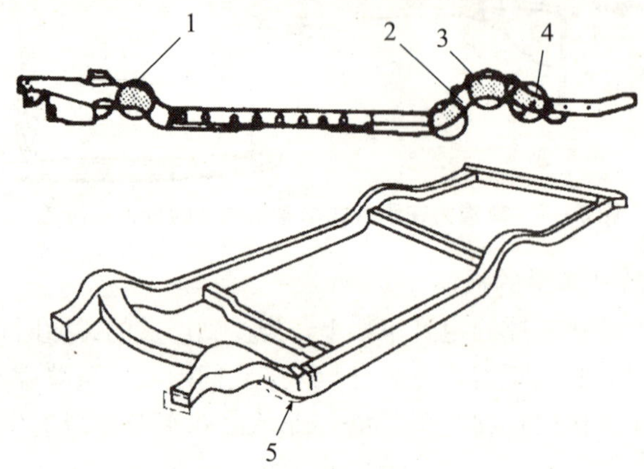

图 5—12 折皱或压溃损伤

1～4—压溃点；5—前后侧纵梁冲击力挤压方向

(4) 菱形损伤。

菱形损伤是指车架对角方向受到前部或后部碰撞，造成整个车架变成平行四边形的损伤，如图 5—13 所示。当造成菱形损伤时，不但会影响车架纵梁，而且发动机罩、行李箱、乘坐舱或货车地板也可能出现折皱变形，有时还会出现挤压和下凹损伤现象。

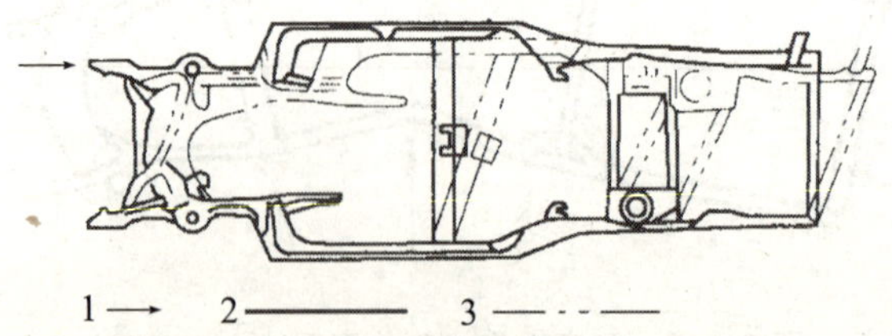

1 ⟶ 2 ——— 3 —·-·—

图 5—13 车架严重菱形损伤

1—表示冲击力方向；2—表示车架碰撞前形状；3—表示车架碰撞后形状

(5) 扭曲损伤。

扭曲损伤是指车架的一角上翘，而其对角下折的损伤，重车单侧车轮下沟翻车常会引起车架扭曲损伤，如图 5—14 所示。

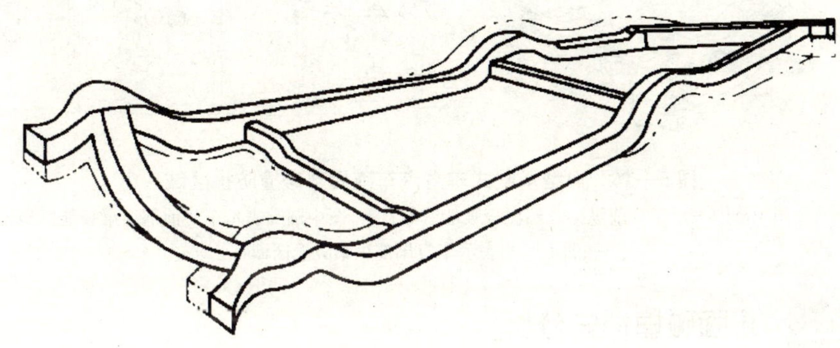

图 5—14 扭曲损伤

2. 冲击力对承载式车身的损伤

承载式车身是由金属板件连接而成的，当汽车发生碰撞时，冲击力会以碰撞点为中心向外扩散，如图 5—15 所示。碰撞对承载式车身的损伤最好用圆锥模型来描述，当受到撞击时，车身的折皱将吸收碰撞能量，冲击力不断传递，碰撞能量逐渐被吸收，直到碰撞能量全部被吸收，冲击力才停止传播。

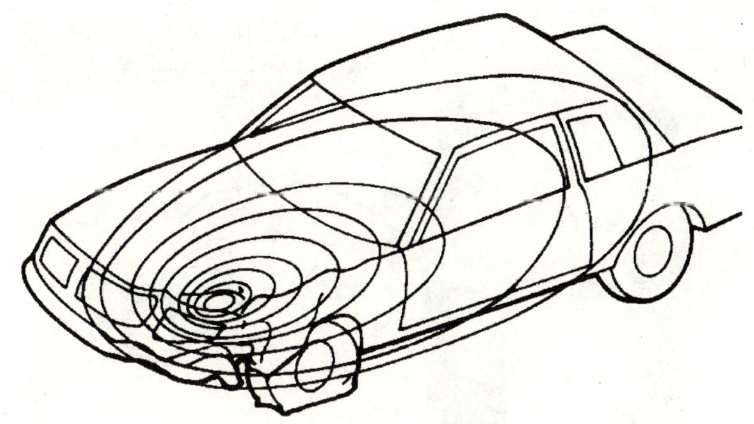

图 5—15 冲击力在承载式车身中的辐射

锥形的中心线指向了碰撞的方向。锥形的深度和广度表示汽车碰撞方向和冲击力通过车身传递的面积。锥形的顶端是最主要的损伤区域。

由于碰撞冲击波在车身结构件上的传播会产生二次损伤，为了防止汽车碰撞时发生间接损伤变形，确保提供给乘客一个安全乘坐空间，承载式车身汽车在汽车前部和后部都有碰撞防护区域。这些防护区域在规定的碰撞限度下能够起到吸收能量的作用，如图 5—16 所示。当汽车车身受到碰撞时，前部碰撞能量由车身前部和防护区域吸收；尾部碰撞能量由车身尾部和防护区域吸收；侧面冲击由车门槛板、顶部纵梁、B 柱和车门吸收。

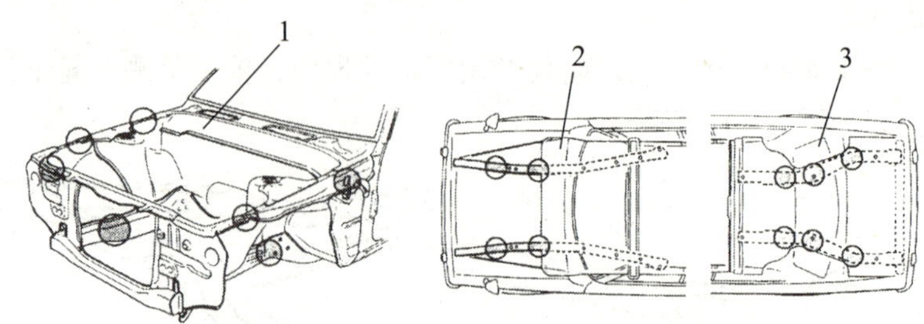

图 5—16　典型承载式车身汽车前后部碰撞防护区域

1—图中圆圈表示车身前纵梁及挡泥板吸能区域；2—图中圆圈表示车身前部纵梁吸能区域；3—图中圆圈表示车身尾部纵梁吸能区域

任务 5.3　正面碰撞损失分析

任务描述

相关知识

汽车正面碰撞的事故很多。一个小的追尾会使保险杠向后移动，中度正面碰撞会使保险杠支架、散热器框架、前翼子板、前纵梁弯曲。如果冲击力再大，前翼子板将接触前车门，前纵梁在前悬架横梁处将产生折皱损伤，如图 5—17 所示。如果冲击力非常大，车身

A 柱（特别是汽车前门上部铰链安装部分）将会弯曲，这将引起前车门脱落、前纵梁折皱、前悬架横梁弯曲，仪表盘板和车身底板弯曲并吸收能量，如图 5—18 所示。

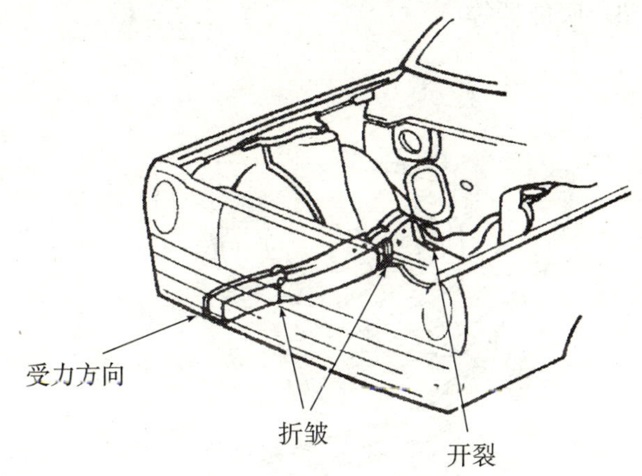

图 5—17　承载式车身汽车折皱和断裂作用

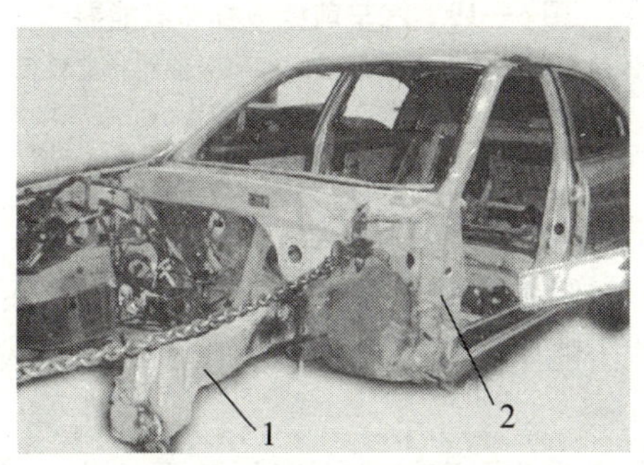

图 5—18　车身前纵梁、A 柱损伤图

1—前纵梁损伤；2— A 柱损伤

如果正面碰撞是以一定角度碰撞的，将以前横梁的接触点为轴，向侧面和垂直方向弯曲。因为左右纵梁是通过横梁连接的，汽车碰撞的冲击从碰撞接触点通过前横梁传递到汽车另一侧纵梁上引起变形。因而检查要注意类似间接损伤的影响。下面就正面碰撞常见的零件损伤评估介绍如下。

一、前保险杠损伤评估

保险杠不仅能有效地保护车身，而且还有利于减轻被撞人或物的伤害程度及美化轿车外形的作用，按结构可分为普通型和吸能型两类。

普通型保险杠常以钢板冲压成形，表面施以镀铬或涂漆，通过支撑柱安装在车身框架上。所谓刚性仅相对于吸能型保险杠而言，其本身也并非十分坚固。考虑到安全性，将保险杠钢制支架与车身侧梁连接，有的普通保险杠在钢支架外侧装上塑料制成的保险杠面罩，其结构简单、质量轻，广泛用于普通汽车上，如上海大众 99 新秀系列等车型广泛采用这种保险杠。

吸能型保险杠自身具有吸收冲击能量的功能，可以有效地降低汽车发生碰撞造成的损失，其安全性能好，且与车身造型相协调，多用于高级轿车上。吸能型保险杠安装位置如图 5—19 所示。吸能装置类型一般分为橡胶吸能器、充气或充液型吸能器、弹簧吸能器、压溃式吸能柱和泡沫垫层吸能器等。

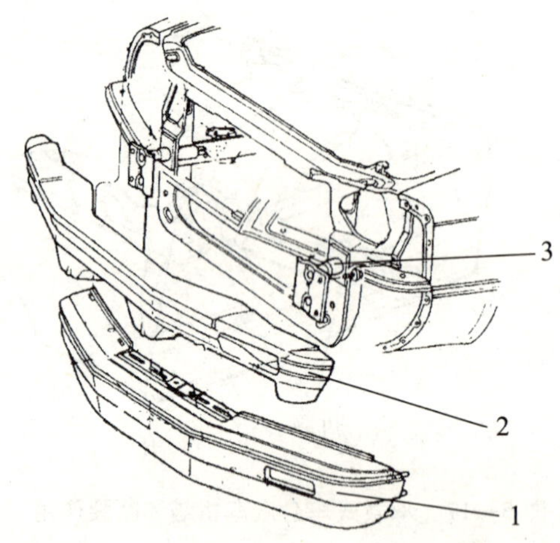

图 5—19　汽车前保险杠和吸能器

1—保险杠罩总成；2—保险杠；3—吸能器和支架总成

1. 吸能装置

（1）橡胶吸能装置。

橡胶垫装在吸能器和车架纵梁之间，如图 5—20 所示。当受到碰撞时，吸能器受力后移，橡胶受力压缩，吸收冲击能量；当碰撞冲击力减小时，橡胶垫恢复到原始位置，保险杠恢复到原始位置。

查勘现场时应该检查吸能器的固定轴和固定板是否弯曲，橡胶垫是否撕裂。当固定轴出现弯曲或者橡胶垫脱离安装位置时，吸能器就必须予以更换。

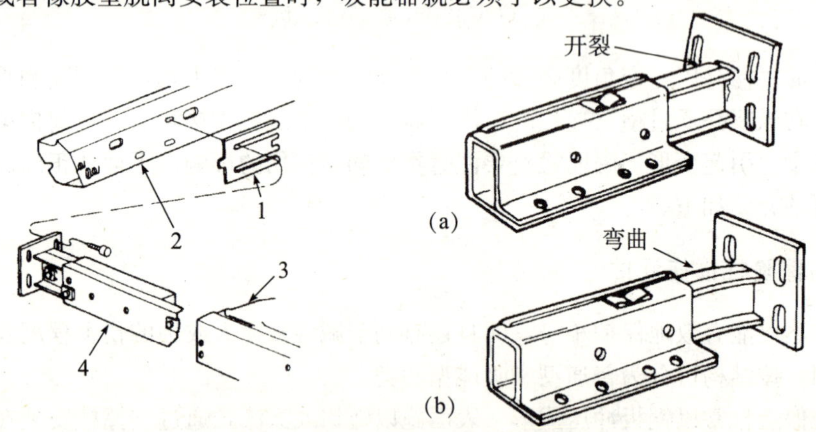

图 5—20　福特汽车的橡胶吸能器

(a) 弯曲和开裂的安装盘可以修理；(b) 吸能器轴弯曲时必须予以更换

1—垫片；2—加强梁；3—车架；4—吸能器；

（2）充气或充液型吸能器。

充气或充液型吸能器主要由浮动活塞、活塞缸、液压油、计量杆等组成，如图 5—21

所示。浮动活塞右腔充满惰性气体，浮动活塞左腔是液压油。当碰撞受到冲击时，浮动活塞推动缸筒向右运动，液压油通过一个小孔流进活塞缸中，这样液体的流动吸收冲击的能量。当冲击力释放时，液压油从活塞缸中流出，使保险杠恢复到原来的位置。

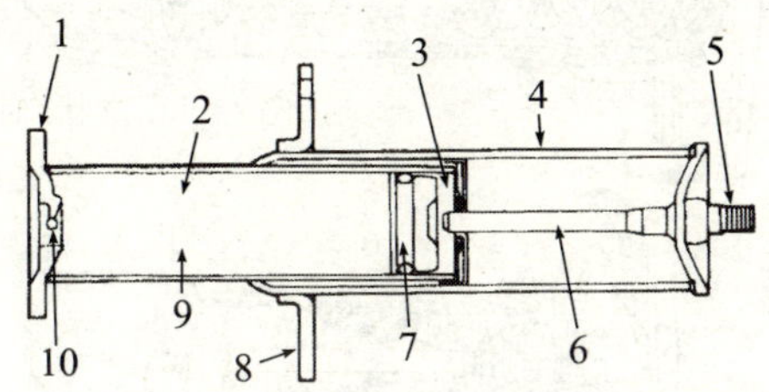

图 5—21 通用汽车使用的一种典型吸能器剖面图

1 保险杠托架；2—活塞缸；3—液压油；4—缸筒；5—安装螺杆；6—计量针；7—浮动活塞；8—车架托架；9—气体；10—密封钢珠

当对吸能器进行损伤检查时，要注意检查是否有开裂、凹陷、弯曲、渗漏等情况，如图 5—22 所示。充气吸能器损伤后不能校正或焊接，必须予以更换。

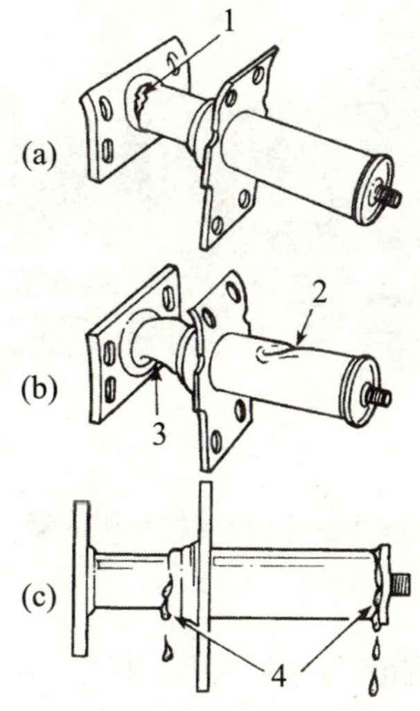

图 5—22 充液型吸能器

(a) 开裂；(b) 弯曲变形或凹陷；(c) 渗漏

1—开裂；2—凹陷；3—弯曲；4—渗漏

(3) 弹簧吸能器。

弹簧吸能器主要由内外缸筒、储液腔和弹簧等组成，其结构如图 5—23 所示。工作原理是用一个弹簧吸收能量并迫使保险杠恢复到原来的位置。

(4) 压溃式吸能器。

压溃式吸能器的原理是通过褶纹轴形成压溃区而吸能，如图 5—24 所示。现代汽车中广泛采用。检查时，通过比较两个吸能器的长度，就可确定是否有变形。如果吸能器弯曲、开裂或压碎，都必须更换吸能器。

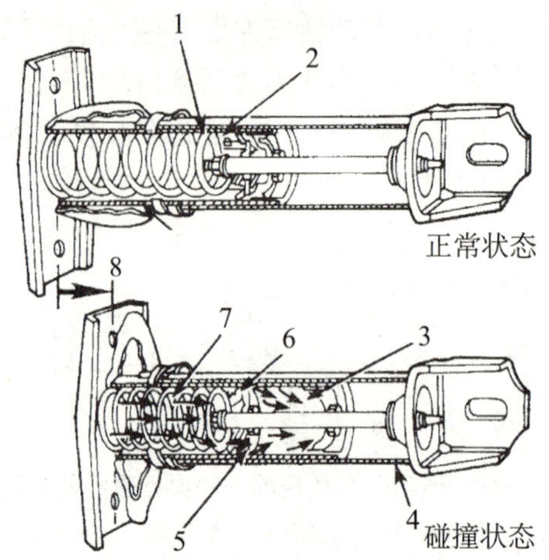

图 5—23　弹簧储能式吸能器

1—回位弹簧；2—油液返回储液腔；3—油液聚集区；4—外缸筒；5—阀门；6—液孔；7—储液腔；8—内缸筒

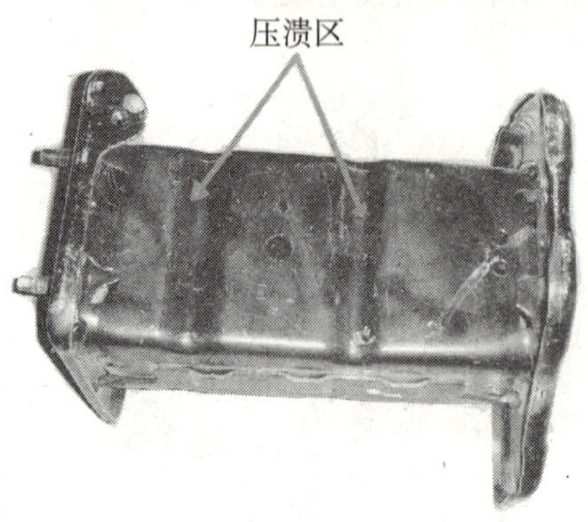

图 5—24　轩逸汽车吸能器

（5）泡沫垫层吸能器。

泡沫垫层吸能器是用厚甲酸酯泡沫垫以夹层的形式装在保险杆和塑料护罩之间，其结构如图 5—25 所示。在一些进口轻型汽车和运动型汽车中常见。

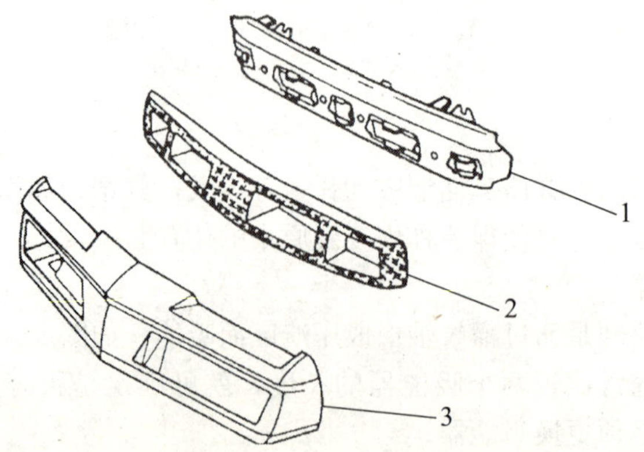

图 5—25　运动型轿车使用氨基甲酸酯泡沫垫吸收碰撞能

1—保险杠；2—吸能器；3—护罩

2. 保险杠损伤评估

(1) 钢制保险杠可用碰撞修复设备校正和修复，镀铬保险杠损伤时，应予以更换。

(2) 铝制保险杠轻微碰撞时可被校正，中度以上的碰撞多以更换修复为主。轻微刮伤的铝制保险杠常常可以经抛光来恢复铝的光泽。

(3) 保险杠饰条破损以换为主。

(4) 保险杠固定脚、表面轻微开裂可用塑料焊机修复；保险杠表面轻微变形，但无折皱（如图5—26所示）时，可用加热方法恢复变形部位。

图5—26 轻微损伤的保险杠

(5) 保险杠严重变形，并且有折皱产生（如图5—27所示）时，已不能通过加热的方式恢复变形部位，应更换。

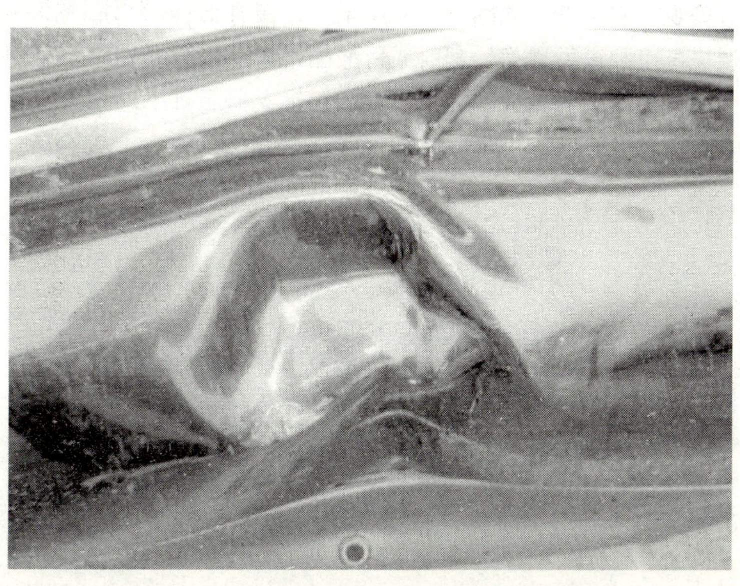

图5—27 严重变形并且有折皱产生的保险杠

(6) 保险杠常见的可维修损伤类型有凹陷、轻微刮伤、轻微裂纹（长度小于 100mm)、穿孔（直径小于 30mm）等，如图 5—28 所示。维修凹陷损伤的一般工艺流程：

首先清洗、干燥待修部位，用吹风机加热凹坑部位，直至可用合适的工具压平凹坑，用 P120 砂纸/金刚砂纸打磨凹坑区域，然后用清洗剂清洗维修部位，晾干 5 分钟，涂一层薄薄的黏结剂晾干 10 分钟，用黏结剂填充不平表面，用抹刀磨平，用红外线的灯加速固化（将温度调至 60～70℃，时间调为 15 分钟），用 P120 砂纸打磨凹坑部位，去除灰尘磨屑，涂一层薄薄的黏结剂，晾干 10 分钟，最后按油漆维修手册恢复漆面。轻微擦伤、裂纹、孔洞可参考以上维修方法。

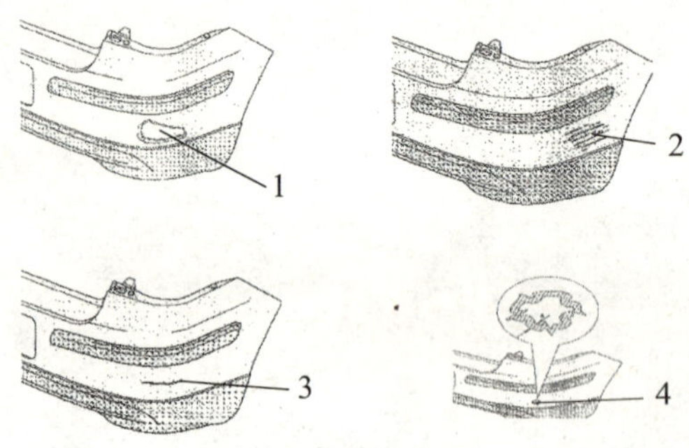

图 5—28　轻微保险杠损伤

1—凹陷；2—轻微刮伤；3—轻微裂纹（长度小于 100mm)；4—穿孔（直径小于 30mm）

二、格栅（中网）损伤评估

格栅位于车辆前部中央，可能固定在保险杠装饰板上，也可能固定在散热器支架或发动机罩上，用于隐藏散热器和导入空气，可由铝、灰铸铁、ABS 塑料、氨基甲酸酯等多种材料制造，具有美观、实用性，如图 5—29 所示。格栅有多种结构形式。一些格栅由多块组成，这些格栅块可单独进行更换。塑料或甲酸酯格栅受轻微碰撞时，可用塑料焊接技术或黏接修补方法修复，严重时应更换。格栅上的车标、前照灯下的饰条可单独更换，不用更换整个格栅。

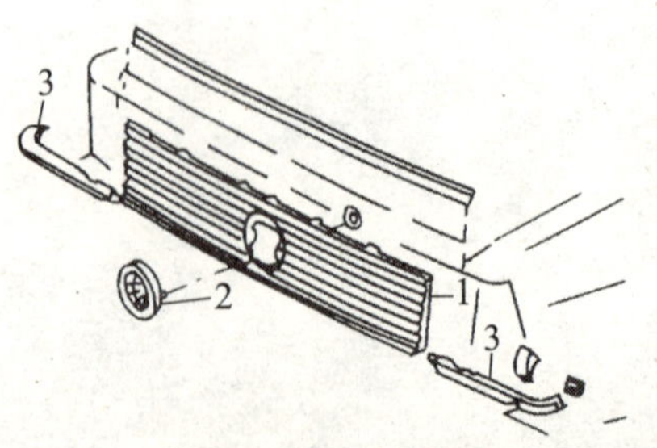

图 5—29　普通型桑塔纳前格栅分解图

1—前格栅；2—前铭牌；3—前照灯下饰条

三、散热器支架损伤评估

散热器支架一般是焊接在前翼子板和前横梁上形成车辆前板，如图 5—30 所示。在一些非承载式车身结构的车辆中，散热器支架用螺栓固定在翼子板、车轮罩和车架总成上。除了提供前部钣金件的支撑外，也支撑散热器以及相关冷却系统零部件。

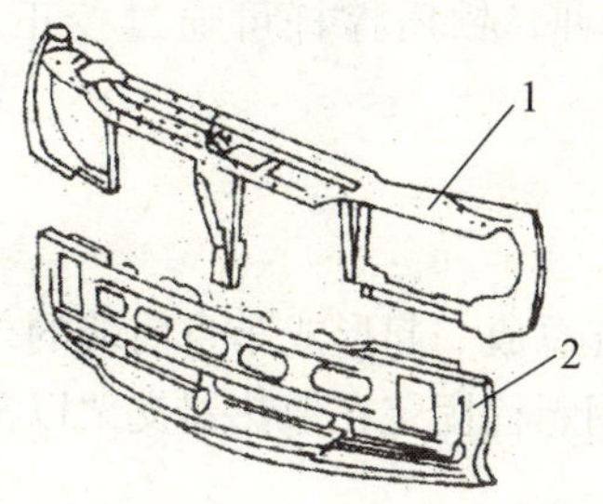

图 5—30　散热器支架形成承载式车身前部

1—散热器框架上部；2—散热器框架下部

散热器支架损伤修复可由普通校正设备和技术进行校正，如果支架部分损伤，只需更换相应损伤部件。当散热器支架严重变形（如图 5—31 所示）时，应整体更换。

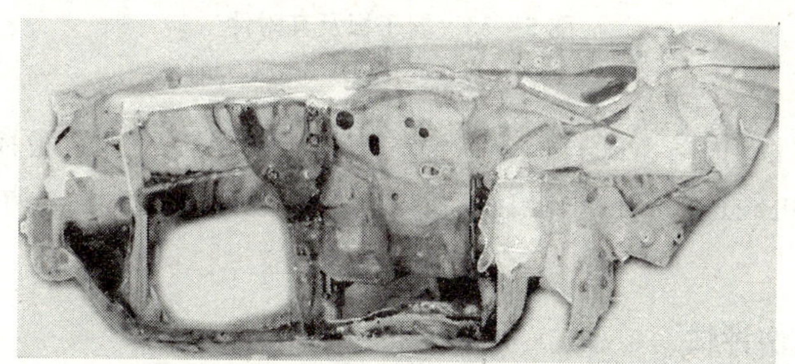

图 5—31　重度损伤的散热器支架

四、发动机罩损伤评估

发动机罩位于发动机舱两侧翼子板之间，用于保护发动机免受灰尘和湿气侵袭，也能吸收发动机噪声。发动机罩通常由冷轧板材制成，现代汽车也用铝制、玻璃纤维和塑料罩。典型的发动机罩由一块外板和内板构成，内、外板外部边缘通过点焊连接，内外板的结合面用黏接剂黏接到一起。一个锁止机构固定在发动机罩前缘的下面，发动机罩关闭时起到锁止作用。锁止机构是指锁扣和闩眼，锁扣安装在散热器支架上，当从驾驶室内拉动操纵缆索时，锁扣脱开。发动机罩外板及附件如图 5—32 所示。

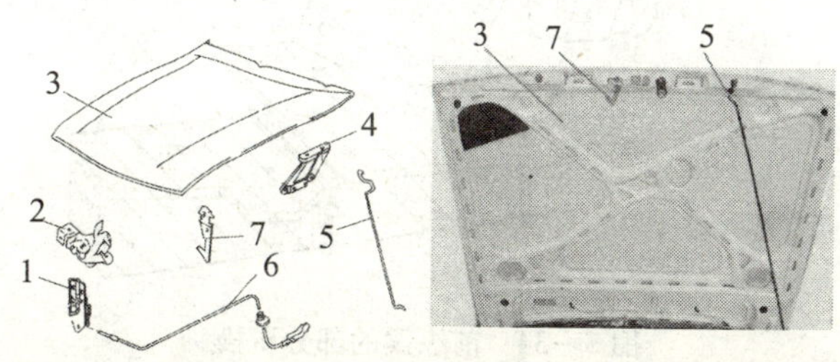

图 5—32　发动机盖附件分解图

1—锁下半部；2—锁上半部；3—发动机盖；4—铰链；5—撑杆；6—拉索；7—安全钩

铁质发动机盖根据损伤变形程度不同可选择钣金修理法修复或整体更换；铝质发动机盖通常产生较大的塑性变形就需更换。铰链轻微损伤时可以修理，缆索损伤以更换为主。撑杆有铁质撑杆和液压撑杆两种，铁质撑杆可通过校正修复，液压撑杆撞击变形后需更换。

五、前翼子板损伤评估

翼子板与发动机罩、保险杠总成一起形成车身前端的外表面轮廓，结构如图 5—33 所示。对于承载式车身，翼子板用螺栓固定在散热器支架以及挡泥板上。

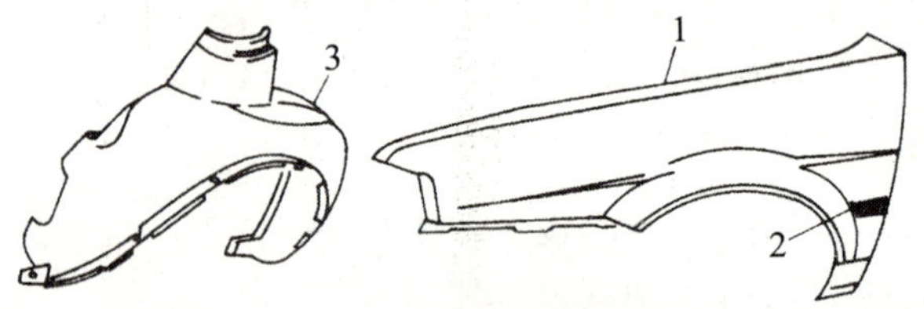

图 5—33　翼子板及其附件

1—前翼子板；2—饰条；3—砾石板

前翼子板的附件有饰条、砾石板等，饰条损伤后应更换；砾石板撞击破损后应更换。钢制翼子板变形后可经过钣金校正修复；玻璃纤维和塑料翼子板上的凿孔和破碎可用玻璃纤维修补剂修复。

六、前纵梁损伤评估

前纵梁是前部最重要的结构件，影响乘客的安全性及关键部件的安装尺寸。发生碰撞出现弯曲，以拉伸校正为主。经拉伸后如严重开裂应进行更换。可根据不同损伤程度截取更换，如图 5—34 所示。

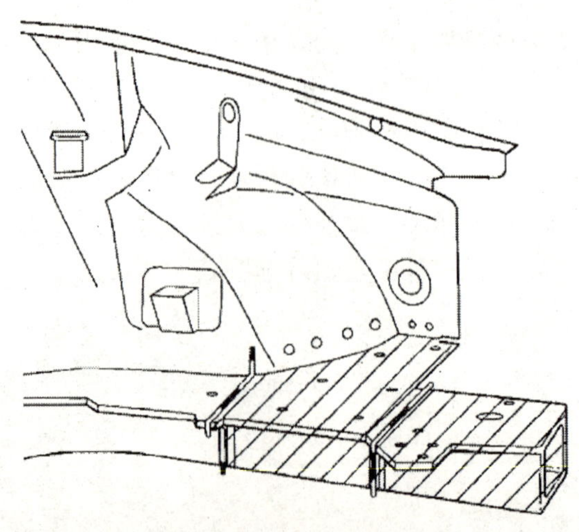

图 5—34　前纵梁的部分更换

任务 5.4 侧面碰撞损失分析

任务描述

相关知识

汽车侧面受到碰撞时，常常会导致前翼子板、后翼子板、车门、车身中柱，甚至车身底板都会发生弯曲变形（如图 5—35 所示）。若碰撞严重时，前翼子板和后翼子板受到的碰撞冲击波会一直延伸到汽车另一端。在这种情况下，悬架零部件会损伤，前轮的定位会发生改变，转向操纵机构或齿条会损伤等。下面就常见的侧面相关零件损伤评估介绍如下。

图 5—35 汽车侧面碰撞损伤实物图

一、车门及门槛板损伤评估

1. 车门结构及类型

车门一般由车门本体、附件和内外装饰件三部分组成。形式有推拉式车门、旋转式车门、折叠式车门和上掀式车门等。车门是车身的一个独立总成，一般是用铰链将车门安装在车身上。推拉式车门主要由车门内外板、限位器、滑轨及门锁等零件组成，如图 5—36 所示，常用于客车和部分箱式货车上。

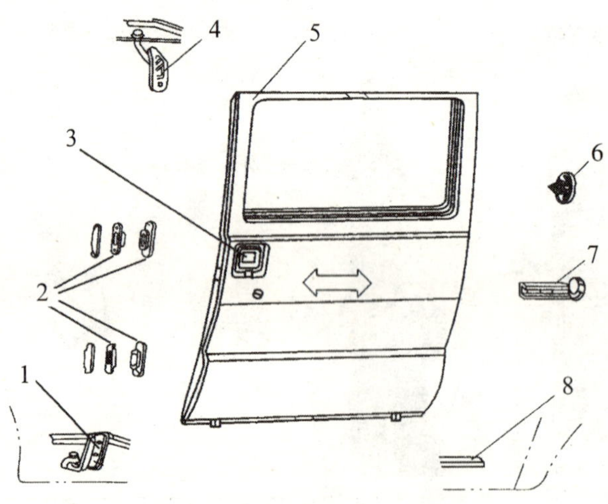

图 5—36 推拉式车门构造

1—下滚柱体；2—限位器；3—门把手；4—上滚柱体；5—门体；6—门锁撞块；7—中间滚柱体；8—下滑道

旋转式车门包括车门把手、锁芯、门闩、倒车镜、嵌条、防擦饰条等，外部结构如图 5—37 所示。

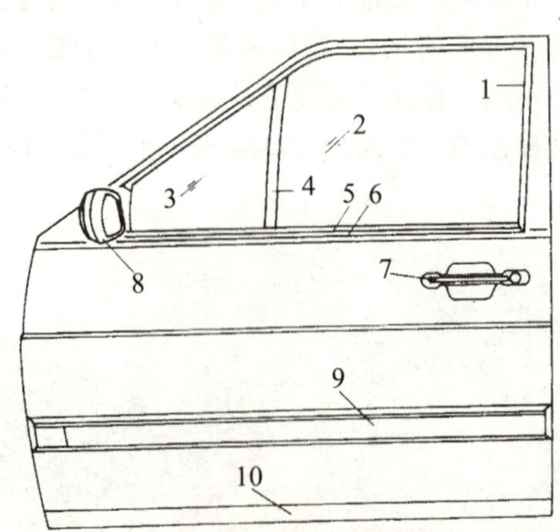

图 5—37 前门外部结构

1—玻璃槽；2—前门玻璃；3—前门三角玻璃；4—玻璃中隔条；5—外玻璃挡雨条；6—下拖条；
7—外门把手；8—倒车镜；9—防擦饰条；10—下防碰饰条

车门内饰包括前门内饰板及前门内把手、杂物箱、肘靠、电动车窗控制板、车窗手动调解器、外后视镜的控制件等附件，如图 5—38 所示。

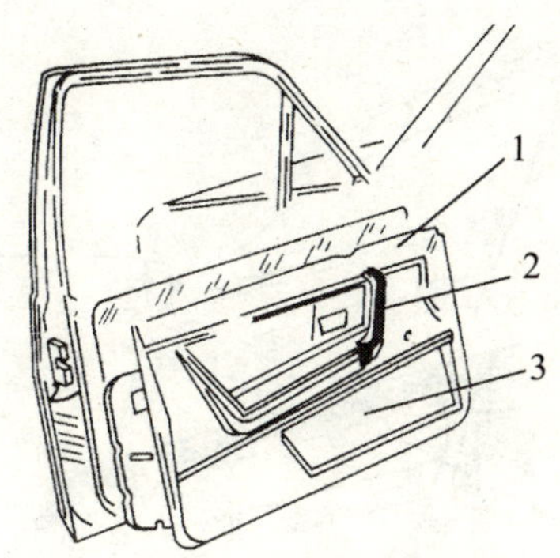

图 5—38　内饰分解图

1—前门内饰板；2—前门内把手；3—杂物箱

车门除了内饰、外面板件及铰链外，还有许多附件和内部构件，如图 5—39 所示。车门框架内部有车窗玻璃、玻璃导槽、玻璃升降器（手动或电动）、线束、门锁机构等。

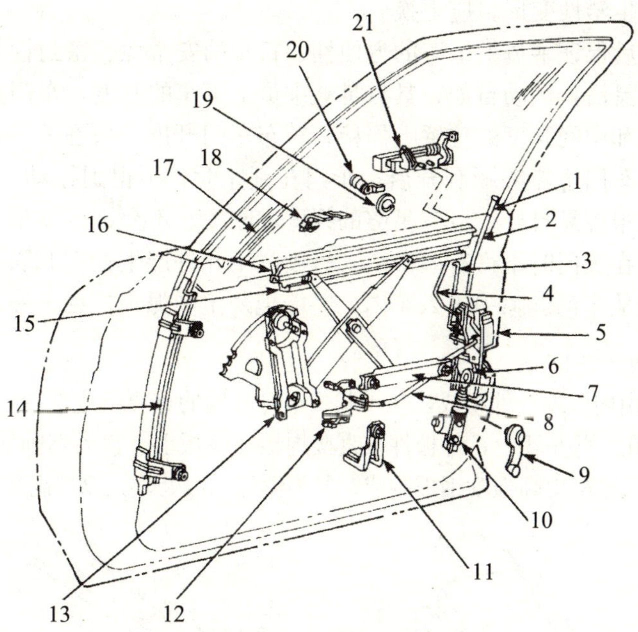

图 5—39　手动车门内部结构件

1—车门锁杆内把手；2—车门锁内杆；3—连接锁芯的锁杆；4—连接锁杆的外操作杆；5—门锁；6—内锁杆电动执行连接杆；7—内平板凸轮；8—门锁内侧远程控制连接杆；9—手动门窗调节器手柄；10—电动门锁；11—车窗玻璃限位装置；12—门锁远程控制内把手；13—手动门窗调节器；14—门窗玻璃滑槽；15—底端窗框通道凸轮；16—底端窗框通道；17—车窗玻璃；18—锁芯支架；19—锁芯垫圈；20—锁芯总成；21—操纵外手柄总成

部分车型车门框与车门蒙皮可以拆开，奥迪 A8 车门结构如图 5—40 所示。

2. 车门损伤评估

（1）车门外板件变形可采用吸盘、撬杆、整形机等钣金工具进行修理。如果损伤严重，车门外面板应单独更换。

（2）车门上的防擦饰条拆解后必须更换。

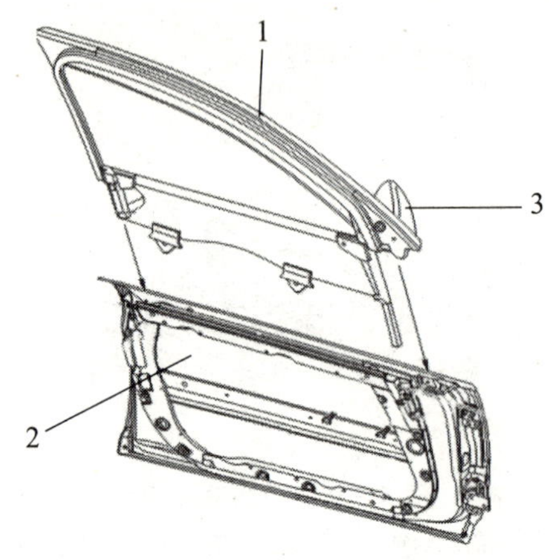

图 5—40 奥迪 A8 车门结构

1—车门框；2—蒙皮；3—倒车镜

（3）车门框产生塑性变形，应更换。

（4）车门维修后保证乘员上下车的方便性、行车的安全性、密封性及降噪等方面的性能。即车门应开关灵活，运动自如；具有足够乘员上下车的开度，车门开关应有轻度的节制，能在最大开度和中间开度的位置上停稳，轿车车门开度一般在 60°～70°范围内，并能保证在倾斜路面上车门也能够顺利开启；车门在锁止时，不得因振动、碰撞而自动开启，在希望开启时，又很容易打开；应有足够的强度和刚度，不允许因变形、下沉而影响到车门开关的可靠性；在关门时不得有敲击声，行驶时不允许产生振动和噪声；应有良好的密封性，雨、雪不能从车门缝隙中进入车内，并能把灰尘和泥水挡在车外。

3. 车门槛板损伤评估

车门槛板通常由内、外板件组成，是承载式车身结构的重要组成部分，其外形结构及断面如图 5—41 所示。在一些车辆上，外板件被直接焊接在底板上。它为驾驶室底板提供支撑。承载式车身车辆的车门槛板由高强度钢板制成，其两侧经电镀处理，以提高其抗腐蚀能力。

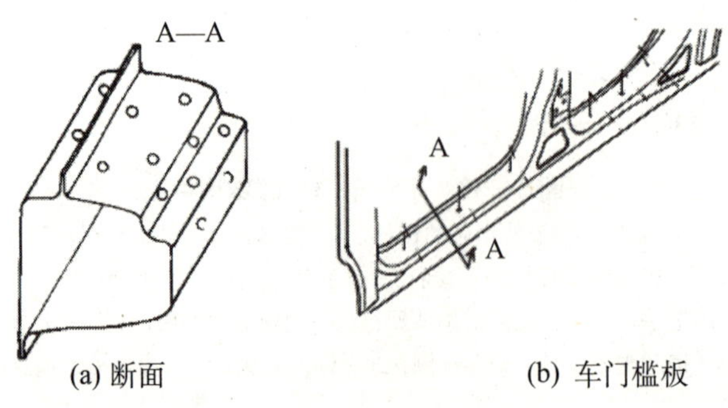

(a) 断面　　(b) 车门槛板

图 5—41 车门槛板及断面结构

车门槛板碰撞严重变形时，应进行更换。内、外车门槛板可以单独更换也可整体更换，更换时，先进行切割，再进行焊接，如图 5—42 所示。车门槛板在立柱之间被切割，完成所有焊接后，要进行防腐处理。损伤评估时要考虑防腐材料的费用。

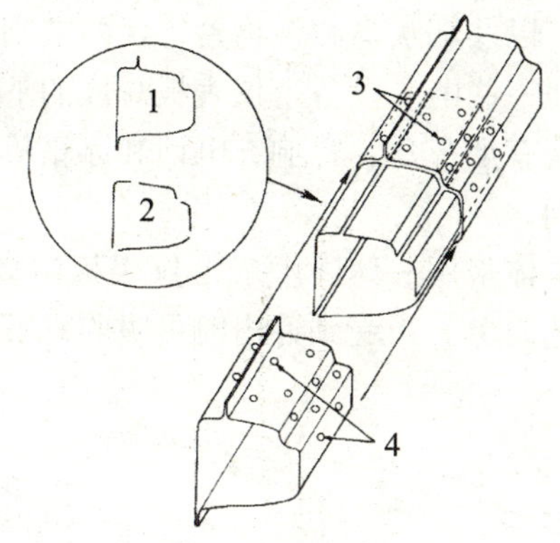

图 5—42　车门槛板焊接

1—纵向切割车门槛板插入件的截面；2—切割后插入件截面；3—插入内车门槛板用铆焊或螺钉固定；4—电铆焊孔

二、前围板及仪表板损伤评估

1. 前围板

现代汽车的前围板和仪表盘板通常焊接在前底板，左、右车门槛板和前门铰链立柱上。在承载式车身车辆上，轮罩（挡泥板）和前纵梁也焊接在前围板上，安装位置如图5—43所示。当车辆A柱侧面受到严重撞击时会造成前围板损伤。

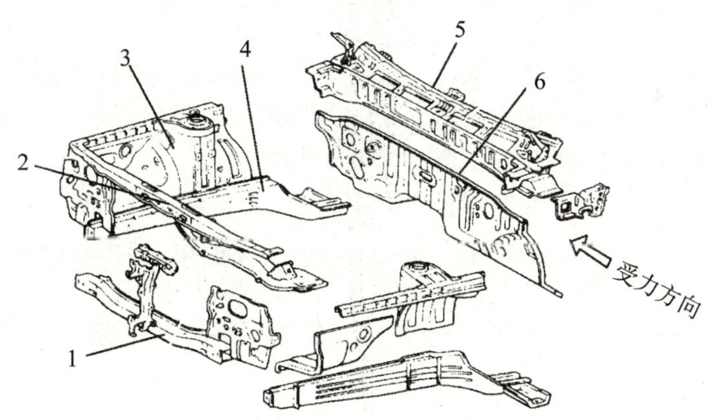

图 5—43　前围板分解图

1，2—水箱框架；3—挡泥板；4—前纵梁；5—仪表盘板；6—前围板

前围板和仪表盘板重度损伤可在原厂接缝处进行拆卸和更换，但更换及维修比较复杂，评估前围板及仪表盘板总成更换工时应考虑如下作业时间：仪表板的拆卸和安装；风挡玻璃的拆卸和安装；翼子板的拆卸和安装；车门的拆卸和安装；松开汽车衬里的前边缘；空调和暖风装置零件的拆卸和安装；车顶纵梁嵌条的拆卸和安装。

2. 仪表板

仪表板总成安装在前围板上的仪表盘板上，是最重要的车身附属设备之一。仪表板多采用塑料件为框架，将各部件组装到框架上之后，再用螺栓固定到车身上。

仪表板总成集中了全车的监察仪表，使驾驶员可以随时掌握和控制车辆的运行状况。桑塔纳2000型轿车的仪表板总成如图5—44所示，在仪表板总成的中部，通常装有一些其他设备的控制仪表和开关，以及烟灰盒和杂物盒等，两端则设有通风格栅。在一些轿车上，还要安装安全气囊和其他一些电子设备，仪表板总成的下部延伸至驾驶员侧有通道的一段，称为副仪表板，主要装有烟灰盒、音响、电话和冰箱等辅助设备。通常不同车辆的选装设备和安装位置略有不同。

一般中低档轿车仪表板本体采用一体注塑成形仪表板，多用 PP 复合材料。这种结构质量小，易于造形，加工工艺简单。当受到冲击时可吸收一部分能量，其造价较低。

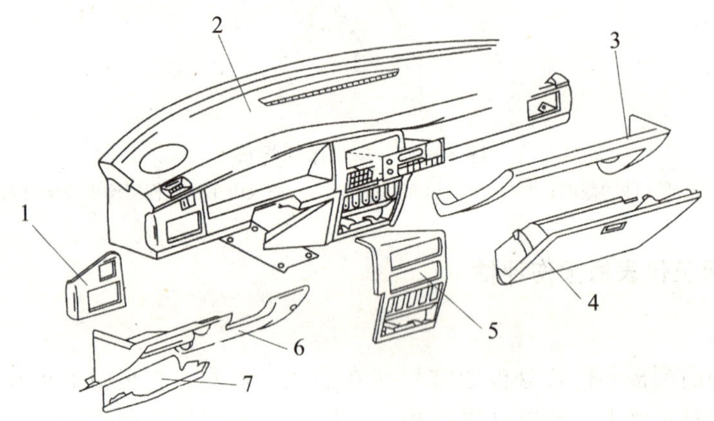

图 5—44　桑塔纳 2000 仪表板

1—左饰板；2—仪表板总成；3—右饰框；4—杂物箱盖；5—中心饰板总成；6—左饰框；7—杂物箱

高级轿车仪表板多采用软化结构，主要包括骨架、蒙皮和中间发泡层三部分。将蒙皮埋入镶嵌物，再注入发泡剂发泡成形，形成局部骨架结构，将其固定在仪表板横梁及支架上，也可直接在骨架上胶结软化层，形成封闭骨架结构。

仪表板骨架按材料不同主要有钢板冲压件、树脂注塑件、纤维板、硬纸板等类型。钢板冲压件骨架质量大、成本高、焊接工作量大、装配质量低。而树脂注塑成形的仪表板骨架应用最多，如图 5—45 所示为奥迪仪表板。

在紧急制动的情况下常会造成出风口、手套箱等仪表板零件损坏，零部件损坏应以更换为主。仪表板轻微损伤应以维修为主。

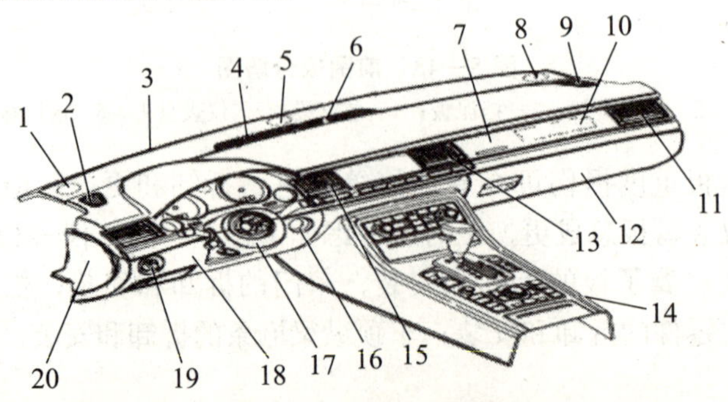

图 5—45　奥迪仪表板

1，5，8—喇叭；2—左侧除霜喷嘴；3—仪表板；4—中部除霜喷嘴；6—日照传感器；7，10—副驾驶员安全气囊；9—右侧除霜喷嘴；11—出风口；12—手套箱；13—中部仪表板出风口；14—中控台；15—仪表板出风口；16—进入及起动许可开关；17—转向柱开关模块饰板；18—驾驶员侧杂物箱；19—车灯开关；20—左侧仪表板护板

三、A柱及B柱损伤评估

1. A柱损伤评估

A柱是指前门铰链立柱和风挡玻璃立柱的统称，包括内、外板件。内、外板件焊接在一起形成牢固紧凑的结构。车辆A柱损伤无法通过校正维修时可通过切割、分离，再将配件焊接在此位置上的方法维修。通常在维修手册中提供能切割的部位，切割时，必须按要求进行，而且不能对车辆的整体结构性造成损伤。奥迪A8的A柱切割部位如图5—46所示（图中剖面线部分）。

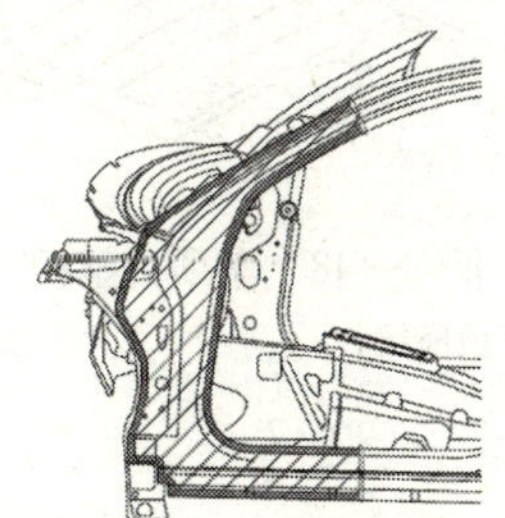

图5—46 A柱切割部位图

2. B柱损伤评估

B柱又叫中柱，通常B柱由内板件和外板件组成，焊接在车门槛板、底板和顶盖纵梁上，形成一个紧凑的结构。B柱不仅为车顶盖提供支撑，而且为前门提供门锁接触面，又作为后门门柱。

B柱被碰撞而严重变形时，应进行更换。更换B柱前，通常在车顶盖下沿处切割B柱。切割部位在维修手册中可找到，如图5—47所示为奥迪A8的B柱切割示意图（图中剖面线部分）。

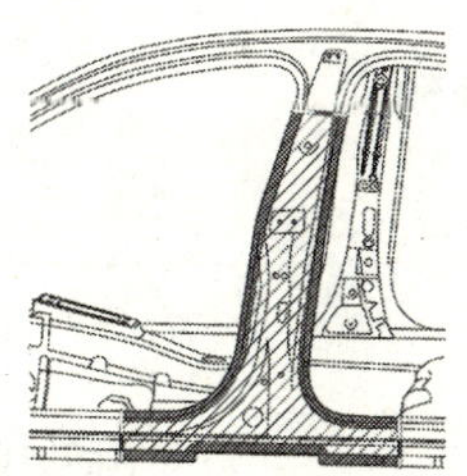

图5—47 B柱切割位置

当B柱和车门槛板同时毁坏时，一般把B柱和车门槛板作为总成进行更换。损伤评估时，要考虑B柱的切割和焊接作业工时，同时要考虑拆除后车门、前座，松开汽车衬里，卷起垫子和地毯、B柱饰件、车门密封条拆卸和安装等工时，以及抗腐蚀材料费用及防腐处理工时等。

四、车顶损伤评估

车顶包括前后横梁、侧边纵梁和一大块金属板，作用是将车身顶部围住，其组成如图5—48所示。

车顶碰撞严重损坏时，应进行更换。在损伤评估时，要考虑拆卸和安装风挡玻璃、天窗、车顶内饰板、遮阳板、车顶灯、前后坐椅等零件的工时。

开天窗的车顶由于天窗结构比较复杂，如图5—49所示，对于可能损伤天窗结构的损伤，要特别注意天窗零部件的检查及维修费用的估算。

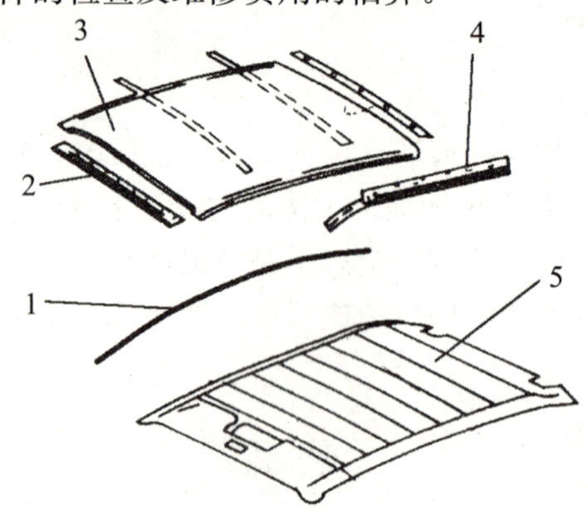

图 5—48　车顶分解图

1—落水槽；2—车顶横梁；3—车顶；4—车顶边梁；5—内衬板

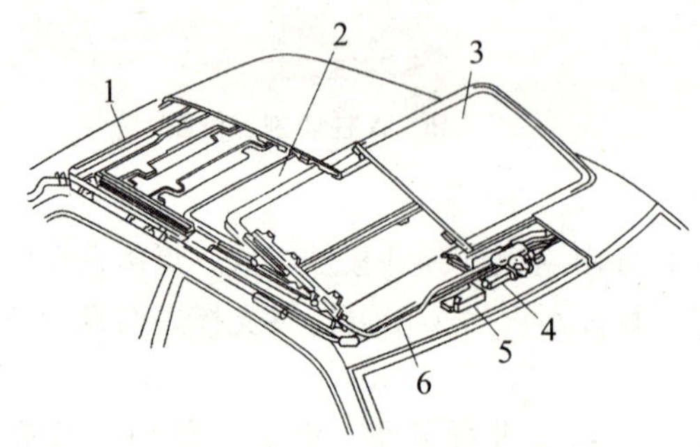

图 5—49　天窗结构

1—支架；2—遮阳板；3—玻璃；4—驱动电机及齿轮；5—控制继电器；6—驱动钢索

任务 5.5　后面碰撞损失分析

任务描述

相关知识

汽车后面受到碰撞时，如果碰撞冲击力较小，后保险杠、后围板、行李箱盖和车身底板会变形；如果碰撞冲击力较大，后翼子板、后纵梁等将会压溃。下面就常见的车身后面碰撞损伤评估介绍如下：

一、后保险杠及附件损伤评估

后保险杠与前保险杠结构相似，碰撞损伤评估和维修方法也相似，只是有些车配备倒车雷达系统，结构如图5—50所示。倒车警报装置由倒车警报控制单元、倒车警报左后传感器、倒车警报左后中部传感器、倒车警报右后中部传感器、倒车警报右后传感器、倒车警报蜂鸣器等组成。后部碰撞损伤评估时，要注意检查倒车雷达系统是否损伤。

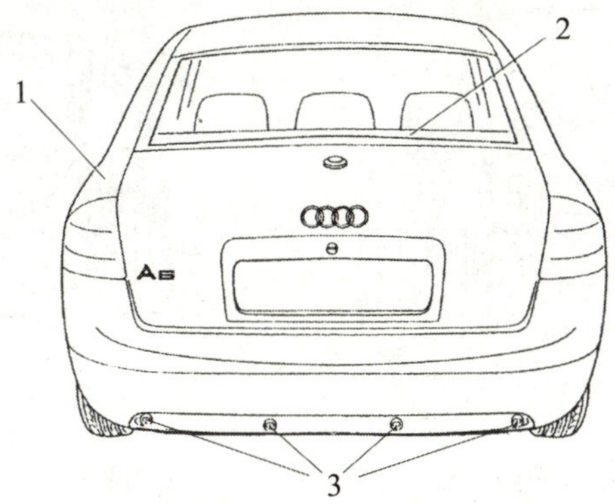

图5—50　带有倒车雷达系统的后保险杠

1—倒车警报控制单元安装位置；2—倒车警报蜂鸣器安装位置；3—倒车警报传感器

二、后车身板件损伤评估

在承载式车身车辆上，后车身包括后围板、后翼子板、后底板、后纵梁以及各种横梁、加强件等，组成如图5—51所示。不同车型的后车身组成有所不同。

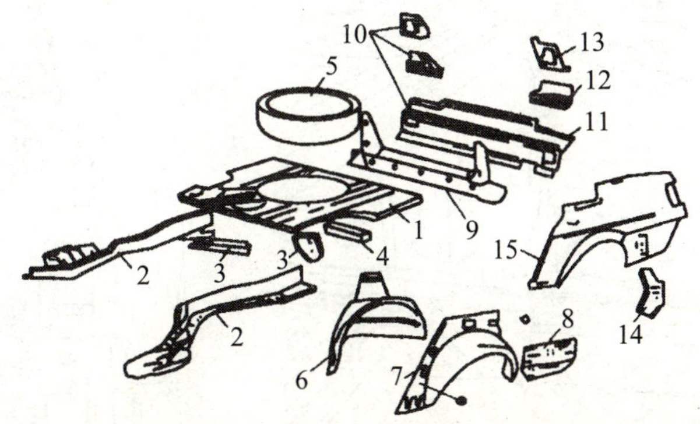

图5—51　轿车后车身的板件

1—后地板；2—后纵梁；3—支撑板；4—排气管支架；5—备胎座；6—后轮罩内板；7—后轮罩外板；8—连接板；9—后围板横梁；10—后围板；11—后围板下板；12—后围板边板；13—尾灯底板；14—后门锁加强板；15—后翼子板

当发生碰撞损伤时，若后部板件严重变形或无法修复需要更换时，要考虑燃油箱总成的拆除和安装工时；后减振器的拆卸和安装工时；相关线束的拆除安装工时；饰条的拆除黏接工时；后轮定位的检查工时等。

1. 后围板损伤评估

当出现碰撞造成中度以下损伤时，尽可能采用惯性锤、外形整形机等设备进行维修，这样维修工时较少，同时也减少了对车身的损伤。

当后围板件损伤严重时，应进行更换。奥迪 A8 后围板切割方法，如图 3—52 所示。

需要的备件及辅料包括：后围板、盲铆钉、车身黏合剂 DA 001 730 A1；安装新件前，用后行李箱盖检测后部尺寸精度，间隙应合适。安装新件操作如图 5—53 所示。

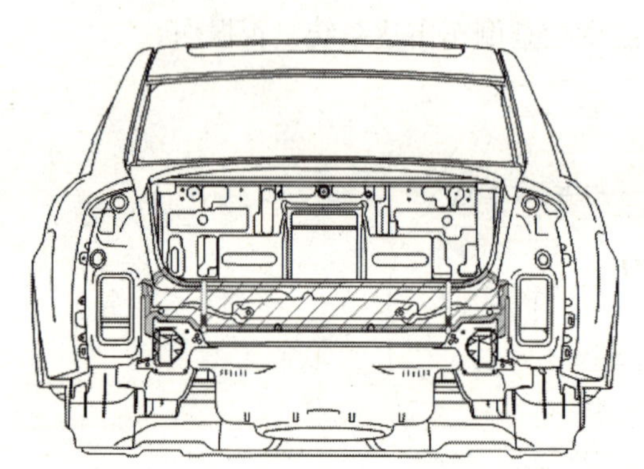

图 5—52 奥迪 A8 后纵深切割方法

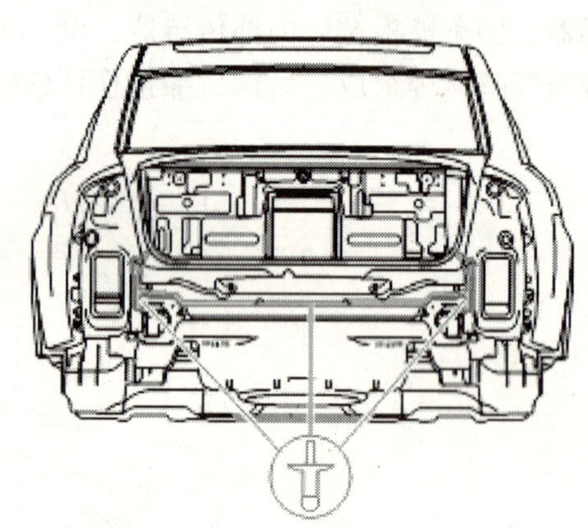

图 5—53 奥迪 A8 后围板安装

2. 后纵梁损伤评估

当出现碰撞造成中度以下损伤时，尽可能采用拉伸方法进行维修，这样维修工时较少，同时也减少了对车身的损伤。

当后纵梁损伤严重时，应进行更换。奥迪 A8 后纵梁切割方法，如图 5—54 所示。

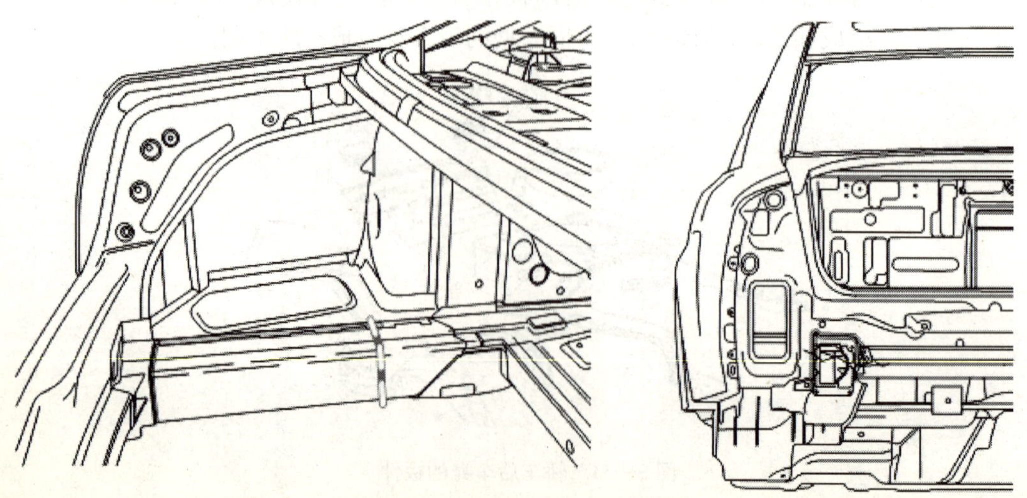

图 5—54 奥迪 A8 后纵梁切割方法

切割注意事项：首先将车轮槽切下；后纵梁切割位置在铸造节点前切割，切忌损坏铸造节点。安装新件，操作如图5—55所示。焊接步骤如下：

（1）准备新件。

（2）适配新件。

（3）准备好焊接用的连接车身和新零件的法兰。

（4）将套管装入车身。

（5）将新件固定在校正铁上。

（6）将纵梁焊接在后围板上，气体保护连续焊接纵梁。

3. 后翼子板损伤评估

后翼子板是从车门槛板和顶盖延伸到后车身板的部分，后翼子板被焊接在车门槛板、顶盖纵梁及外轮罩上，形成后车身的一侧。

当出现碰撞造成中度以下损伤时，尽可能采用惯性锤、外形整形机等设备进行维修，这样不仅维修工时较少，同时也减少了对车身的损伤。

当后翼子板外板件损伤严重时，应进行更换。一般在车窗和车身腰线之下切割后翼子板。根据损伤部位可选择两种切割方法，如图5—56所示。选择切割线1时，不必拆卸后风挡玻璃；选择切割线2更换外板件时，后窗和侧窗必须被拆除，修复完成后重新安装。所以切割线2是一种高风险的作业，易发生玻璃破裂或损伤，导致更换作业的损失增加。

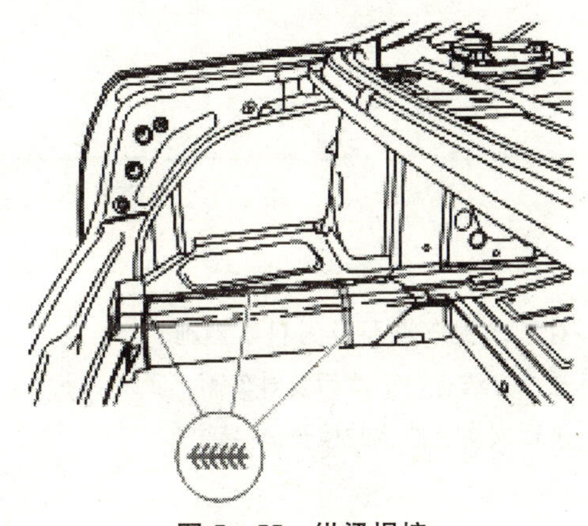

图5—55　纵梁焊接

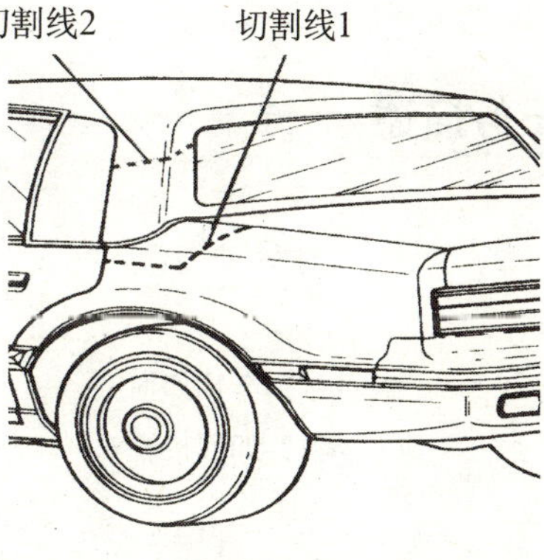

切割线2
切割线1

图5—56　后围翼子板参考切割线

三、行李箱盖损伤评估

行李箱盖总成由外板件、内板件、锁芯、门闩总成、锁销以及双铰链等零件组成，如图5—57所示。外板件要点焊在内板件的边缘处，而内板件表面用胶黏接在顶盖下沿。行李箱盖与发动机罩在结构及维修方法上相似，损伤评估可参考发动机罩的损伤评估内容进行。

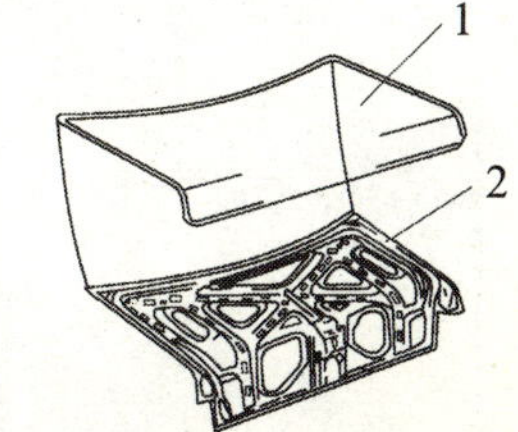

图5—57　行李箱盖

1—外板件；2—内板件

四、后举升门损伤评估

后举升门常用于两箱轿车上，其结构如图5—58所示。出现碰撞损伤后，要仔细检查和定损。如果损伤部位接近玻璃（如图 5—58 所示的 7 所指的位置），要考虑玻璃的拆卸和安装时间以及更换或移装举升门附属件（如玻璃导槽及调节器、外把手、高位刹车灯总成等）的工时。

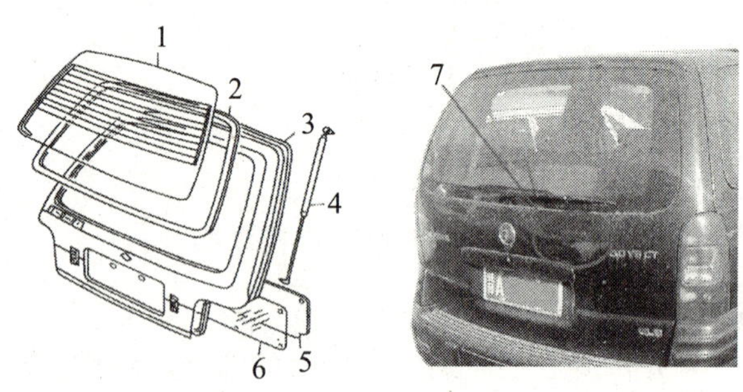

图 5—58 后举升门

1—玻璃；2—密封条；3—后举升门；4—支撑杆；5—内饰板；6—密封薄面；7—靠近玻璃处凹陷

车尾门外板件损伤后，能单独更换，更换外板件的步骤与前述的更换车门外板相似，但评估时必须考虑增加拆装玻璃的工，如果举升门的玻璃用黏接剂安装，还要考虑所用黏接剂的费用。

任务 5.6 水灾损失分析

任务描述

相关知识

保险条款规定，保险车辆在水淹中起动或水淹后操作不当致使发动机损坏，保险人不承担保险责任。因此，对于非保险责任造成的发动机损坏鉴定变得非常重要，非保险责任鉴定如证据不足常会造成保险索赔纠纷，甚至于产生民事诉讼。另外由于汽车水灾损失通常是众多标的同时受损，在短时间内要对众多车型、不同受损程度的汽车进行较科学的损失评估，因而往往一般车险评估人员感觉很棘手，为做好汽车水灾理赔工作必须了解与水灾相关的基本知识。

一、水损车辆的查勘

1. 水损时的车辆状态

在遇到暴雨或洪水时，一些经验不够丰富的驾驶员、一些处理水灾受损汽车经验不多的查勘人员，往往不知所措，会因所采取的措施不当，扩大了汽车的损失。如：在汽车被淹熄火以后，大部分驾驶员会条件反射式地二次起动发动机，试图尽快脱离险境，结果加重了汽车的损坏；个别救援人员因所采用的施救措施不当，扩大了汽车的损坏；一些查勘定损人员无法界定自然损失与人为扩大损失的区别。与碰撞损失现场查勘不同，查勘汽车水灾损失应注意汽车水灾状态。水灾损失时汽车处于行驶状态还处于停置状态，这是区别是否是保险责任的前提。

2. 是否二次启动

汽车处于停置状态受损，此时发动机不运转。如果发动机内部机件产生机械性损伤，如连杆打弯、活塞打碎，而造成的损失可认为是措施不当引起，则定性为扩大损失，保险人不承担保险责任。

汽车处于行驶状态，如果水位低于发动机进气口，通常不会造成发动机损伤，但这不是绝对的。其他车辆的行驶也会造成水面高低变化，甚至会造成水花飞溅，飞溅的水花也会被汽车吸入气缸，造成发动机机件严重受损。

3. 水淹程度确定的参数

水的种类、水淹时间、水淹高度都是确定水淹损失程度的重要参数；不同的水质、水淹时间、水淹高度对汽车的损伤各不相同，必须在现场查勘时仔细检查，并作明确记录。

二、水损车辆施救方法

如果查勘人员到现场时汽车仍处水淹状态，则必须对水淹汽车进行施救。在对进水汽车进行施救时，一定要遵循“及时、科学”的原则，既保证进水汽车能够得到及时救援，又避免汽车损失的进一步扩大。施救汽车时的注意事项如下：

1. 早断电

在汽车被水淹的情况下，驾驶员有条件的应立即断开电瓶线，抓紧时间将车推离险境，及时拨打保险公司的报案电话，或者同时拨打救援组织的电话，等待拖车救援。

2. 科学拖车

在对水淹汽车进行施救时，一般应采用硬牵引方式拖车，或将汽车前轮托起后进行牵引，一般不要采用软牵引的方式。如果采用软牵引方式拖车，一旦前车减速，被拖汽车往往只有选择挂挡、利用发动机制动的方式进行减速。这样一来，就会导致被拖汽车发动机的转动，最终导致发动机机械损坏。如果能将汽车前轮托起后牵引，可以避免因误挂挡而引起的发动机损坏。对于自动变速器汽车，注意不能长距离被拖拽（通常不易超过20～30km），以免损伤自动变速器。

3. 谨慎起动

汽车因进水熄火以后，驾驶人绝对不能抱着侥幸心理贸然起动汽车，否则会造成发动机或电器系统严重损坏。在未对汽车进行排水处理前，严禁采用起动机、人力推车或拖车方式起动被淹汽车的发动机。只有在对被淹发动机进行了彻底的排水处理，并进行了相应的润滑处理，易受损的电器被彻底烘干后才能进行起动尝试。

4. 电器排水

容易受损的电器（如：各类电脑模块、仪表、继电器、电动机等）应尽快从车上拆下，进行排水清洁。电子元件用无水酒精清洗并晾干，避免因进水引起电路某些价值昂贵的电器设备报废。

汽车电脑最严重的损坏形式就是芯片损坏。尤其是装有电喷发动机的汽车，其控制电脑更是害怕受潮。应及时对进水电脑进行晾晒烘干处理。

安全气囊的安全传感器有时与气囊电脑做成一体，维修时只要更换了安全气囊电脑，就无须再额外更换安全传感器。安全气囊系统插头可用无水酒精擦洗，再用高压空气吹干。

对于可以拆解的电动机，可以采用“拆解→清洗→烘干→润滑→装配”的流程进行处理，如：起动机、天线电动机、步进电动机、风扇电动机、座位调节电动机等。对于无法拆解的电动机，如：雨刷电动机、喷水电动机、玻璃升降电动机、后视镜电动机、鼓风机电动机、隐藏式前照灯电动机等，则无法按上述办法进行处理，进水后即使当时检查是好的，使用一段时间后也可能会发生故障，一般应考虑一定的损失率，损失率通常在20%～40%。

三、水损车辆的检查

1. 汽车配置情况的检查

要对被淹汽车的配置情况进行认真记录，特别注意电子器件的配置情况，如ABS、ASR、SRS、PTS、AT、CVT、CCS、CD、GPS等，对水灾可能造成的受损部件一定要做到心中有数。另外，要对真皮坐椅、高档音响、车载DVD及影视设备等配置是否为原车配置进行确认，是否以新增设备进行投保，是否属于保险标的。

2. 汽车机械系统及内饰检查

（1）检查气缸是否进水。

汽车从水中施救出来以后，首先检查发动机气缸有没有进水。将发动机上的火花塞全部拆下，转动曲轴，把水从火花塞螺孔处排出。如果用手转动曲轴时感到异常阻力，说明发动机内部可能存在某种程度的损坏，不要借助外力强制转动，要查明原因，排除故障，以免引起损坏的进一步扩大。

（2）检查机油里是否进水。

将发动机机油尺抽出，查看油尺上润滑油的颜色，如果油尺上的油呈乳白色或有水珠，就要将润滑油全部放掉，在清洗发动机后，更换新的润滑油。

如果通过检查未发现发动机机械部分有异常现象，可以从火花塞螺孔处加入少量的机油，用手转动曲轴数次，使整个气缸壁都涂一层油膜，以起到防锈、密封的作用，同时也有利于发动机的起动。

（3）检查变速箱、主减速器。

查看变速箱、主减速器是否进水，如果上述部位进了水，会使其内的齿轮油变质，造成齿轮早期磨损。对于采用自动变速箱的汽车，还要检查 ATF 是否进水。

（4）检查制动系统。

对于水位超过制动油壶的，应更换全车制动液，制动油壶里进水会使制动油变质，致使制动效能下降，甚至失灵。

（5）检查排气管。

如果排气管进了水，要尽快地把积水排除，以免水中的杂质堵塞三元催化器和损坏氧传感器。

（6）清洗、脱水、晾晒、消毒及美容内饰。

如果车内因潮湿而出现霉味，除了在阴凉处打开车门，让车内水汽充分散发，消除车内的潮气和异味外，还需对汽车内部进行大扫除，要注意换上新的或晾晒后的地毯及座套。还要注意车内生锈的痕迹的检查，查看一下车门的铰链部分，行李箱地毯之下、座位下的钢铁部分以及备用轮胎的固定锁部位有没有生锈的痕迹。

3. 水损车辆处理方法

如果汽车整体被水浸泡，除按以上排水方法进行处理外，还要及时擦洗外表，防止酸性雨水腐蚀车体。最好对全车进行一次二级维护，全面检查、清理进水部位，通过清洁、除水、除锈、润滑等方式，恢复汽车的性能。

四、水损程度分析

1. 水损程度的影响因素

汽车水损的影响因素包括水质、水淹时间、水淹高度等。水损级别如图 5—59 所示。水损范围如表 5—1 所示。

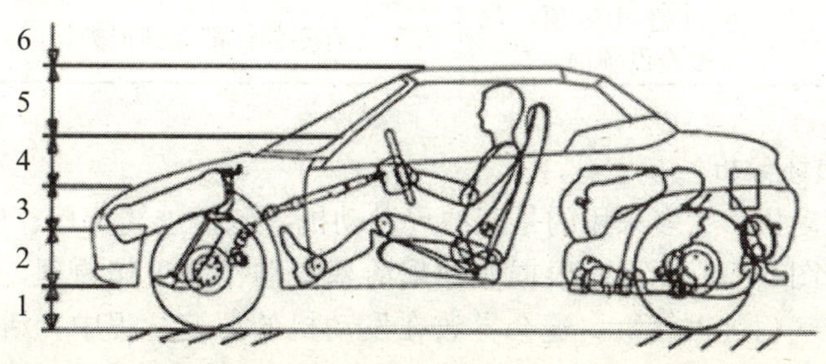

图 5—59 水损高度示意图

表 5—1　　汽车水损后的损失评估表

水损程度等级			水损分析
	水淹时间	水淹高度	
一级	$H \leqslant 1h$	制动盘和制动鼓下沿以上，车身地板以下，乘员舱未进水	可能造成的受损零部件主要是制动盘和制动鼓。损坏形式主要是生锈，生锈的程度主要取决于水淹时间的长短以及水质。
二级	$1h < H \leqslant 4h$	车身地板以上，乘员舱进水，而水面在驾驶员坐椅坐垫以下	除一级损失外，还会造成以下损失： 1. 四轮轴承进水； 2. 全车悬架下部连接处因进水而生锈； 3. 配有 ABS 的汽车的轮速传感器失准； 4. 地板进水后车身地板如果防腐层和油漆层本身有损伤就会造成锈蚀； 5. 部分控制模块水淹后会失效。
三级	$4 < H \leqslant 12h$	乘员舱进水，水面在驾驶员坐椅坐垫以上，仪表工作台以下	除二级损失外，还会造成以下损失： 1. 坐椅潮湿和污染； 2. 部分内饰潮湿和污染； 3. 真皮坐椅和内饰损伤，桃木内饰板会分层开裂； 4. 车门电机进水； 5. 变速器、主减速器及差速器可能进水； 6. 部分控制模块被水淹； 7. 起动机被水淹； 8. 中高档车行李箱中 CD 换片机、音响功放被水淹。
四级	$12h < H \leqslant 24h$	乘员舱进水，水面至仪表工作台中部	除三级损失外，还可能造成以下损失： 1. 发动机进水； 2. 仪表台中部分音响控制设备、CD 机、空调控制面板受损； 3. 蓄电池放电、进水； 4. 大部分坐椅及内饰被水淹； 5. 各种继电器、保险丝盒可能进水； 6. 大量控制模块被水淹。
五级	$24h < H \leqslant 48h$	乘员舱进水，水面在仪表工作台面以上，顶篷以下	除四级损失外，还可能造成以下损失： 1. 全部电器装置被水泡； 2. 发动机严重进水； 3. 离合器、变速器、后桥可能进水； 4. 绝大部分内饰被泡；
六级	$H > 48h$	水面超过车顶，汽车被淹没顶部	汽车所有零部件都受到损失。

2. 动态进水损坏分析

目前的汽车发动机，大多采用的是四冲程发动机，包括进气行程、压缩行程、做功行程、排气行程，如图 5—60 所示。根据四冲程活塞发动机的工作原理，如果汽车进了水，水就有可能通过进气门进入气缸。这会导致在发动机的压缩行程中，活塞在上行压缩时，所遇到的不再只是混合气，还有水，而水是不可压缩的，那么曲轴和连杆所承受的负荷就要极大地增加，有可能造成连杆弯曲、活塞损坏，在随后的持续运转过程中就有可能导致进一步的弯曲、断裂，甚至打坏气缸。

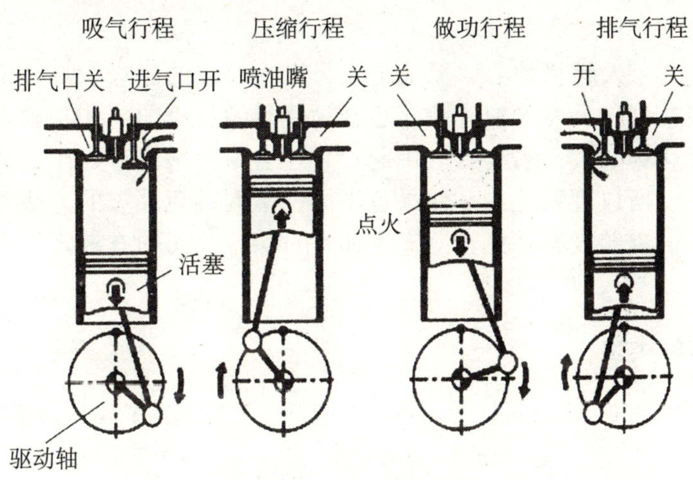

图5—60　四冲程发动机工作原理

需要说明的是，同样是动态条件下的损坏，由于发动机转速高低不同、车速快慢不等、发动机进气管口安装位置不同、吸入水量多少不同等，所造成的损坏程度自然也就有所不同。

如果发动机在较高转速条件下直接吸入了水，完全有可能导致连杆折断、活塞破碎、缸体被严重捣坏等故障。如果发动机二次启动，因发动机转速较低，造成的损伤相对较小。

任务5.7　火灾损失分析

任务描述

相关知识

汽车火灾损失令人触目惊心，无论是什么原因导致的起火燃烧，都会使车主及周边之人措手不及。即使扑救及时，汽车也会被烧得满目沧桑。如扑救不及时，整个汽车转眼之间就会化为灰烬。若在行驶中起火，还会给驾乘者造成严重的人身伤害。汽车起火原因很多，所以理赔过程和结果也不同。掌握避免火灾的方法及扑救措施，了解汽车火灾损失的理赔规则，无论对车主还是对保险公司的查勘定损人员，都具有十分积极的意义。

一、火灾车辆类型

按照起火原因，汽车火灾可以分为自燃、引燃、碰撞起火、雷击和爆炸五种类型。

1. 自燃

自燃是指在没有外界火源的情况下，由本车电器、线路、供油、机械系统等车辆自身故障引起或所载货物起火燃烧。汽车自燃的可能原因有：

（1）供油系统。

严重的汽车自燃一般都是燃油系统出现问题，燃油的泄漏可以说是引发严重汽车自燃的罪魁祸首，油箱中泄漏出来的汽油是汽车上最可怕的助燃物。漏油点大多集中在管件接头处、油管与车身易摩擦处、油管固定部位与非固定部位的结合处等薄弱地方。

无论是行进还是停驶，汽车上都可能存在火源，如点火系产生的高压电火花、蓄电池外部短路时产生的高温电弧、排气管排出的高温废气或喷出的积炭火星等，当泄漏的燃油遇到了火花，就会造成火灾。

安装于发动机舱内的汽油滤清器，距缸体及分电器很近，因汽油滤清器经常更换，接头处极易出现泄漏现象，一旦燃油泄漏混合气达到一定的浓度，只要有明火出现，自燃事故将不可避免。

对汽油发动机来说，可燃混合气的比例调节不当（过稀或过浓）会产生化油器回火或排气管放炮的现象，甚至排出火星，引发火灾。另外，化油器式的汽车有时会出现供油系统工作不良的现象。个别驾驶员为省事，采用人工方法向化油器直流供油。此时一旦发生化油器回火，势必导致汽车起火。

电喷发动机喷油器清洗后密封圈必须更换，个别维修厂为微小的利益重复使用喷油器密封圈，常常引发汽车火灾。

采用柴油发动机的汽车，有时冬季会出现供油管路挂蜡的现象。为了解决问题，某些驾驶员会在油箱外用明火烘烤，极易引起火灾。

（2）电器系统。

1）高压漏电。

发动机工作时，点火线圈自身温度很高，有可能使高压线绝缘老化、龟裂，导致高压漏电。另外，高压线脱落引起跳火也是高压漏电的一种常见形式，由于高压漏电是对准某一特定部件持续进行的，必然引发漏电处的温度升高，遭遇油泥等可燃物就会引发火灾，定期清洁发动机可有效预防此类火灾发生。

2）低压短路。

低压线路老化、过载或磨损搭铁漏电是引发汽车自燃事故的另一主要原因。由于搭铁处会产生大量的热能，如果与易燃物接触，会导致起火。

私自改装导致个别线路用电负荷加大。如加装高档音响、增加通信设备、加装电动门窗、添加空调等，如未对整车线路布置进行分析及功率复核，火灾在所难免。

3）接触电阻过大。

线路接点不牢或触点式开关接触电阻过大等，会使局部电阻加大，长时间大电流通电时发热引起可燃材料起火，电瓶火线与起动机的连接螺丝松动极易发生发动机火灾。

4）点火顺序错乱。

点火提前角过早过晚或者点火顺序错乱会造成车辆加速无力，如急剧加油则会出现回火、放炮现象，有时会造成汽车火灾。

5）加大保险丝容量。

在汽车电路维修中，有随意加大保险丝容量的现象，更有甚者用铜线代替保险丝，看似简单的问题，有时会酿成大祸。由于保险丝无法断开，线路短路引发火灾，在所难免。

（3）机械系统。

汽车的相关部件因汽车超载而处于过度疲劳和过热状态，一旦超过疲劳极限，就有可能发生自燃。

制动系统工作时，制动蹄片上的摩擦片与制动鼓或制动盘之间的摩擦产生大量的热量。如果汽车超载行驶，频繁的制动会产生更多热量，聚集的热量就会将黄甘油或刹车油点燃。另外，长时间高强度的制动，也会造成制动鼓过热，制动鼓随之又将热量传导到附近可燃物（轮胎），增加了自燃的可能性。

近年来高速路上轮胎过热起火现象较为常见。轮胎摩擦过热有几种情况：一是气压不足，二是超载，三是气压不足与超载的综合效应。这些情况都会造成轮胎的侧壁弯曲。轮胎弯曲所产生热量的速度要比机动车行驶中散发热量的速度快得多，其结果是侧壁的温度升高。将侧壁纤维与橡胶材料的轮结破坏，所形成的分离又加剧了松散线绳与橡胶间的摩擦，从而产生了更多的热量。聚积的热量会很快使侧壁的温度上升而造成自燃。轮胎起火以在高速公路上行驶的超载大货车辆居多。对于卡车或拖挂车上的双轮胎来说，则危险性更大。当两个轮胎中有一个气压不足时就会发生这种现象，原因是相邻的轮胎承受了双倍载荷而形成过载，因此导致了轮胎的摩擦过热。

（4）其他。

排气管上的三元催化反应器温度很高，且安装位置较低。如果停车时恰巧将其停在麦秆等易燃物附近，会引燃可燃物。

如果驾驶员夏季将汽车长时间地停放在太阳下曝晒，会将车内习惯性放置在前窗玻璃下的一次性打火机晒爆，如果车内恰巧有火花（如吸烟、正在工作的电器设备产生的电火花、爆炸打破的仪表火线等），就会引燃车内的饰品。

2. 引燃

引燃是指汽车被其自身以外的火源引发的燃烧。建筑物起火引燃、周边可燃物起火引燃、其他车辆起火引燃、被人为纵火烧毁等，都属于汽车被引燃的范畴。

3. 碰撞起火

当汽车发生追尾或迎面撞击时，由于基本不具备起火的条件，一般情况下不会起火。只有当撞击后导致易燃物（如汽油）泄漏且与火源接触时，才会导致起火。如果一辆发动机前置的汽车发生了较为严重的正面碰撞，水箱的后移有可能使油管破裂，而此时发动机尚处于运转状态，因而一旦高压线因脱落或漏电引起跳火，发生火灾的可能性就很大。

当汽车因碰撞或其他原因导致翻滚倾覆时，极易发生油箱泄漏事件，一旦遇上电火花或摩擦产生的火花，就会起火爆炸。

4. 雷击

在雷雨天气里，露天停放的汽车有可能遭遇雷击。由于雷击的电压非常高，完全可以将正在流着雨水的车体与地面之间构成回路，从而将汽车上的某些电气电子设备击穿（如车用电脑），严重者可以引起汽车起火。

5. 爆炸

车内违规搭载的爆炸物品（如雷管、炸药、鞭炮）极易引发爆炸及火灾。

二、火灾车辆拍照方法

1. 火灾现场照相的分类

火灾现场照相分为现场方位照相、现场全貌照相、现场中心照相和现场痕迹物证照相四种。

（1）现场方位照相。

拍摄点要选择较高较远的位置进行俯摄，尽量用一个镜头反映全景。在摄影构图时要把现场安排在中心或前景位置，照片尽量选择某些有永久性定位标志的山头、路标、里程碑、建筑物作为背景，以便利了解焚车现场的具体方位。

（2）现场全貌照相。

拍全貌照片构图时，要把现场中心部位和勘验的主要对象置于画面的中心部位。照片要全面、系统、完整地记录焚车现场的全貌。即使是最简单的现场，也要至少从相对方位拍照两张，较复杂的现场更要多角度、全方位，或十字交叉，或分段拍摄。

（3）现场中心照相。

较近距离拍摄焚车现场中心、重要局部的照片，在整套现场照相中占有重要位置。由于它照相拍摄记录的范围小，拍照的距离近，要求清晰度高、真实感强。拍照时应选择不同角度，尽量使用标准镜头，均匀配光，适当取景，准确调焦，正确曝光，将复杂的焚车现场上的重点部位或重点物品逐一拍照，以便锁定保险欺诈骗局的重要证据。

（4）现场痕迹物证照相。

采用近距离或微距拍照细目照片，要让痕迹物品的影像基本上占满画面，照相机镜头主光轴与被摄痕迹面垂直，拍出的照片应具有立体感、真实质感，客观准确地反映痕迹的真实面目。

2. 火灾现场照相方法

火灾现场照相方法一般有相向照相法、多向拍照法、分段连续照相法和回转连续拍照法等。

（1）相向照相法。

以拍摄对象为中心，从两个相对的方向对作为拍摄对象的焚车现场中某一地区或某个物体进行拍照。

（2）多向拍照法。

以拍摄对象为中心，从三个或三个以上不同方向对现场中某一地区或某个物体交叉进行拍照。

（3）分段连续照相法。

将现场中较为狭长的被拍地段或物体分为若干段进行连续拍照，然后把拍得的数张照片拼接成一张完整的照片，以反映现场或痕迹物体全段。

（4）回转连续拍照法。

将照相机固定在一个拍照点上，只转动镜头改变拍照角度，不改变相机的位置，将现场分段连续拍照后拼接成一张完整的相片。

3. 现场照片的编辑

现场照片编辑包括照片筛选、编排粘贴、标记和文字说明。

（1）照片筛选。

根据已掌握的案情和现场查勘需要反映的内容，对影像清晰、层次分明、主题突出、说明问题的照片挑选出来。通过照片使没去过现场的人，能够一目了然地知道现场在哪里，发生了什么事，烧毁了什么车，拍照的主要痕迹物证有哪些，它们之间的关系是什么，说明什么问题，从而对焚车赔案有一个概括的了解和认识。

（2）照片编排。

照片编排顺序应与勘验笔录记载的顺序相一致。一般排列的方法有：按照现场照相的分类顺序排列；按照现场勘验的先后顺序排列。

（3）标记和文字说明。

对于部分照片附上标记和文字说明来加强照片的反映内容。

三、火灾车辆损伤评估

1. 火灾车辆损伤评估步骤

首先根据查勘和调查取证情况，判定事故责任；然后推定全损时根据市场调查的车辆价值推算着火车辆现在实际价值；最后按照投保情况和免赔率，预估事故损失进行立案处理。

2. 火灾车辆定损核价时的注意事项

着火车辆发生部分损失时应立即进行定损核价，定损核价实际操作中应特别注意的是：火烧车辆定损时一定要分析着火源、燃烧范围、热传导范围，对燃烧范围和热传导范围的金属薄壳件、塑料件、密封件、电器、线路、油液类要进行重点检查，对因高温引起的变形、变质件一定要予以更换。

任务 5.8 事故车维修费用确定

任务描述

相关知识

一、零部件修与换的原则及应用

1. 零部件修与换的总原则

汽车零部件种类繁多，维修方法不尽相同。但事故车辆维修应掌握“以修为主、能修不换”的总原则，在实际定损过程中应灵活运用以下具体原则：

（1）影响行车安全的零件必须更换。

为了保证汽车的使用安全，某些特定部件，如行驶系的车桥、悬架；转向系的所有零部件；制动系的所有零部件；安全气囊的所有部件等，这类部件在受到明显的机械性损伤后，从安全的角度出发，基本上都不允许再使用。

（2）工艺上不可修复的零部件必须更换。

汽车上的某些零件，由于在工艺设计上存在着不可修复后再使用的特点，如胶贴的风挡玻璃饰条、门饰条、翼子板饰条等，这些零部件一旦被损坏或者拆卸后，往往就无法再使用。

（3）结构上无法修复的零部件必须更换。

汽车的某些零件，由于所采用原材料的缘故，发生碰撞故障后，一旦造成破损，一般无法进行维修，只能进行更换。脆性材料的零件，一般都具有这一特性，如汽车灯具的严重损毁，汽车玻璃的破碎等。

（4）无修复价值的零件必须更换。

汽车发生事故后，从经济学的角度考虑，存在着一些基本没有修复价值的零部件，即修复费用接近或超过零部件原价值的零部件。一般价值较低的，修理费用应不高于新件价格的 30%；中等价值的，一般修理费用应不高于新件价格的 50%；总成的修理费用，不可大于新件价格的 80%。

（5）不能重复使用的零件必须更换。如油封、密封垫等拆解后必须更换。

以上原则要灵活掌握，例如，对大保户单位的车，考虑到扩展业务的需要，对外观部件可适当放宽换件标准。所有更换件定损规格不得高于原车事故前装配的品牌、规格。修理后零、部件的使用寿命应能达到新件使用寿命的 80%以上，且应能与整车的使用寿命相匹配。

2. 钣金件的修换原则

钣金件损坏以弯曲变形为主就进行修复；损坏以折曲变形为主就进行更换。

（1）钣金件损坏类型。

1）弯曲变形（弹性变形）。损伤部位与非损伤部位的过渡平滑、连续，可通过拉拔校正使其恢复到事故前的形状，而不会留下永久性的变形。

2）折曲变形（塑性变形）。弯曲变形剧烈，曲率半径小于 3mm，通常在很短的长度上弯曲 90°以上，校正后，零件上仍有明显的裂纹和开裂，或者出现永久变形带，不经高温加热处理不能恢复到事故前的形状。

（2）折曲变形更换原则。

1）如果损伤发生在平面内，则校正工作比棱角处的严重起皱和折曲可能容易得多，但在轮廓分明的棱角处发生了折曲变形，则只能采取更换的方法，如车门玻璃框折曲。

2）如果损伤部位处于纵梁的端部附近，而且压偏区并未受到影响或变形的范围影响不大，通过拉拔即可校正的，则必须修复；如果压偏区（吸收冲击力的压溃区）已出现折曲，并将碰撞力传递到后部，造成后部也变形，则必须予以更换。

3）如果损伤位置在发动机或转向器安装位置附近，重复性载荷会造成疲劳破坏（重复振动力或应力会加重并产生二次变形），这些安装位置发生折曲变形后，则必须更换，如紧抱转向器的广州本田前桥发生折曲变形。

4）由于严重冷作硬化而造成的严重折叠起皱变形，则必须更换。

5）在修复面中如果只有一个不能完全修复的轻微折曲变形，应采取挖补法修复。

6）如果已经更换某个配件的一部分，并决定再稍微多更换一点，将其连接的相邻部分也更换掉，而且比较容易、费用也不大，则允许予以更换。

7）在将变形周围部分均校正到适当尺寸，剩下折曲变形部分确实无法校正好，而且这部分形状复杂，无法采用挖补法修复时，则该部件应予以更换。

（3）前翼子板的修换原则。

1）损伤程度没有达到必须将其从车上拆下来才能修复，如整体形状还在，只是中部局部凹陷，一般不考虑更换。

2）损伤程度达到必须将其从车上拆下来才能修复，并且前翼子板的材料价格低廉、供应流畅，材料价格达到或接近整形修复的工时费，应考虑更换。

3）如果每米长度超过 3 个折曲、破裂变形或已无基准形状，应考虑更换。

4）如果每米长度不足 3 个折曲变形，且基准形状还在，应考虑整形修复。

（4）车门修换原则。

1）如果门框产生塑性变形，一般来说是无法修复的，应考虑更换。

2）许多汽车的车门面板是作为单独零件供应的，损坏后可单独更换，不必更换总成。

3）如果车门锁块或铰链处产生塑性变形，由于有车门定位的要求，一般来说是无法修复的，应考虑更换。

（5）发动机罩和行李箱盖修换原则。

绝大多数汽车发动机罩和行李箱盖，是用两个冲压成形的冷轧钢板经翻边胶粘制而成的。判断碰撞损伤变形的发动机罩或行李箱盖，是否要将两层分开进行修复，如果不需将两层分开也能修理，则应考虑维修；若需将两层分开整形修理，应首先考虑工时费加辅料与其价值的关系，如果工时费加辅料接近或超过其价值，则不应考虑修复，反之，应考虑修复。

（6）后翼子板修换原则。

碰撞损伤的汽车中最常见的不可拆卸件就是三厢车的后翼子板。由于更换需从车身上将其切割下来，如果汽车修理厂在切割和焊接上，满足不了制造厂提出的工艺要求，就会造成车身结构方面新的修理损伤。所以，在设备和工艺水平有限的条件下，后翼子板只要有修理的可能性都建议采取修理的方法修复，而不像前翼子板一样存在值不值得修理的问题。如果汽车修理厂在切割和焊接上，能够满足制造厂提出的工艺要求，对于严重损坏的后翼子板采取切割更换的维修方法，会大大节省工时。

3. 塑料件的修换原则

（1）价值较低的塑料件破损以更换为主。

（2）价值较高的塑料件，如保险杠裂纹小于 100mm，孔洞直径小于 30mm 可采取修补的方法维修。

（3）塑料油箱损坏由于影响安全必须更换。

（4）整体破碎以更换为主。

（5）尺寸较大的基础零件，受损以划痕、微裂、穿孔为主，且拆装困难，更换成本高的以修理为主。

（6）表面无漆面，且不能使用氰基丙烯酸酯黏接修理的塑料零件，如果表面光洁度要求高，一般以更换为主。

4. 发动机的修换原则

发动机修与换的基本原则：超过配合尺寸，通过加工也无法得到装配技术要求，或变形通过校正无法保证使用性能和安全技术要求，或断裂无法焊接或焊接后无法保证使用性能和安全技术要求，或维修成本接近零件价值的，原则上必须更换。

（1）事故碰撞造成发动机缸体、缸盖的外部损伤。

发动机缸体、缸盖常用的材料为铸铁或铸铝，这些材料目前许多机械专业加工厂均可焊接，定损时主要查看其损伤部位及损伤程度。如果只是表面裂纹，或裂纹只延伸至发动机冷却水道边等，通过焊接工艺可以恢复正常使用；发动机冷却水道与油道间损伤、发动机冷却水道或油道与缸筒（气门座）间损伤、外部裂纹延伸至缸筒（气门座）等处，通常应更换缸体或缸盖。

（2）事故引发的发动机内部损伤。

柴油发动机因事故翻车机油倒灌燃烧室会造成“飞车”事故，最终导致抱瓦、拉缸。曲轴可以通过修理尺寸法按级磨曲轴；拉缸则通过修理尺寸法加大缸筒尺寸，更换活塞及活塞环即可。

发动机因翻车机油倒灌燃烧室或发动机吸水引发“顶缸”事故，活塞、连杆以更换为主，曲轴根据变形量采取校正或磨削修理。

（3）事故导致发动机分解维修涉及的密封垫、油封等不可重复使用的零件必须更换。

5. 悬架的修换原则

由于悬架零件的外形不规则，其变形量很难检测。悬架零件的变形与车身、车架变形，胶套的磨损同样会造成车轮定位的变化。如果定位数据不对，首先分析是否因碰撞造成。由于碰撞事故不可能造成轮胎的不均匀磨损，可通过检查轮胎的磨损是否一致，初步判断事故前的车轮定位情况。例如桑塔纳的车轮外倾角，下摆臂橡胶套的磨损、锁板固定螺栓的松动，都会造成车轮外倾角的变化。其次检查车身定位尺寸。在消除了诸如摆臂胶套的磨损等原因，校正好车身，使相关定位尺寸正确后，再做车轮定位检测。

由于悬挂系统中的零件都属于安全部件，而价格又较高，所以评估核价时要仔细认真，重点检查内容有：

（1）仔细研究碰撞着力点位置、碰撞力传递方向，注意可能被碰撞损坏的零件。

（2）仔细研究悬架各连接点松动量的磨损情况，判断松动是自然磨损引起还是碰撞引起，从而推断碰撞力的传导距离。

（3）注意连接点有无变形（大多变形部位伴有爆漆现象）夹紧，有变形夹紧则碰撞力有可能通过该连接点传导引起相连件损坏，应重点检查。连接点变形与悬架零件变形同样会造成车轮定位失准。

（4）检查减振器有无漏油，区分事故造成漏油还是机件磨损渗油（通过查看油痕迹即可区分，旧油泥为机件磨损渗油，新油为事故造成漏油），事故造成漏油，则应更换；拆下减振器，检查有无变形、弯曲，有则予以更换；用手握住减振器两端，将其拉伸和压缩，若拉伸或压缩时用力都极小，表明减振器功能减退，与事故损坏无关。

6. 电子元件的修换原则

电子元件在汽车上的应用越来越广泛，由于价值高、检测技术含量高，已成为定损工作的又一难点，振动、热辐射、潮湿均会造成电器元件损坏，定损中要注意以下内容：

（1）车辆上除安全气囊控制单元外，其他电子元件、控制单元事故受损均必须有明显被撞击痕迹或因撞击造成烧蚀（注意区分事故与非事故引起的烧蚀）、水损受潮，才可以更换。

（2）外表轻微损伤的控制单元、电子元件定损，如无法从外观上判断损坏，必须经过专用检测仪确定损坏才可以更换。

（3）所有伤、断线路均采取对接锡焊法修复。

（4）外装碰撞传感器式安全气囊系统控制电脑一般通过解码可重复使用3至4次；内置碰撞传感器控制电脑一定要整体更换。

（5）对于无条件检测的，可采取新件替换法确定故障元件。

7. 内饰的修换原则

（1）仪表台。

仪表台整体变形在弹性限度内，可校正骨架后重新装回即可。折皱或开裂以更换为主。固定爪破损以焊接维修为主。通风孔、杂物箱、左右饰框等小件破损以更换为主。

（2）其他饰件。

ABC柱、门槛、车顶饰件破损以更换为主。

8. 易耗材料的修换原则

（1）油脂类（如机油）和工作液类（如制动液、蓄电池液、冷却液等）具有润滑、冷却、防锈等作用，与发动机、变速箱、离合器、制动装置、蓄电池的正常运行息息相关。这些油液在使用过程中会渐少和氧化，从而降低汽车配件的性能并可导致发动机和其他装置产生烧蚀、不良运行等故障。定（核）损中要严格区分是事故造成损耗还是原车自然损耗。填补以上工作液时要注意工作液的类型、化学性质，不同性质的工作液混加会产生化学反应，降低其性能。

（2）汽车上的各种橡胶皮带均与行车的安全性密切相关。正时皮带、转向助力泵皮带、冷却风扇皮带、制动软管和散热器软管等均以橡胶制成，但橡胶会随着使用时间的延长而逐步老化。当皮带龟裂甚至断裂时，会导致配件受损或转向盘沉重等问题。定损中要重点检查是保养不善、磨损等情况引起损坏，还是事故直接造成损坏。

（3）汽车中的制动摩擦片、制动蹄片、离合器片、轮胎等零件由于工作中的不断磨损，本身有一定的使用寿命。事故中造成损坏，核价时应折旧。

（4）使用超过设计寿命极限的配件不仅会引发故障，也有可能导致交通事故。因此定损过程中要重点检查，要剔除。

二、维修工时费的确定

事故车辆修复费用包括事故损失部分维修工时费、事故损失部分需更换的配件费（包含管理费）和残值。对于国内不同地区的同一款汽车零件来说，虽然因为各地采购途径不尽相同，价格可能略有差异，但总体差异不大，差异较大的是各地的维修工时费标准。

维修工时费包括事故相关部件拆装工时费；事故部分钣金修复工时费（包括辅助材料费）；事故相关的机电维修工时费（含外加工费）；事故部分喷漆费（包含原材料费用）等。

1. 事故相关部件的拆装工时费

包括事故造成零件更换的工时费；为完成相关作业，必须拆装某些并没有损伤的零部件或总成所发生的工时费（如严重变形的前纵梁校正必须拆装发动机、副梁等零件）。在对被评估汽车拆装项目的确定有疑问时，可查阅相关的维修手册和零部件目录。拆装工时费标准可参考当地交通主管部门关于拆装工时费的相关标准，也可以查阅各地保险公司规定的工时定额。

2. 事故部分钣金修复工时费（包括辅助材料费）

（1）钣金修复工时费的影响因素。

1）零件价格差异的影响。

零件的价格决定着零件修理工时的上限，不同汽车上的同样一个名称的零件价格差距甚远，从而造成修理工时差距非常大。

2）损伤位置的影响。

与平面部位损伤相比，车身腰线、棱角部位的损伤钣金工时会略有提高。

3）维修设备差异的影响。

对不可拆卸的后翼子板来说，利用整形机维修会收到事半功倍的效果。

（2）常见钣金修复工时费计算。

钣金工时费的估算是定损工作的又一难题，可以参考多家维修站的报价金额结合当地维修行情，根据车辆损伤程度，对车辆受损程度做出具体的钣金修复金额估计。另外，肇事较重车辆在修复过程中，很多钣金工作都是起连带作用的，在定损时应考虑车辆的整体钣金金额，不要做重复的定价，例如：车门、车顶维修时需有内饰及附件拆装工时费；后侧翼子板重大变形维修与更换隐含拆装后风挡玻璃。

3. 事故相关的机电维修工时费（含外加工费项目）

汽车零件修理工时的确定非常复杂，其主要影响因素包括零件价格差异、地域差异及维修设备差异等。零件的价格决定着零件修理工时的上限，同样一个名称的零件，在不同的汽车上价格差距甚远，从而造成同样一个名称的零件修理工时差距非常大。地域的差异是指同样一个零件在甲地市场的价格是100元，在乙地市场的价格是200元；同样的损失程度，在乙地被认为应该修理，而在甲地则认为已不值得修理。所以，同样一个零件在甲地的修理工时可能是1～2小时，而在乙地的修理工时可能是1～4小时。最后，维修设备的差异也影响零件修理工时，如桑塔纳普通型汽车的发动机缸盖因碰撞造成的发电机支架处断裂，按正常的修理工艺是可以采取亚弧焊工艺焊接的，但是，实际评估时会发现某地根本就没有亚弧焊设备，如果送到有亚弧焊设备的地方加工，往往因时间、运费等原因又不现实。由于上述客观原因的存在，造成汽车零件修理工时定额的制定相当困难，评估人员应当根据自己的理论知识和实践经验，结合当地的《汽车维修工时定额标准》灵活掌握。

工时费＝工时定额×工时单价＋外加工费

（1）工时定额。

机电维修工时定额的确定，应以当地的《汽车维修工时定额标准》为基准，结合评估人员自己的理论知识和实践经验，考虑本地实际情况灵活掌握，但要注意下面的情况：

1）机修：独立式前悬挂只有事故损坏更换上、下悬挂，拉杆等相关附件才需电脑前轮定位（注意：不是四轮定位）；刹车只有拆装或更换油管路件才需系统排气；吊装发动机工时已包含了拆装与发动机相连的散热系统、变速箱及传动系统工时；发动机只有更换气缸体才可定损大修工时（内部磨损件需更换非保险责任，为配合原部件需对气缸体加工属保险责任）；更换新气缸盖隐含铰削气门座和研磨气门工时、气门导管拆装工时。

2）电工：更换前大灯隐含调整灯光工时；空调系统中更换任何涉及冷媒泄漏件均需查漏、抽真空、加补冷媒工时；更换电控系统电脑、部分传感器（如节气门）需解码仪检测解码工时。

3）其他：所有维修工时费均包含辅助材料费（消耗材料费、电工焊接材料费）和管理费（利润、税金）。

（2）工时单价。

工时单价是指维修事故车辆单位工作时间的维修成本费用、税金和利润之和。工时单价随地区等级变化，一般以二类地区价格为基础，在二类地区营业的一类维修企业最高限价为 80 元/小时，二类维修企业最高限价为 60 元/小时，三类维修企业最高限价为 40 元/小时。

（3）外加工费。

如曲轴的变形校正及磨削、缸筒维修、断螺丝的取出及加工等，大多在专业的维修公司进行，定损时要考虑外加工费。索赔时可直接提供外加工费发票，本厂不得再加收管理费；凡是已含在维修工时定额范围内的外加工费，不得另行列项，重复收费。

4. 事故部分喷漆费

各地喷漆费用的计算方法各不相同，如以面积乘以单价的方法计算，以常见覆盖件单件方法计算等。喷漆工时费应包含喷漆需要的原子灰、漆料、油料、辅助添加剂等材料费。

（1）喷漆面积的确定。

局部喷漆范围以最小范围喷漆为原则（即以该部位最近的接缝、明显棱边为断缝收边），如翼子板腰线上部损伤以腰线以上的面积计算，而不是整个翼子板全喷面积。

（2）喷漆单价的确定。

常见的面漆大多以进口或合资品牌为主，如杜邦、新劲、PPG 等品牌。面漆的种类与名称繁多，但大致可归结为喷漆和瓷漆。漆种的鉴别也较为简单，可用原车加油口盖直接通过电脑分析判断汽车原面漆的种类；也可以现场用蘸有硝基漆稀释剂（香蕉水）的白布摩擦漆膜，观察漆膜的溶解度。如果漆膜溶解，并在白布上留下印迹，则是喷漆，反之则为瓷器。如果是瓷漆，再用砂纸在损伤部位的漆面轻轻打磨几下，鉴别是否漆了透明漆层。如果砂纸磨出白灰，就是透明漆层；如果砂纸磨出颜色，就是单级有色漆层，最后借光线的变化，用肉眼看一看颜色有无变化，如果有变化为变色漆。通过上述方法，我们可以将汽车面漆分四类：硝基喷漆、单涂层烤漆、双涂层烤漆、变色烤漆等。

虽然各地喷漆费用的计算方法各不相同，但单位面积的涂饰费用基本相同，结合沈阳 4S 店的定价标准，制定各漆种收费参考价格，如表 5—2 所示。

表 5—2　　沈阳 4S 店喷漆费用

项目	轿车喷漆单价（元）					客车喷漆单价（元）		货车喷漆单价（元）	
	微型	普通型	中级	中高级	高级	普通	豪华	车厢	驾驶室
硝基喷漆（m^2）						100		50	100
单涂层烤漆（m^2）	200	250	300	400	500	200	300		200
双涂层烤漆（m^2）	300	350	400	500	600		450		
变色烤漆（m^2）			550	650	750				

5. 常见覆盖件的喷漆费

在实际定损工作中，常以覆盖件单件计算方法确定喷漆费用。定损时可以根据定损车辆的类型、价位选择合适的喷漆标准。车身划痕险全车喷漆在不同修理厂对应的金额基础上适当下调（约 7%）。

三、更换配件费的确定

1. 配件价格形式

（1）由汽车生产厂家对其特约售后服务站规定配件销售价格，即厂家指导价。

（2）当地大型配件交易市场上销售的原装零配件价格，即市场零售价。

（3）符合国家及汽车厂家质量标准，合法生产及销售的装车件、配套件（OEM）价格，即生产厂价格。

2. 配件管理费

保险公司确定事故车辆修复中需更换的配件价格一般采用以市场零售价为基础，再加一定的管理费为原则。配件管理费是指保险公司针对保险车辆发生保险责任事故时，保险人对维修企业因维修需更换的配件在采购过程中发生的采购、装卸、运输、保管、损耗等费用以及维修企业应得的利润和出具发票应缴的税金而给出的综合性补偿费用。

3. 配件报价与核价

汽车配件价格信息掌握的准确度对降低赔款有着举足轻重的作用。由于零配件的生产厂家众多，因此零配件市场价格差异较大。另外，由于生产厂家的生产调整、市场供求变化、地域的差别等多种原因也会造成零配件价格不稳定，处于时刻的波动状态，特别是进口汽车零部件缺乏统一的价格标准，其价格差异更大。

为此，保险公司认识到必须建立一套完整、准确、动态的询报价体系。在这方面，大的保险公司，如人保建立了独立的报价系统《事故车辆定损系统》。该系统使得定损人员在定损过程中能够争取主动，保证定出的零配件价格“有价有市”。但零配件报价中常出现一些问题：

（1）询价单中车型信息不准确、不齐全，甚至互相矛盾，造成无法核定车型，更无法确定配件，导致报价部门不能顺利报价。针对这种情况，一般要求准确填写标的的详细信息。

（2）不规范使用配件名称，导致核价困难。针对这种情况，一般要求选择准确的配件名称，或通过零件编码、零件照片加以确认。

（3）有单个配件而报套件。针对这种情况，一般要求定损人员必须熟悉车辆结构，向多家配件商咨询，了解零配件市场供给情况。

（4）对老旧、稀有车型的配件报价，应准确核对车型，扩大核价渠道及供货渠道，积极寻找通用互换件，减少客户待修时间。

（5）报价的时效性。市场上货源紧张时价格上涨，所以报价、供货时间要快，避免涨价或缺货，一般为 3～7 天。

（6）无现货而必须订货的，原则上按海运价报价。

（7）部分查勘定损人员缺乏维修技能及配件相关知识，导致核价困难。针对这种情况，应加强对机构查勘定损人员进行维修技能及配件价知识培训。

4. 待查配件的确定

在车险查勘定损工作中，一些事故零件，很难用肉眼和经验判断其是否受损、是否达到需要更换的程度，甚至在车辆未修复前，个别单独的零件用仪器都无法检测。例如转向节臂、悬架下摆臂、副车架等，这些零件在定损工作中常被列为“待查项目”。然而，实践证明，这些“待查项目”在汽车修理厂进行完了车辆修理后，大都变成了更换项目。“待查项目”到底有多少确实需要更换？又确实更换了多少？这里到底有多少道德风险？这个问题始终困扰保险公司的理赔定损人员。减少“待查项目”中大量道德风险的方法及步骤如下：

（1）拍照备查。

对于暂时无法确定损坏程度，确定需要待查的零件，查勘定损人员要在其上做上记号，并拍照备查，同时告之被保险人和承修的汽车修理厂。如对方在维修时进行了更换，应拿出做了记号的零件作证。

（2）加强零件检测，减少“待查项目”。

认真检验车辆可能受损的零部件，尽量减少“待查项目”。例如，发动机皮带轮可通过旋转时的摆差来判断其变形量。用这种方法，可以解决空调压缩机、转向机助力泵、水泵等带轮的类似问题；电控元件可通过万用表、解码器、示波器等检测设备确认故障。

（3）跟踪维修。

对于价值较高的待查零件，必须参与对“待查项目”的检验、调试、确认等全过程。例如，转向节待查，汽车经过初步的车身修理后，安装上悬挂等零部件后做四轮定位检验，假如四轮定位检验不合格，并且超过调整极限，修理厂会提出要求更换转向节，于是保险公司的理赔定损人员一般也就会同意更换转向节。至于更换转向节后四轮定位检验是否合格，是否是汽车车身校正不到位等其他原因，保险公司的理赔定损人员往往不再深究。实际上，四轮定位完全可能是车身校正不到位等其他原因引起的，无须更换转向节。

（4）回收旧件。

如果“待查项目”确实损坏需要更换，保险公司的理赔人员必须将做有记号的“待查项目”零件从汽车修理厂带回，以免汽车修理厂将“待查项目”零件留待下一次定损时更换使用。

用上述方法解决“待查项目”的问题，汽车修理厂将无法获得额外利益，遵循了财产保险的补偿原则，最大限度地杜绝了“待查项目”中的道德风险。

5. 配件费计算

（1）计算公式。

配件费＝配件进货价×（1＋管理费比例）－残值

（2）配件进货价：以该配件的市场零售价为准；老旧车型更换配件以换型替代件或通过与被保险人协商按照拆车件价格定价；原车损坏时是副厂件的按副厂件价格定价。

(3) 配件管理费的确定原则。

根据维修厂技术类别、专修车型综合考虑进行确定。

(4) 残值处理。

车辆因事故遭受损失后的残余部分或损坏维修更换下来的配件，只需经再加工就可产生再利用的价值。由此，保险人对因事故遭受损失后的残余部分或维修后更换下来的损坏件，按照维修行业惯例和废旧物资市场行情估算出这部分价值，这部分价值称为残值。

残值处理是指保险公司根据保险合同履行了赔偿并取得对于受损标的所有权后，对于这些受损标的的处理。在通常情况下，对于残值的处理均采用协商作价折归被保险人并在保险赔款中予以扣除的做法。但在协商不成的情况下，保险公司应将已经赔偿的受损物资收回。这些受损物资可以委托有关部门进行拍卖处理，处理所得款项应当冲减赔款。一时无法处理的，则应交保险公司的损余物资管理部门收回。

【单元小结】

1. 汽车碰撞损伤按碰撞损伤行为不同可分为直接损伤和间接损伤两种。直接损伤是指汽车碰撞直接接触点的车身一次损伤；间接损伤是指发生在直接损伤区域之外，并离碰撞点有一段距离的损伤。

2. 汽车损伤按损伤原因不同，一般分为碰撞、水灾和火灾三种，而碰撞损伤按碰撞位置不同又分为正面碰撞、侧面碰撞和后面碰撞损伤三种。

3. 汽车水损程度主要取决于水质、水淹时间、水淹高度等。

4. 汽车火灾按起火原因可分为自燃、引燃、碰撞起火、雷击和爆炸五种类型。而汽车火灾常是车辆自身电器线路老化、过载、短路引起的。

5. 车辆维修工时费一般包括事故相关部件拆装工时费、事故部分钣金修复工时费、事故相关的机电维修工时费、事故部分喷漆费等。

【思考与练习】

一、判断题

1. (　　)引起车身损伤的惯性力主要来源于车上承载的货物和乘客。

2. (　　)车身刚度等级中刚度大的部分集中在车辆的前部和后部。

3. (　　)碰撞缓冲区的作用是在碰撞时，可以按照设计的方向产生变形，从而吸收碰撞能量，保护其他部位。

4. (　　)铝质发动机盖通常产生较大的塑性变形就需更换。

5. (　　)前纵梁是前部最重要的结构件，出现弯曲开裂后应以拉伸修复。

6. (　　)后翼子板是从车门槛板和顶盖延伸到后车身板的部分，当损伤严重时，应进行更换。

7. (　　)非承载式车身车辆上，后车身包括后围板、后翼子板、后底板、后纵梁以及各种横梁、加强件等。

8. (　　)有些零件可以重新使用，如油封、密封垫等拆解后可以重复使用。

9. (　　)排气管进水后，其杂质有可能堵塞三元催化器和损坏氧传感器。

10. (　　)当B柱和车门槛板同时毁坏时，一般把B柱和车门槛板作为总成进行更换。

二、选择题

1. 在对一辆前部碰撞的事故车进行损伤查勘时，发现前风挡立柱上部与车门窗框前上角之间的缝隙变大，说明(　　)。

A. 车顶板可能受损　　B. 风挡立柱可能产生变形

C. 风挡玻璃可能受损　　D. 以上都正确

2. 一辆汽车在碰撞后导致自动变速器油底壳漏油，在估损时，甲说：自动变速器油与齿轮油成分相同，可以用齿轮油代替自动变速器油；乙说：可以用发动机机油代替自动机变速器油。以下(　　)选项是正确的。

A. 只有甲正确　　B. 只有乙正确

C. 甲乙都正确　　D. 甲乙都错误

3. 一辆柴油发动机轿车，因事故造成发动机不能正常运转，估损员甲在估损单上列出了检修节气门体的费用；估损员乙列出了检修电器的费用。以下(　　)选项是正确的。

A. 只有甲正确　　B. 只有乙正确

C. 甲乙都正确　　D. 甲乙都错误

4. 在发动机前置前轮驱动的承载式车身结构中，以下(　　)支撑着麦弗逊式滑柱的顶部。

A. 前横梁　　B. 前纵梁

C. 翼子板裙板　　D. 散热器支架

5. 在分析碰撞车辆过程中，甲说：汽车正面与面积较大的物体碰撞，损坏程度相对较大；乙说：车身结构是影响车辆损坏情况的重要因素。以下(　　)选项是正确的。

A. 只有甲正确　　B. 只有乙正确

C. 甲乙都正确　　D. 甲乙都错误

6. 在判断一辆事故车的安全带是否更换时，以下(　　)选项是正确的。

A. 安全带上有细小的裂口可以不更换

B. 安全带只有少量纤维断开可不更换

C. 张力感知标签撕裂必须更换

D. 以上都是

7. 一辆事故车的前保险杠杠皮是塑料制成的，查勘时发现杠皮上有一个小裂口，在计算理赔时，最合适的做法是(　　)。

A. 更换新杠皮　　B. 维修杠皮

C. 更换保险杠　　D. 维修保险杠总成

8. 汽车空调系统可分为高压侧和低压侧两个部分，其分界点是(　　)。

A. 膨胀装置　　B. 蒸发器

C. 冷凝器　　D. 储液罐

9. 在分析汽车碰撞过程时，甲说：正面碰撞事故中，容易造成转向齿条总成弯曲；乙说：如果齿轮齿条不校正好，在颠簸行驶中会导致转向几何机构产生变形，可以通过改变横拉杆的长度来修复这种故障。以下(　　)选项是正确的。

A. 只有甲正确　　B. 只有乙正确

C. 甲乙都正确　　D. 甲乙都错误

10. 对于汽车碰撞中的二次损伤，甲说：车内乘客可能会造成车身的二次损伤；乙说：放在行李箱中的行李可能会造成围板的损伤。以下(　　)选项是正确的。

A. 只有甲正确

B. 只有乙正确

C. 甲乙都正确

D. 甲乙都错误

三、简答题

1. 承载式车身轿车前端碰撞和后端碰撞时，通常会引起哪些部位损伤？
2. 为什么承载式车身前端碰撞时，车辆的后部也有可能发生变形？
3. 承载式车身和非承载式车身碰撞损伤的特点有何区别？
4. 什么是直接损伤，什么是间接损伤？
5. 汽车前部碰撞易损伤的零件有哪些？
6. 汽车后部碰撞易损伤的零件有哪些？
7. 车门碰撞易损伤的零件有哪些？
8. 间接损伤有哪些可见迹象？
9. 散热器支架与哪些构件连接在一起？
10. 如何检查是否为事故车辆？

【综合实训】

实训项目：事故车辆拆装检测。

实训目标：掌握事故车维修定价方法。

实训组织：根据学校实训条件，模拟设计正面、侧面、后面等典型事故类型的拆解实训，重点训练学生的拆解方法、损伤零件的检测方法、维修方案确定、工时费确定等知识。

实训提示：如果学校有事故车拆解实训条件，要求学生遵守设备使用安全规范，以防出现事故。

实训成果：根据教师的具体要求，考生目测及使用简单的检测仪器设备等对事故车辆进行检测，判断事故车辆的损伤情况，完成实训记录单。

实训记录 1

<table>
<tr><td>班　级</td><td></td><td>实训内容</td></tr>
<tr><td>姓　名</td><td></td><td rowspan="3">汽车正面碰撞损伤零件的拆解</td></tr>
<tr><td>学　号</td><td></td></tr>
<tr><td>日　期</td><td></td></tr>
</table>

1. 拆解汽车前部零件，并检查汽车前部零件损坏情况。

（1）保险杠：____________________

（2）格栅（中网）：____________________

（3）水箱框架：____________________

（4）前大灯：____________________

（5）冷凝器：____________________

（6）风扇框架：____________________

（7）保险杠吸能装置：____________________

（8）发动机盖及附件：____________________

2. 用数码相机记录汽车前部零件的损坏图片（拍近景），标注零件名称。

____

____

3. 记录你组所拆车型的其他附件。

____

____

4. 标注图示车身损伤零件的名称。

1 ____________；2 ____________；

3 ____________；4 ____________；

5 ____________；6 ____________；

7 ____________；8 ____________；

9 ____________；10 ____________。

<table>
<tr><td rowspan="3">教师签字：</td><td colspan="3">本次成绩</td></tr>
<tr><td>良　好</td><td>合 格</td><td>不合格</td></tr>
<tr><td></td><td></td><td></td></tr>
</table>

实训记录2

<table>
<tr><td>班 级</td><td></td><td>实训内容</td></tr>
<tr><td>姓 名</td><td></td><td rowspan="3">汽车侧、后面碰撞损伤零件的拆解</td></tr>
<tr><td>学 号</td><td></td></tr>
<tr><td>日 期</td><td></td></tr>
</table>

1. 拆装汽车车门，检查零件功能是否正常。

(1) 玻璃槽：________________________________

(2) 门玻璃：________________________________

(3) 中控功能：________________________________

(4) 内门把手：________________________________

(5) 外门把手：________________________________

(6) 车门内饰板：________________________________

(7) 倒车镜（电动）：________________________________

(8) 防擦饰条：________________________________

(9) 玻璃升降器（手动或电动）：________________________________

(10) 车门内线束：________________________________

(11) 门锁机构：________________________________

2. 拆卸汽车前翼子板，记录内部隐藏部件名称。

____

____

____

____

3. 检查汽车后面零件，并记录汽车侧后面零件损坏情况。

(1) 后保险杠：________________________________

(2) 尾灯：________________________________

(3) 行李箱盖：________________________________

(4) 行李箱附件：________________________________

(5) 后风挡：________________________________

4. 检查汽车内饰，并记录损坏部件名称。

(1) 坐椅________________________________

(2) 仪表台________________________________

(3) 车顶内饰________________________________

(4) 安全带________________________________

(5) 安全带锁止机构________________________________

<table>
<tr><td rowspan="3">教师签字：</td><td colspan="3">本次成绩</td></tr>
<tr><td>良 好</td><td>合 格</td><td>不合格</td></tr>
<tr><td></td><td></td><td></td></tr>
</table>

单元 6

二手车置换实务

【教学目标】

1. 熟悉二手车置换岗位职责及素质要求；
2. 掌握二手车置换流程；
3. 掌握二手车收购定价和销售定价的方法。

【能力目标】

1. 能胜任二手车置换岗位要求；
2. 能按照流程进行二手车置换业务；
3. 能独立确定二手车收购价和销售价。

【引言】

目前国内的二手车行业经过多年的市场磨炼后，二手车交易已经成为汽车交易市场的重要组成部分。尤其是新车 4S 店的二手车置换业务，近年来发展步伐逐渐加快。那么二手车置换从业人员应具有哪些素质？如何掌握二手车置换的流程？为了掌握二手车置换业务，应认真学习以下两个任务。

任务 6.1 二手车置换岗位简介

任务描述

相关知识

一、二手车置换岗位要求

1. 二手车置换岗位介绍

随着人们对二手车的青睐，二手车市场也越来越红火，因此也带动了各大 4S 店开始看重置换业务的发展。为了争夺置换市场，越来越多的 4S 店、包括二级经销商，都专门设立了二手车置换部门，配置专业人员，品牌店二手车服务向新车的售后服务看齐，比如奔驰、斯巴鲁、上海大众、奇瑞等，都配置了专门的车辆置换部门，因此，这一趋势也将更加激烈推动汽车行业的发展。

2. 二手车置换从业人员的素质要求

二手车置换岗位不同于其他岗位，对从业人员有很高的专业技能要求，以及与人交流和沟通的能力，具体要求如下：

（1）大专及以上学历，市场营销、经济管理相关专业毕业；了解二手车市场动态、车源情况。

（2）了解汽车构造、维修知识及各种汽车相关配置状况。

（3）熟悉掌握二手车交易各环节流程。

（4）具有评估师资格，对二手车进行估价。

（5）良好的销售与谈判能力、沟通及语言表达能力、较强的计划执行能力；接待二手车置换客户来电来访，回答客户提出的相关问题。

二、二手车置换的方式

1. 二手车置换的定义

从狭义上讲，二手车置换是用手头的二手车来置换新车，就是将卖旧车和买新车两个过程合并成了一个过程，即经销商通过二手车的收购与新车的对等销售获取利益。广义上讲，二手车置换是在以旧换新业务的基础上，同时兼容二手车整新、跟踪服务及二手车在销售乃至折抵分期付款等项目的一系列业务的组合，从而形成一种独立的营销方式。

2. 二手车置换方式

目前常见置换方式有三种：同品牌内的旧车换新车；多品牌置换某一品牌新车的业务；不同品牌二手车之间以旧换旧。此外，我国也出现了委托寄卖等置换方式，主要体现为两种：一是自行定价型，即是由消费者自行定价，委托商家代卖，等到成交后再支付佣金；二是付款型，它是由商家先行支付部分费用，等到成交后再付余额，佣金以利润比例来定；另外一种置换方式是周期寄卖型，由商家向车主承诺交易周期，车价由双方共同确定，而佣金则依成交时间和成交金额双重标准来定。

三、二手车置换的行业发展

过去，由于用户对车辆残值和二手车交易行情缺少了解，且缺乏规范、有公信力的专业技术评估手段，导致二手车交易障碍重重，市场发展不够规范。2004 年品牌二手车的兴起，成为二手车市场的一个亮点。具有原厂质量保证的二手车认证和置换服务，为消费者提供了车辆更新和购置的新选择。继上海通用汽车率先进入二手车领域后，上海大众、一汽大众等厂家也纷纷进军二手车市场。

1. 上海通用“诚新二手车”

上海通用汽车是国内较早涉足品牌二手车领域的汽车制造商，在服务经验、规范化程度，以及开展的业务等方面比较领先，其“诚新二手车”品牌已逐渐成为二手车市场的一面标杆。目前开展的业务主要还是新车置换，但是业务开展深度较强，认证二手车数量较多，可以在全国范围内开展整备后二手车的销售。2004 年，上海通用汽车开始将中国第一个二手车品牌全面升级，由原来的“别克诚新二手车”升级为“上海通用汽车诚新二手车”，并宣布，从 2004 年 8 月 26 日至 9 月 30 日，覆盖全国 26 个省、46 个城市的“诚新二手车”置换别克新车活动向用户隆重推出旧车免费估价、置换价格优惠、延长质量担保等优惠活动。

2. 一汽大众“认证二手车”

相比上海通用，一汽大众进入二手车领域较晚，2004 年 8 月 28 日，一汽大众认证二手车首批样板店开业典礼，宣布进军二手车业务。相比前者来说，经验和方式等多样性方面不够理想，但也逐渐开展了拍卖等销售方式。首批样板店是一汽大众从全国 347 家特许经销商当中选取了 13 个城市的 16 家信誉较好的，以保证能够赢得良好的口碑。

3. 上海大众“特选二手车”

上海大众集团早在 2003 年 11 月就推出了自己的二手车交易品牌——上海大众特选二手车。其在发展的形势方面和一汽大众认证二手车基本相同。上海大众在 20 年的时间里累计销售出 287 万辆汽车，目前保有量达到 230 多万辆，是国内汽车品牌中最大保有量的拥有者。车源和用户丰富也是上海大众进行二手车交易（包括旧车置换业务）的优势。尽管上海大众品牌二手车运作至今销售业绩还远不及预期，但在上海大众全国经销商年会上，上海大众宣布二手车置换业务和售后配件维修将成为上海大众下一步的主攻方向。在德国沃尔夫斯堡召开的德国大众年度大会上，德国大众也宣布将调整在中国市场的销售战略，加大对二手车市场的开发力度，主要包括旧车置换和二手车交易。

四、二手车置换模式及特点

1. 我国汽车置换模式

从国内的交易情况来看，目前在我国进行汽车置换有 3 种模式。

（1）以旧换新。

用本厂旧车置换新车（即以旧换新）。如厂家为“一汽大众”，车主可将旧捷达车折价卖给一汽大众的零售店，再买一辆新款高尔夫。

（2）用本品牌旧车置换新车。

如品牌为“大众”，假设拥有一辆旧捷达的车主看上了帕萨特，那么他可以在任何一家“大众”的零售店里置换到一辆他喜欢的帕萨特。

（3）只要购买本厂或本厂家的新车，置换的旧车不限品牌。

国外基本上采用的是这种汽车置换方式。上海通用汽车诚新二手车开展的就是这种汽车置换模式，消费者可以用各种品牌的二手车置换别克品牌的新车。

如果考虑买车人的选择余地和便利程度，当然是第3种方式最佳。不过，这种方式对厂商和经销商而言非常具有挑战性。这是因为，中国的车主一般既不从一而终地在指定维修点维护修理，也不保留车辆的维修档案，车况极不透明；再者，不同品牌、不同型号的车在技术和零部件上千差万别；而且，对于个别已经停产车型更换零部件将越来越麻烦。

此外，我国也出现了委托寄卖等置换新模式。我国的委托寄卖主要分为三种：一是自行定价型，即是由消费者自行定价，委托商家代卖，等到成交后再支付佣金；二是两次付款型，它是由商家先行支付部分费用，等到成交后再付余款，佣金以利润比例来定；三是周期寄卖型，其方式是由商家向车主承诺交易周期，车价由双方共同确定，而佣金则以成交时间和成交金额双重标准来定。

车辆更新对于车主来说，是一个烦琐的过程，首先要到二手车市场把车卖掉，这其中要经历了解市场行情、咨询二手车价格、与二手车经纪公司讨价还价直至成交、办理各种手续和等待回款，至少要好几天，等拿到钱后再到新车市场买新车，又是一番周折。对于车主来说更新一部车比买新车麻烦得多。在生活节奏日益加快的今天，人们期盼能否有一种便捷的以旧换新业务，使他们在自由选择新车的同时，很方便地处理要更新的旧车。因此，具有汽车置换资质的经销商作为中介的重要作用就显现出来。

2. 汽车置换授权经销商

汽车置换授权经销商是我国汽车置换运作的中介主体。汽车置换授权经销商的车辆置换服务将消费者淘汰旧车和购买新车的过程结合在一起，一次完成甚至一站完成，为用户解决了先要卖掉旧车再去购买新车的麻烦。我国汽车置换授权经销商的汽车置换服务一般具有以下特点：

（1）打破车型限制。

汽车置换授权经销商对所要置换的旧车以及选择购买的新车，都没有品牌及车型的限制，可以任意置换。汽车置换授权经销商采用汽车连锁超市的模式经营新车的销售，连锁超市中经营的汽车品牌众多，可以满足消费者的不同需求，也可根据顾客的要求，到指定的经销商处，为顾客购进指定的车辆，真正做到了无品牌限制的置换。

（2）让利置换，旧车增值。

汽车置换授权经销商将车辆置换作为顾客购买新车的一项增值服务，与顾客将旧车出售给二手车经纪公司不同，汽车置换授权经销商通常是以二手车交易市场二手车收购的最高价格甚至高出的价格，确定二手车价格，经双方认可后，置换二手车的钱款直接冲抵新车的价格。

汽车置换授权经销商有自己的二手车经纪公司，同时与二手车交易市场中的众多经纪公司保持联系，保证市场信息渠道的畅通，以及所置换的旧车能够有快速的通路。车况较好的旧车，汽车置换授权经销商经过整修后，补充到租赁车队中投放低端租车市场，用租赁收入弥补旧车的增值部分后，到二手车市场处置；或者发挥汽车置换授权经销商租车网络优势，在北京周边中小城市租赁运营。

（3）“全程一对一”的置换服务。

汽车置换授权经销商汽车连锁销售提供的车辆置换服务，是一种“全程一对一”的服务模式。由于汽车置换授权经销商的业务涉及汽车租赁、销售、汽车金融以及二手车经纪，因此顾客在汽车置换授权经销商选择置换的购车方式后，从旧车定价、过户手续，到新车的贷款、购买、保险、牌照等过程都由汽车置换授权经销商公司内部的专业部门完成，保证了效率和服务水准。

（4）完善的售后服务。

在汽车置换授权经销商通过置换购买的新车，汽车置换授权经销商将提供包括保险、救援、替换车、异地租车等服务在内的完善的售后服务。对于符合条件的顾客，汽车置换授权经销商还提供更加个性化的车辆保值回购计划，使顾客可以无须考虑再次更新时的车辆残值，安心使用车辆。

五、汽车置换质量认证

汽车置换中一个最重要、最容易引起争议的问题就是置换旧车的质量问题。和新车交易相比，二手车市场存在很多不透明的地方，二手车评估本身就比较复杂，加上二手车交易又是“一旦售出，后果自理”，所以在购买二手车的时候，大部分的消费者并不信任卖家。为了保障交易双方权益、减少纠纷，国外汽车厂商从20世纪90年代就开始对汽车进行质量认证，我国的汽车厂商也从这两年开始进行这一业务。汽车厂家利用自己的技术、设备、人员以及信誉优势，对回购的二手车进行检测、修复，给当前庞大的二手车消费群体提供“放心车”、“明白车”，即使价格高于其他市场上的二手车，消费者也认为值得。同时汽车厂家介入二手车市场也为规范二手车市场、降低交通安全隐患带来积极影响。

1. 认证的基本概念

经汽车厂商授权的汽车经销商将收上来的该品牌二手车进行一系列检测、维修之后，使该车成为品牌认证的车辆，销售出去之后可以给予一定的质量担保和品质保证，这一过程称为认证。

二手车认证方案的开展是市场对二手车刮目相看的首要原因。认证方案项目一般包括：合格的质量要求、严格的检测标准、质量改进保证、过户保证以及比照新车销售推出的送货方案，一些大公司开展的认证还包括提供与新车一样利率的购车贷款。通过认证，顾客和经销商双方都从中得到了实惠。首先顾客对自己购买二手车的心态更加趋于平和，相应地，经销商也实现了认证车辆的溢价销售。而且，顾客再不会有车刚到手就发生故障的经历，经销商也不必再面对恼怒顾客的争吵。

不同的公司二手车认证的流程有一些不同，以上海通用汽车品牌车辆的二手车认证流程为例，如图6—1所示。

2. 我国的二手车认证

我国的二手车认证主要在一些合资企业中开展，这其中以上汽通用公司和一汽大众公司为代表。

（1）上汽通用公司的二手车认证。

上海通用汽车认证的二手车要经过多道程序的严格筛选。首先，认证的二手车有自己统一的品牌，是和诚信谐音的“诚新”，能通过认证，并打上这个牌子的二手车要达到以下条件：无法律纠纷，非事故车，无泡水经历；使用不超过5年，行驶10万km以内；原来用途不是用于营运和租赁。

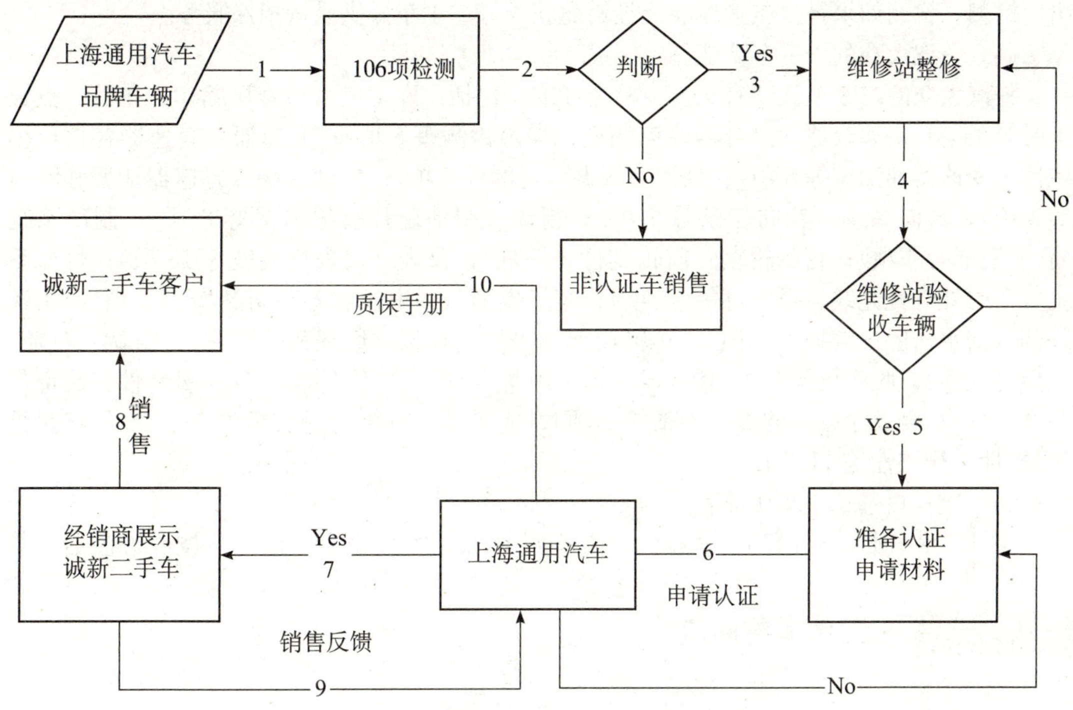

图 6—1　上海通用汽车品牌车辆的二手车认证流程

上汽通用的二手车认证有 106 项检验项目，这 106 项检验要进行两次，进场第一次，整修后还要进行一次。106 项检验主要包括车身、电气、底盘、制动等 6 大类，基本囊括了整个汽车的零配件。通过筛选的二手车，经过整修，再进行 106 项检测，全部合格后才能获得上海通用公司的认证书。经认证过的二手车出售后能获得半年 1 万 km 的质量保证，在质保期间，如果车辆出现质量问题，客户可以在全国联网的品牌专业维修店获得免费修理和零配件更换。

（2）奥迪包括二手车认证。

奥迪二手车认证有 110 项检测标准。能进行认证的二手车必须是一汽大众汽车有限公司生产的奥迪品牌产品。使用 5 年或 10 万公里以内，未发生过车辆底盘及发动机有损害的重大车辆事故，有维修档案及历史记录，符合 110 项检测标准，才能获得二手车质量认证书。奥迪二手车认证的 110 项检测包括机械部分（发动机、变速箱、离合器、传动轴、冷却系统、加热系统、悬挂系统、制动系统、转向系统、排放系统、催化反应器）；电器部分（前灯光、后灯光、电池、发电机、起动机、中控锁、电动后视镜、电动窗、空调、防盗系统）；车身（罩盖、行李箱、顶盖、保险杠、铝车轮、车轮装饰罩 ）；内饰（地毯、前座、后座、仪表台、顶棚、前门护板、后门护板）；轮胎（前 N/S、前 O/S 、后 N/S、后 O/S、备胎）等。

（3）上海大众的二手车认证。

上海大众的二手车认证有 111 项检测项目。能认证的首要条件是上海大众旗下的品牌，然后才能进行二手车认证资格的评定，符合标准后，才能进入下一个流程；经销商进行 111 项检测，然后按照上海大众特选二手车的质量标准进行维修，维修后再进行 111 项出厂检测，检测如果符合质量标准，经销商就为该二手车提供质量担保服务。

（4）一汽大众的二手车认证。

一汽大众的二手车认证有138项检测标准，包括：发动机（检查压缩比、排放、点火正时等11项）；离合器（离合器线束调整、噪声检测等5项）；变速器（变速器各挡位操控性、变速器油油位等8项）；悬架（减振器泄漏等5项）；传动系统（差速器泄漏和噪声等4项）；转向系统（转向齿条等7项）；制动（制动蹄片磨损情况等8项）；制冷系统（管道泄漏等4项）；轮胎轮辋（前轮定位等5项）；仪表（仪表灯亮度等15项）；灯光系统（车内外灯光光线、报警灯等10项）；电子电器（蓄电池、各种熔断器等8项）；车辆外部（刮水器胶皮磨损等7项）；车辆内部（坐椅、杯架、后视镜等9项）；空调（气流、风向等6项）；收音机及CD（播放器、扬声器等3项）；内饰外观（各种塑料件、装饰件等3项）；车身及漆面（破裂、剐蹭等5项）；完备性（备胎、说明书等7项）；最终路试（操控性、循迹性等11项）。

（5）宝马尊选二手车认证。

宝马二手车质量认证有100项检测，在车辆初检/复检时，按统一的BPS技术规范执行。

任务6.2 二手车置换流程

任务描述

相关知识

车主在卖车前应对自己的车况有较为全面、充分的了解，使自己在未来的谈判中处于主动地位。车主还应注意在售前或置换前对汽车进行简单的保养及清洁，同时要提供定期、完整的维修及保养记录，这将有助于取得较好的售价。

一、二手车置换基本流程

汽车置换包括旧车出售和新车购买两个环节。不同的经销商汽车置换流程不完全一样，但国内汽车置换基本流程，如图6—2所示。

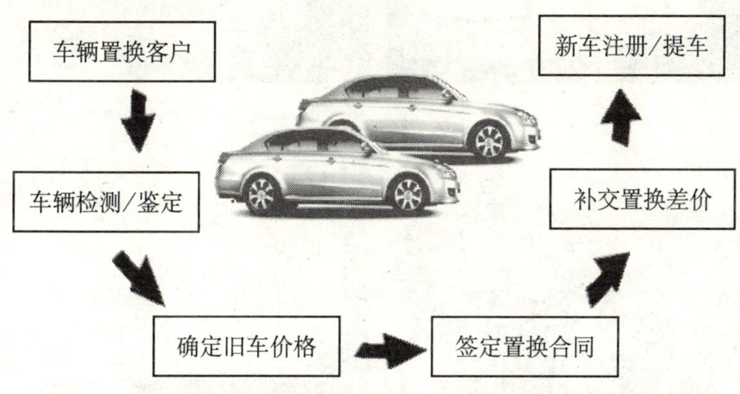

图6—2　汽车置换基本流程

目前，4S店开展的二手车置换业务常采用四步法。第一步，车主将车开到4S店，提出置换要求。第二步，专业评估师对这辆车进行专业评估。评估师先给车辆进行专业检测，该检测内容有33项，是对旧车的全面体检，得出检测结果，再参考市场等因素，大致估算车价。第三步，估算结论出来后，由评估师填写车辆鉴定报告书，估计专家与客户商谈旧车价格，经过双方认定的价格，才成为置换价格。第四步，客户认可成交价格后，由销售顾问陪同选购新车，新车置换二手车的钱款直接抵充新车车价，在同一地点完成旧车的销售和新车的购买、过户、上牌，全部一站式完成。

1. 客户提供欲置换车辆的手续

办理置换业务时，客户所要提交的证件包括车主身份证（单位车辆还应提供法人代码证书及介绍信等）、机动车产权登记证、机动车行驶证、购置附加税缴纳凭证；委托他人办理置换的，还须持原车主身份证和具有法律效力的委托书等，如图6—3所示。

2. 车辆检测及鉴定

（1）外观基本检查。

包括内饰、底盘等暴露在视线中的部位均属于外观。评估师会通过外观细节判断车辆是否出现过事故，主要环节在发动机舱的位置，从漆面的新旧程度，螺丝的使用程度可以判断出车辆是否有过补漆、钣金等维修记录。当然最重要的是发动机下方的大梁，如果大梁有过维修痕迹，那么说明车辆肯定出现过比较严重的事故，这种情况4S店是不会收的。

（2）提供日常维护凭证。

依据车主提供的保养单据，以此来证明车辆的确按时进行了各项保养，所以车主应当尽量详细地提供车辆维修保养的凭证，提供得越详细，这一项的评分就会越高。同时建议有车的朋友平时尽量完整地保留车辆保养的凭证，在日后需要做二手车置换的时候会有所帮助。另外，评估人员也会通过车内的清洁状况及一些细节方面来评判车主在日常使用中

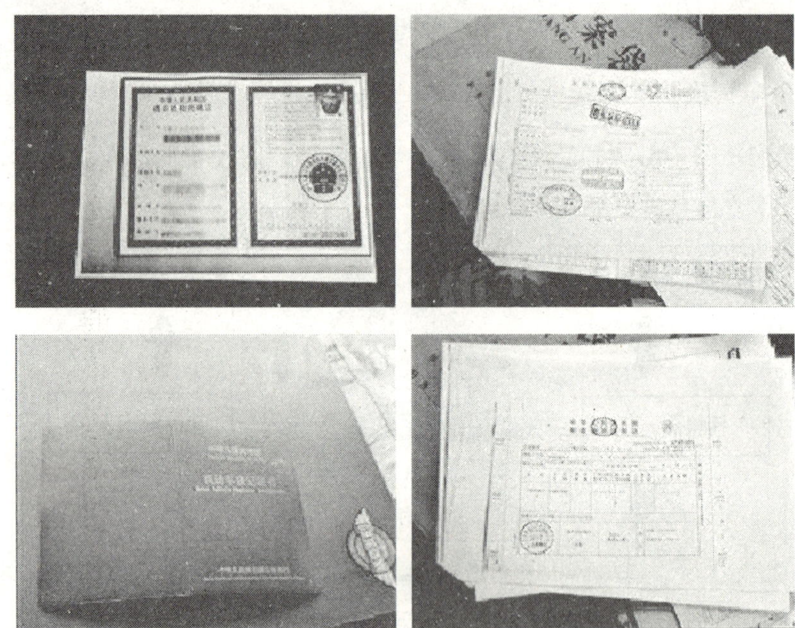

图 6—3 证件

对车辆是否爱护。最后给出一个综合的评分。

（3）了解车辆品牌知名度。

根据准备置换的车辆在市场中的保有量、品牌的知名度等方面给出综合评价，一般分为进口、合资、自主品牌三种。

（4）了解二手车的使用状况。

二手车的使用状况主要分为家用、公用、运营三种。根据不同类型给出不同分值，一般家用车分值会稍高；公用和运营车辆使用的频率和强度会比较高，所以分值会稍低。

（5）了解二手车的工作条件。

根据车辆使用的环境，如上下班代步、城市路况居多、经常跑长途高速路居多或国道居多等给出评分。

（6）对二手车进行试车检查。

最后评估师会驾车体验，从车辆的各个方面的表现针对驾驶感受给出一个分值。

3. 确定旧车价格

通过综合各个方面的表现，评估师会最终给出一个价格，然后经估计专家与客户双方认定的价格，才是置换价格。可以参考表 6—1 所示的比例进行计算参考，不同品牌及车型的评估比例并不相同，最终的评估价格还是要待专业的评估师评估之后给出。

表 6—1 车辆折旧率的大概参考比例

以当前同款车型新车裸车价为准					
1 年	2 年	3 年	4 年	5 年	6～8 年
85%	80%	75%	70%	60%	50%
此表仅供参考，最终价格以评估师给出价格为准					

4. 签定置换合同

经过双方认定好旧车价格后，需要双方签定一式二份的置换合同，不同的公司车辆置换合同样式有所不同，但基本内容相似，可以参照附录Ⅱ中车辆置换合同样式。

5. 补交置换差价

由销售人员陪同，到收银台交齐置换差价。

6. 选新车并上牌注册

这是置换流程中的最后阶段，销售人员陪同客户选择新车，直到客户选中并将车提走。新车选择时的一些技巧介绍如下：

（1）看外观：查看车身缝隙和漆面。要着重观察保险杠和车身缝隙、车门缝隙和前后保险杠缝隙，打开车门观察内外油漆是否无色差等。对于漆面，则对外界光线条件的要求比较高。最好的观察光线是日光，这样什么问题都将不能掩盖。如果是在展厅选车，可以斜对着日光方向观察，也能起到同样的效果。漆面应当平整无橘皮水波纹瑕疵，保险杠、车身、车门外边缘、左右外后视镜等易受损部位应无色差。对于金属漆和珠光漆还可以通过观察漆内铝粉或云母颗粒的均匀程度辅助判断。

（2）看机械部分：首先，工作良好的发动机外观应该无油渍，启动时反应应迅速灵敏，运行时平稳不抖动；冷车状态怠速略高，看转速表约为1 000转。水温上升后，怠速下降至780转左右，此时轻加油，感觉应该反应敏捷，无爆振音或松旷音。用手摸发动机盖，无明显振动，在车内应听不到发动机工作噪声。

发动机加机油的部位应该干净无油渍；检查好发动机的三油两液（三油：机油、刹车油、方向助力油；两液：冷却液、风窗清洗液）的液面高度；新车可以通过观察电瓶状态指示了解电瓶的状态，如果是绿色指示，表示电瓶状态良好且蓄电充足，如果是黑色或白色，则表明蓄电不足甚至已损坏，最好尽快充电。

（3）看地面：发动机运行一段后的车下地面应无水油渍的迹象；正常的情况是除了排气管有水滴落外，其他部位应没有任何水油渗漏。

（4）看轮胎：新车轮胎应该胎壁无任何损伤，特别是前轮胎壁。胎面无钉扎痕迹，前后轮胎胎毛健在的最好。

（5）看车门，看雨刷器：车门应开关用力均匀，无异响。密闭橡胶完好，关门可以感觉到明显的密闭效果，且车门在最后一段行程会有类似于吸力的力量将车门关闭。车门框下边缘漆面完好无损，未发现磨损或污浊。

（6）看内饰：内饰应洁净，特别是内拉手和内饰灯周围应洁净。电动部分或机械部分应当轻便灵活，运行无杂音。车厢地面干净无水渍。车内灯光应工作正常完好。现场去除坐椅包装白套，检查原厂真皮座套是否有异常，水杯架和眼镜盒盖等易受损的部件的功能是否完好。

（7）看天窗：天窗是否有异常的声音或生涩的动作。后座的窗帘和中央扶手通道都应检查一下。

（8）看钥匙：钥匙编码条一个和塑料钥匙模一个（配钥匙用和应急用）。试点火，接通电源后，仪表电子系统自检，自检通过后指示灯熄灭。

（9）试驾：静态检查良好的车辆，进行试驾还是很有必要的。首先着车，调整左右后视镜，系安全带，起步上路后，应感觉方向灵活，路感平稳，在中低速下松开转向盘，500米距离内偏离原行驶方向不超过5米为正常偏移。手动挡挡位轻松无涩滞感，自动挡换挡无明显冲击感为正常。寻找不平整路面行驶一下，车内应无杂音异常。过弯后转向盘自动回正。新车油门略有迟钝为正常，但过了迟钝点应该加速畅快。开空调压缩机，油门无明显负担增加，且应当在10秒钟内感到出风口的凉风。

（10）看车灯：试完了新车，要检查车辆的灯光，油箱盖是否完好有效等。

（11）看工具：有一个三角指示牌，应在后备箱盖的背面，橘红色，需要检查一下。备胎为了长期储存的需要，气压都高，不适宜长时间使用，故在有条件修补轮胎后，应及时更换。检查随车工具：千斤顶、两用螺丝刀、小扳子、轮罩拆卸钩、换胎定位螺栓等。

（12）看资料：资料袋有说明书和VCD光盘。说明书一定要收好，这是维修保养的原始记录，对索赔期内的索赔有很大用处。

（13）检查好合格证，这是新车入户资料。检查有合格证的VIN码和发动机号和原车是否一致；钢印号是否整齐无修改痕迹。要放好机动车参数表、免费保养卡，入户前一定要撕下，免得被收去了就拿不回来了，少一次免费保养的机会。新车发票是三张，应该是机动车专用发票。

二、二手车收购价的确定

1. 影响因素

（1）车辆的总体价值。

二手车收购要充分考虑车辆的总体价值，它包括车辆实体的产品价值和各项手续的价值。

1）车辆实体的产品价值。

除了用鉴定估价的方法评估车辆实体的产品价值外，还应根据经验结合目前市场行情综合评定。主要评定的项目包括：车身外观整齐程度、漆面质量如何等静态检查项目和发动机怠速声音、尾气排放情况等动态检查项目。另外，配置、装饰、改装等项目也很重要，包括有无ABS、助力装置、真皮坐椅、电动门窗、中控防盗锁、CD音响等；有效的改装包括动力改装、悬架系统改装、音响改装、坐椅及车内装饰改装等。

2）各项手续的价值。

各项手续的价值主要包括：登记证、原始购车发票或交易过户票、行驶证、购置税本、车船使用费证明、车辆保险合同等。如果收购车辆的证件和规费凭证不全，就会影响收购价格，因为代办手续不但要耗费人工成本，而且可能造成转籍过户中意想不到的麻烦和带来许多难以解决的后续问题。

（2）二手车收购后应支出的费用。

二手车收购除了支付车辆产品的货币以外，从收购到售出时限内，还要支出的费用有：保险费、日常维护费、停车费、收购支出的货币利息和其他管理费等。

（3）市场宏观环境的变化。

二手车收购要注意国家宏观政策、国家和地方法规的变化以及这些影响导致的车辆经济性贬值。如某车辆燃油消耗量较高，在实行公路养路费的环境中收购该车辆不会引起足够的注意。如果该车刚刚收购后不久，国家实施以公路养路费改征燃油附加税政策，则这辆车将因为油耗量高、附加费用高而难以销售出手。很明显，收购这辆车不仅不能给公司带来经济效益，反而可能带来损失。

(4) 市场微观环境的变化。

这里所说的市场微观环境，主要指新车价格的变动以及新车型的上市对收购价格的影响。例如千里马轿车降价后，旧车的保值率就降低了，贬值后收购价格自然也会降低。另外，新款车型问世挤压旧车型，“老面孔”们身价自然受影响。

(5) 经营的需要。

二手车经营者应根据库存车辆的多少提高或降低收购价格。例如本期库存车辆减少、货源紧张时，应适当提高车辆收购价格，以补充货源保证库存的稳定。反之，库存车辆多时，则应降低收购价格。另外一种情况是，某一车型出现断档情况，该车型的收购价格会提高。如某公司本期二手桑塔纳轿车销售一空，该公司会马上提高桑塔纳车型的收购价格。反之，如果某公司本期二手桑塔纳轿车销路不畅，库存积压显著，那么应降低桑塔纳轿车的收购价格，同时库存桑塔纳轿车的销售价格也会降低。

(6) 品牌知名度和维修服务条件。

对不同品牌的二手车，由于其品牌知名度和售后服务的质量不同，也会影响到收购价格的制定。像一汽、上汽、东风、广本等，都是国内颇具实力的企业，其产品具有很高的品牌知名度，技术相对成熟，维修服务体系也很健全，二手车收购定价可以适当提高。

2. 二手车收购的定价方法

二手车收购价格的确定是根据其特定的目的，在二手车鉴定估价的基础上，充分考虑市场的供求关系，对评估的价格做快速变现的特殊处理。按不同的原则，一般有以下几种方法：

(1) 以现行市价法/重置成本法来确定收购价格。

由现行市价法、重置成本法对二手车进行鉴定估算产生的客观价格，再根据快速变现原则，估定一个折扣率并以此确定二手车收购价格。如运用重置成本法估算某机动车辆价值为10万元，据市场销售情况调查，估定折扣率为20%可出售，则该车辆收购价格为8万元。

(2) 以清算价格法来确定收购价格。

清算价格的特点是企业（或个人）由于破产或其他原因，要求在一定的期限内将车辆变现，为在企业清算之日预期出卖车辆可收回的快速变现价格。具体来说主要根据二手车的技术状况，运用现行市价法估算其正常价值，再根据处置情况和变现要求，乘以一个折扣率，最后确定评估价格。

以清算价格的方法确定的收购价格，由于顾客要求快速转卖变现，因此其收购估价大大低于二手车市场成交的同类型车辆的公平市价，一般来说也低于车辆现时状态客观存在的价格。

(3) 以快速折旧法来确定收购价格。

根据机动车辆的价值，计算折旧额来确定收购价格。年折旧额的计算方法建议采用以下两种：年份数求和法和双倍余额递减折旧法。

3. 二手车收购价格的确定

二手车收购价格的确定是指在被收购车辆手续齐全的前提下对车辆实体价格的确定。

如果所缺失的手续能以货币支出补办，则收购价格应扣除补办手续的货币支出、时间和精力的成本支出，采用的方法有：

（1）重置成本法。

运用重置成本法对二手车进行鉴定估价，然后根据迅速变现的原则，估定一个折扣率，将被收购车辆的估算价格乘以折扣率，即得二手车的收购价格，用数学式表达为：

收购价格＝评估价格×折扣率

（2）现行市价法。

运用现行市价法对二手车确定评估价格，再根据上述办法计算收购价格，表达式同上式。

折扣率是指车辆能够当即出售的清算价格与现行市场价格的比值。它的确定是经营者通过对市场销售情况的充分调查和了解凭经验而估算的。如某机动车辆运用重置成本法估算价值为 3 万元，根据市场销售情况调查，估计折扣率为 20%可当即出售，则该车辆收购价格为 2.4 万元。

（3）快速折旧法。

首先计算出二手车已使用年数累计折旧额，然后，将重置成本全价减去累计折旧额，再减去车辆需要维修换件的总费用，即得二手车收购价格，用数学式表达为：

收购价格＝重置成本全价－累计折旧额－维修费用

4. 二手车收购定价案例

2010 年 7 月，某车主急于转让一辆捷达牌轿车，经与二手车交易中心洽谈，由中心收购车辆。车辆基本情况汇总于二手车鉴定估价登记表 6—2 中，试用快速折旧法计算收购价格。

表 6—2　　二手车鉴定估价登记表

<table>
<tr><td>车主</td><td>张三</td><td>所有权性质</td><td>私</td><td colspan="3">联系电话</td><td colspan="2">×××××××</td></tr>
<tr><td>地址</td><td colspan="3">合肥工业大学</td><td colspan="3">经办人</td><td colspan="2">李思</td></tr>
<tr><td rowspan="3">原始情况</td><td>车辆名称</td><td>一汽捷达</td><td>型号</td><td colspan="2">捷达 CIF</td><td>生产厂家</td><td colspan="2">一汽大众</td></tr>
<tr><td>结构特点</td><td>普通</td><td>发动机型号</td><td colspan="2">RSH 1.6</td><td>车架号</td><td colspan="2">LHK354——</td></tr>
<tr><td colspan="2">载质量｜座位数｜排量</td><td>1.6 升</td><td colspan="3">燃料种类</td><td colspan="2">汽油</td></tr>
<tr><td rowspan="7">使用情况</td><td>初次登记日期</td><td>2005.8</td><td>牌照号</td><td colspan="2">××</td><td>车籍</td><td colspan="2">沈阳市</td></tr>
<tr><td>已使用年限</td><td>5 年</td><td>累计行驶里程</td><td colspan="2">6 万公里</td><td>工作性质</td><td colspan="2">私用生活车</td></tr>
<tr><td rowspan="2">大修次数</td><td>发动机</td><td>/（次）</td><td colspan="3" rowspan="2">工作条件</td><td colspan="2" rowspan="2">一般</td></tr>
<tr><td>整车</td><td>/（次）</td></tr>
<tr><td>维修情况</td><td colspan="2">好</td><td colspan="3">现时状况</td><td colspan="2">在用</td></tr>
<tr><td>事故情况</td><td colspan="7">无</td></tr>
<tr><td>现时技术状况</td><td colspan="7">蓄电池故障，需更换；转向机漏油，球头松旷。</td></tr>
<tr><td rowspan="2">手续情况</td><td>证件</td><td colspan="7">齐全</td></tr>
<tr><td>税费</td><td colspan="7">齐全、有效</td></tr>
<tr><td rowspan="2">价值反映</td><td>购置日期</td><td>2005 年 7 月</td><td>账面原值（元）</td><td colspan="2">98 000</td><td colspan="2">账面净值（元）</td><td>—</td></tr>
<tr><td>车主报价（元）</td><td>38 000</td><td>重置价格（元）</td><td colspan="2">80 000</td><td colspan="2">初估价格（元）</td><td>36 000</td></tr>
</table>

（1）价格计算。

根据登记表得知，该型号的现行市场购置价为 80 000 元，规定使用年限 15 年，残值忽略不计，现分别以年份数求和法和余额递减折旧法计算，结果见表 6—3 和表 6—4。这里 K_0 取机动车重置成本价 80 000 元，机动车规定折旧年限 $N=15$ 年。折旧率，按直线折旧率 $1/N$ 的两倍取值，即有 $a=2\times1/N=2\times1/15=13.3\%$，$t$ 为从 2005 年 8 月到 2010 年 7 月 5 个年度。

表 6—3　　**用年份数求和法计算折旧额**

年数	重置成本（元）	递减系数	年折旧额（元）	累计折旧额（元）
2005.8—2006.7	80 000	15/120	10 000	10 000
2006.8—2007.7	80 000	14/120	9 333	19 333
2007.8—2008.7	80 000	13/120	8 666	27 999
2008.8—2009.7	80 000	12/120	8 000	35 999
2009.8—2010.7	80 000	11/120	7 333	43 332

表 6—4　　**用双倍余额递减法计算折旧额**

年数	重置成本（元）	年折旧率	年折旧额（元）	累计折旧额（元）
2005.8—2006.7	80 000	2/15	10 666	10 666
2006.8—2007.7	69 334	2/15	9 244	19 910
2007.8—2008.7	60 090	2/15	8 012	27 922
2008.8—2009.7	52 078	2/15	6 943	34 865
2009.8—2010.7	45 135	2/15	6 018	40 883

由于车辆已使用年限为 5 年 0 个月，用年份数求和法和双倍余额递减法计算折旧额分别为 43 332 元和 40 883 元。

（2）技术状况鉴定。

蓄电池故障，需更换费 600 元；转向机漏油，球头松旷，需维修费 1 400 元；上述费用合计为 600＋1 400＝2 000 元。

（3）确定收购价格。

根据前述收购价格计算公式确定收购价格如下：

用年份数求和法计算收购价格为：80 000－43 332－2 000＝34 668（元）

用双倍余额递减法计算收购价格为：80 000－40 883－2 000＝37 117（元）

根据收购价格评估，与车主最后协商，确定收购价格为 34 668（元），经维修后销售，获利 3 000 元。

三、二手车销售价的确定

1. 影响因素

（1）成本因素。

产品成本是定价的基础和最低界限，二手车的销售价格如果不能保证成本，企业的经营活动就难以维持。二手车流通企业销售定价应分析价格、需求量、成本、销量、利润之间的关系，正确地估算成本，以作为定价的依据。二手车销售定价时应考虑收购车辆的总成本费用，总成本费用由固定成本费用和变动成本费用之和构成。

1）固定成本费用。

固定成本费用是指在既定的经营目标内，不随收购车辆的变化而变动的成本费用。如分摊在这一经营项目的固定资产的折旧、管理费等项支出。

2）固定成本费用摊销率。

固定成本费用摊销率是指单位收购价值所包含的固定成本费用，即固定成本费用与收购车辆总价值之比。如某企业根据经营目标，预计某年度收购100万元的车辆价值，分摊固定成本费用1万元，则单位固定成本费用摊销率为1%。如花费4万元收购一辆旧桑塔纳轿车，则应该将400元计入固定成本费用。

3）变动成本费用。

变动成本费用指收购车辆随收购价格和其他费用而相应变动的费用。主要包括车辆实体的价格、运输费、保险费、日常维护费、维修翻新费、资金占用的利息等。

由上面成本分析可知，一辆二手车收购的总成本费用是这辆车应分摊的固定成本费用与变动成本费用之和，用数学式表达为：

一辆二手车的总成本费用＝收购价格×固定成本费用摊销率＋变动成本费用

（2）供求关系。

在市场经济中，产品的价格由买卖双方的相互作用来决定，以市场供求为前提，所以决定价格的基本因素有两个，即供给与需求。若供大于求，价格会下降；若供小于求，价格则会上升，这就是市场供求规律。供求关系必然会成为影响价格形成的重要因素，它是制定产品价格的一个重要前提。供求关系表明价格只能围绕价值上下波动，而价值仍然是确定价格水平及其变动的决定性因素，企业在定价决策时，除以产品价值为基础外，还可以自觉运用供求关系来分析和制定产品的价格。

价格受供求影响而有规律性的变动过程中，不同商品的变动幅度是不一样的。因此我们在销售定价时还要考虑需求价格弹性。所谓需求价格弹性，是指因价格变动而引起的需求相应的变动率，它反映需求变动对价格变动的敏感程度。按照西方经济学理论，当某种产品需求弹性较小时，提高价格可以增加企业利润，反之，当产品需求富有弹性时，降低价格也可以增加企业利润，同时还能起到打击竞争对手，提高自己产品市场占有率的作用。

对于二手车来说，其需求弹性较强，即二手车价格的上升（或下降）会引起需求量较大幅度的减少（增加）。因此，我们在二手车的销售定价时，应该把价格定的低一些，应该以薄利多销达到增加盈利、服务顾客的目的。

（3）竞争状况。

在产品供不应求时，企业可以自由地选择定价方式。而在供大于求时，竞争必然随之加剧，定价方式的选择只能被动地根据市场竞争的需要来进行。为了稳定维持自己的市场份额，二手车的销售定价要考虑本地区同行业竞争对手的价格状况，根据自己的市场地位和定价的目标，选择与竞争对手相同的价格，甚至低于竞争对手的价格进行定价。

（4）国家政策法令。

任何国家对物价都有适度的管理，所不同的是，各个国家和地区对价格的控制程度、范围、方式等存在着一定的差异，完全放开和完全控制的情况是没有的。一般而言，国家可以通过物价部门直接对企业定价进行干预，也可以用一些财政、税收手段对企业定价实行间接影响。

2. 定价目标

二手车销售定价的目标是指二手车流通企业通过制定价格水平，凭借价格产生的效用来达到预期目的。企业在定价以前，必须根据企业的内部和外部环境，制定出既不违背国家的方针政策，又能协调企业的其他经营目标的价格。企业定价目标类型较多，二手车流通企业要根据自己树立的市场观念和市场微观、宏观环境，确立自己的销售定价目标。企业定价目标主要有两大类即获取利润目标和占领市场目标。

（1）获取利润目标。

利润是考核和分析二手车流通企业营销工作好坏的一项综合性指标，是二手车流通企业最主要的资金来源。以利润为定价目标有 3 种具体形式是：预期收益、最大利润和合理利润。

1）获取预期收益目标。

预期收益目标是指二手车流通企业以预期利润（包括预交税金）为定价基点，并以利润加上商品的完全成本构成价格出售商品，从而获取预期收益的一种定价目标。预期收益目标有长期和短期之分，大多数企业都采用长期目标。预期收益高低的确定，应当考虑商品的质量与功能、同期的银行利率、消费者对价格的反应以及企业在同类企业中的地位和在市场竞争中的实力等因素。预期收益定得过高，企业会处于市场竞争的不利地位，定得过低，又会影响企业投资的回收。一般情况下，预期收益适中，可能获得长期稳定的收益。

2）获取最大利润目标。

最大利润目标是指二手车流通企业在一定时期内综合考虑各种因素后，以总收入减去总成本的最大差额为基点，确定单位商品的价格，以取得最大利润的一种定价目标。最大利润是企业在一定时期内可能并准备实现的最大利润总额，而不是单位商品的最高价格，最高价格不一定能获取最大利润。当企业的产品在市场上处于绝对有利地位时，往往采取这种定价目标，它能够使企业在短期内获得高额利润。最大利润一般应以长期的总利润为目标，在个别时期，甚至允许以低于成本的价格出售，以便招徕顾客。

3）获取合理利润目标。

合理利润目标是指二手车流通企业在补偿正常情况下的社会平均成本基础上，适当地加上一定量的利润作为商品价格，以获取正常情况下合理利润的一种定价目标。企业在自身力量不足，不能实行最大利润目标或预期收益目标时，往往采取这一定价目标。这种定价目标以稳定市场价格、避免不必要的竞争、获取长期利润为前提，因而商品价格适中，顾客乐于接受，政府积极鼓励。

（2）占领市场目标。

以市场占有率为定价目标是一种志存高远的选择方式。市场占有率是指一定时期内某二手车流通企业的销售量占当地细分市场销售总量的份额。市场占有率高意味着企业的竞争能力较强，说明企业对消费信息把握得较准确、充分。资料表明，企业利润与市场占有率相关，提高市场占有率是增加企业利润的有效途径。

由于企业所处的市场营销环境不同，自身条件与营销目标不同，企业定价目标也大相径庭。因此，二手车流通企业应在综合考虑市场环境、自身实力及经营目标的基础上，将利润目标和占领市场目标结合起来，兼顾企业的眼前利益与长远利益，来确定适当的定价目标。

3. 定价方法

定价方法是二手车流通企业为了在目标市场实现定价目标，给产品制定基本价格和浮动范围的技术思路。由于成本、需求和竞争是影响企业定价的最基本因素，产品成本决定了价格的最低限，产品本身的特点决定了需求状况，从而确定了价格的最高限，竞争者产品与价格又为定价提供了参考的基点，因此形成了以成本、需求、竞争为导向的三大基本定价思路。

（1）成本导向定价法。

1）成本加成定价法。

成本加成定价法也称为加额定价法、标高定价法或成本基数法，是一种应用的比较普遍的定价方法。它首先确定单位产品总成本（包括单位变动成本和平均分摊的固定成本），然后在单位产品总成本基础上加上一定比例的利润从而形成产品的单位销售价格。该方法的计算公式是：

单位产品价格＝单位产品总成本×（1＋成本加成率）

由此可以看到，成本加成定价法的关键是成本加成率的确定。一般地说，加成率应与单位产品成本成反比，和资金周转率成反比，与需求价格弹性成反比，需求价格弹性不变时加成率也应保持相对稳定。

2）目标收益定价法。

目标收益定价法又称投资收益率定价法，是根据企业的投资总额、预期销量和投资回收期等因素来确定价格。在产品供不应求的条件下，或产品需求的价格弹性很小的细分市场中，目标收益法具有一定的应用价值。

3）边际成本定价法。

边际成本是指每增加或减少单位产品所引起的总成本的增加或减少。采用边际成本定价法时以单位产品的边际成本作为定价依据和可接受价格的最低界限。在价格高于边际成本的情况下，企业出售产品的收入除完全补偿变动成本外，尚可用来补偿一部分固定成本，甚至可能提供利润。在竞争激烈的市场条件下具有极大的定价灵活性，对于有效地应对竞争、开拓新市场、调节需求的季节差异、形成最优产品组合可以发挥巨大的作用。

（2）需求导向定价法。

需求导向定价是以消费者的认知价值、需求强度及对价格的承受能力为依据，以市场占有率、品牌形象和最终利润为目标，真正按照有效需求来策划价格。需求导向定价法又称顾客导向定价法，是二手车流通企业根据市场需求状况和消费者的不同反应分别确定产品价格的一种定价方式。其特点是：平均成本相同的同一产品价格随需求变化而变化，一般是以该产品的历史价格为基础，根据市场需求变化情况，在一定的幅度内变动价格，以致同一商品可以按两种或两种以上价格销售。这种差价可以因顾客的购买能力、对产品的需求情况、产品的型号和式样以及时间、地点等因素而采用不同的形式。

（3）竞争导向定价法。

竞争导向定价是以企业所处的行业地位和竞争定位而制定价格的一种方法，是二手车流通企业根据市场竞争状况确定商品价格的一种定价方式。其特点是价格与成本和需求不发生直接关系。它主要以竞争对手的价格为基础，并与竞争品价格保持一定的比例。即竞争品价格未变，即使产品成本或市场需求变动了，也应维持原价；竞争品价格变动，即使产品成本和市场需求未变，也要相应调整价格。

上述定价方法中，企业要考虑产品成本、市场需求和竞争形势，研究价格怎样适应这些因素，但在实际定价中，企业往往只能侧重于考虑某一类因素，选择某种定价方法，并通过一定的定价政策对计算结果进行修订，而成本加成定价法深受企业界欢迎，主要是由于：

(1) 定价工作简化。

由于成本的不确定性一般比需求的不确定性小得多，定价着眼于成本可以使定价工作大大简化，不必随时依需求情况的变化而频繁地调整，因而大大地简化了企业的定价工作。

(2) 可降低价格竞争程度。

只要同行业企业都采用这种定价方法，那么在成本与加成率相似的情况下价格也大至相同，这样可以使价格竞争减至最低限度。

(3) 对买卖双方都较为公平。

卖方不利用买方需求量增大的优势趁机哄抬物价因而有利于买方，固定的加成率也可以使卖方获得相当稳定的投资收益。因此，我们推荐成本加成法来对二手车销售进行定价。

4. 定价策略

在二手车的市场营销中，尽管非价格竞争作用在增长，但价格仍然是影响销售的重要因素，是营销组合中的关键因素。定价是否恰当，不仅直接关系到二手车的销量和企业的利润，而且还关系到企业其他营销策略的制定。营销中定价策略的意义在于有利于挖掘新的市场机会，实现企业的整体目标。在市场经济条件下，价格决策已成为企业经营者面临的具有现实意义的重大决策课题。

二手车销售定价策略是指二手车流通企业根据市场中不同的变化因素对二手车价格的影响程度采用不同的定价方法，制定出适合市场变化的二手车销售价格，进而实现定价目标的企业营销战术。

(1) 阶段定价策略。

阶段定价策略就是根据产品寿命周期各阶段不同的市场特征而采用不同的定价目标和对策。投入期以打开市场为主，成长期以获取目标利润为主，成熟期以保持市场份额、利润总量最大为主，衰退期以回笼资金为主。另外还要兼顾不同时期的市场行情，相应修改销售价格。

(2) 心理定价策略。

不同的消费者有不同的消费心理，有的注重经济实惠、物美价廉，有的注重名牌产品，有的注重产品的文化情感含量，有的追赶消费潮流。心理定价策略就是在补偿成本的基础上，按不同的需求心理确定价格水平和变价幅度。如尾数定价策略就是企业针对消费者的求廉心理，在二手车定价时有意定一个与整数有一定差额的价格。这是一种具有强烈刺激作用的心理定价策略。价格尾数的微小差别，能够明显影响消费者的购买行为，会给消费者一种经过精确计算的、最低价格的心理感觉，如某品牌的二手车标价 69 998 元，给人以便宜的感觉，认为只要不到 7 万元就能买一台质地不错的品牌二手车。

（3）折扣定价策略。

二手车流通企业在市场营销活动中，一般按照确定的目录价格或标价出售商品。但随着企业内外部环境的变化，为了促进销售者、顾客更多地销售和购买本企业的产品，往往根据交易数量、付款方式等条件的不同，在价格上给销售者和顾客一定的减让，这种生产者给销售者或消费者的一定程度的价格减让就是折扣。灵活运用价格折扣策略，可以鼓励需求、刺激购买，有利于企业搞活经营，提高经济效益。

5. 销售价格确定

二手车流通企业通过以上程序制定的价格只是基本价格，只确定了价格的范围和变化的途径。为了实现定价目标，二手车流通企业还需要考虑国家的价格政策、用户的要求、产品的性价比、品牌价值及服务水平，应用各种灵活的定价战术对基本价格进行调整，同时将价格策略和其他营销策略结合起来，如针对不同消费心理的心理定价和让利促销的各种折扣定价等，以确定具体的最终价格。

6. 销售案例

某二手车的基本情况如下：

（1）品牌型号（一汽大众捷达 CIF）；号牌号码（辽 A55H3-）；发动机号码（EK564-）；车辆识别代号/车架号（LHK3542589515412-）。

（2）注册登记日期（2005 年 12 月 20 日）；年审检验合格至 2010 年 4 月；车辆购置税完税证明（有）。

（3）某 4S 店于 2010 年 4 月收购，收购价格为 4.40 万元。

该车欲于 2010 年 7 月前销售，其销售价格确定方法如下：

（1）固定成本费用摊销售率的确定。

按该 4S 店的固定成本构成情况分析，分摊在二手车销售这一块的固定成本摊销售率为 1%。

（2）变动成本的确定。

1）该车实体价格即为收购价格，4.40 万元。

2）收购车辆时的运输费用合计为 100 元。

3）从收购日起到预计的销售日，分摊在该车上的日常维护费用约为 400 元。

4）该车收购后，维修翻新费用合计 1 200 元。

5）检车及保险 2 000 元。

6）车辆存放期间，银行的活期存款年利率为 0.36%。

该二手车的变动成本＝（收购价格＋运输费用＋维护费用＋维修翻新费用＋检车及保险费用）×（1＋利率）

$$=(44\ 000+100+400+1\ 200+2\ 000)\times\left(1+\frac{7-4}{12}\times 0.36\%\right)$$

$$=47\ 700\times 1.000\ 9$$

$$=47\ 742（元）$$

该二手车的总成本费用＝收购价格×固定成本费用摊销率＋变动成本

$$=44\ 000\times 1\%+47\ 742=48\ 282（元）$$

(3) 确定销售价格。

按成本加成定价法，本车型属于大众车型，市场保有量较大，且销售情况平稳。根据销售时日的市场行情，一般成本加成率在6%左右。因而该车的销售价格为：

二手车销售价格=该车总成本×（1+成本加成率）

=48 282×（1+6%）=51 178（元）

(4) 确定最终价格。

1) 该4S店目前处于比较稳定的经营时期，二手车经销状况也比较稳定，故应取获取合理利润为目标，所以成本加成率不做调整，即仍取6%。

2) 该车不准备采用折扣定价策略，而上述计算结果中有精确的尾数，即采用尾数定价策略，也不再做调整。

故该二手车的最终销售价格确定为51 178元。

四、注意事项及风险防范

1. 注意事项

二手车置换过程中，不论是车主还是经销商，为了不给今后车辆使用带来不必要的麻烦，都不能忽视每一个工作细节，具体注意的事项如下：

(1) 置换条件：各种车务必手续齐全，非盗抢、走私车辆。在国家允许的汽车报废年限之内，且尾气排放符合要求。无机动车产权纠纷，分期付款的车辆要付清全部车款，拿回所有的车辆手续。

(2) 了解旧车价格：在置换前不妨通过各种渠道多参考一些评估价格和同档次二手车目前的市场报价，避免在置换的时候被蒙。

(3) 了解新车动态：给自己的车辆定价时也要考虑到该品牌新车目前的市场状况。不能只按照当时购车价格减去折旧的价格计算置换时的估价。

(4) 比较新旧车价格：在了解自己车辆的实际收购价格后，就可以参照旧车收购价格来考虑新车理想的优惠幅度了。

(5) 注意手续过户：二手车的过户手续至关重要。在正式成交后的过户阶段，车主可要求经销商提供过户后的交易票复印件、登记证书复印件和保险过户的复印件。或者在买卖交易的时候签定协议书，以免在今后的使用中出现不必要的麻烦。

(6) 新车牌照：新车仍使用原二手车牌照的，经销商代办退牌手续和新车上牌手续；新车上新牌照的，经销商可代办手续。

(7) 新车需交钱款：新车需交钱款=新车价格-旧车评估价格。

(8) 贷款置换：如果旧车贷款尚未还清，可由经销商垫付还清贷款，款项计入新车需交钱款。

(9) 售后服务：商家应提供可选择的替换车、救援、异地租车等多项个性化增值服务。

(10) 针对改装车型：车辆进行过改装，如不少车主改装了轮毂，加装了大包围、氙灯等，需要提供原装已被换下的配件，如果不能提供，那需要在评估价上相应减少改装费用。一些4S店回收的车辆需要还原最初的销售状态，改装车辆非但不能提高自己的评估价，反而还要扣除相应的费用用以改回最初状态。

2. 二手车收购中的风险

在二手车收购的过程中，环境的变化有可能产生机会，也可能带来风险。风险是指客观环境的变化带来损失，从而难以实现某种目的的可能性。二手车收购中的风险是指由于二手车收购环境的变化，给二手车的销售带来的各种损失。收购环境的变化是绝对的、客观的，并经常发生，因而在二手车收购过程当中，既充满了机会，同时又会有许多风险。因此，只有掌握战胜风险的策略和技巧，才能把风险变为机会，实现成功的转化。一般原则如下：

（1）要提高识别二手车收购风险的能力。

方法是：要随时收集、分析并研究市场环境因素变化的资料和信息，判断收购风险发生的可能性，积累经验，培养并增强对二手车收购风险的敏感性，及时发现或预测收购风险。

（2）要提高风险的防范能力，尽可能规避风险。

方法是：可通过预测风险，从而尽早采取防范措施来规避风险。在二手车收购工作中，要尽可能谨慎，最大限度地杜绝二手车收购风险发生的隐患。

（3）在无法避免的情况下，要提高处理二手车收购风险的能力，尽可能最大限度地降低损失，并防止引发其他负面效应和有可能派生出来的不利影响。

3. 风险防范措施

如何防范二手车收购中的风险，可从以下几个方面考虑：

（1）新车型的影响。

由于新车型中应用了大量新技术，这样会加快老车型贬值甚至被淘汰。如转向助力、安全气囊、ABS＋EBD、电子防盗、CD 音响都已成了标准装备。以一汽捷达为例，早期的捷达与现在的捷达在外观和装备上已有很大区别了。因此，二手车市场在收购旧车时应以最新款车的技术装备和价格来做参照，否则会给二手车收购带来一定的风险。

（2）车市频繁降价的影响。

在新车市场频繁降价、优惠促销的环境下，二手车收购公司面临着很大的风险。如果二手车收购时，以某一款车目前新车市场的开票价格来计算，而不考虑某一款车最近有降价的可能，二手车公司可能要面临新车降价的风险；如果开价比正常的收购价还要低一些，那么即使某一款车刚降完价，收购价也会稳定一段时期。为了减少车辆频繁降价的风险，可以通过二手车代卖的方式，一方面可从中收取一定的交易费，另一方面可以降低风险。

（3）折旧加快的影响。

从实际行情看，使用期限在 3 年以内的车辆折旧最高，使用 3 年的车辆往往要折旧 40%～50%，其后的几年进入了一个相对稳定的低折旧期，接近 10 年折旧又开始加快。所以，收购 3 年以内的车时，收购定价要考虑车辆的大幅折旧因素的影响。

（4）排放标准提高的影响。

尾气排放标准提高也加速了在用车辆的折旧和淘汰。越来越严格的排放标准将使老旧车型加速淘汰。因此，在确定二手车收购价格时应考虑车辆排放标准提高的影响。

（5）车况优劣的影响。

有的车虽然只开了两三年，但是机件的磨损已很严重了，操作起来感觉不好。而有的车已是五六年了，发动机的状况依然良好，各机件操作顺畅。因此车辆的技术状况不同，自然会影响到二手车的收购价格。

（6）品牌知名度的影响。

知名品牌的汽车因其市场保有量大、质量可靠而深受消费者的青睐，而且新车市场售价较为稳定，口碑好，所以在二手车市场认同率较高，贬值的程度自然要低于其他品牌。因此，在二手车收购定价时，应考虑车辆品牌。

（7）库存的影响。

如果二手车销售顺畅，求大于供，则二手车收购价格会提高。反之，二手车销售低迷时，流通不畅，供大于求，这个时期应压低收购价格，规避由于库存积压所带来的风险。

（8）二手车收购合法性的影响。

收购二手车时，要防止收购偷盗车，伪劣拼装车，以及伪造手续凭证、伪造车辆档案的车辆。一旦有所失误，不仅造成直接经济损失，更重要的是造成不良的社会影响。

（9）宏观环境的影响。

要密切关注国家有关二手车的政策与法规的变化，能够根据已有的和即将颁布的国家有关二手车的政策与法规，来预测二手车价格的可能变动趋势，及时调整二手车的收购价格，使收购二手车的风险降到最低。

【单元小结】

1. 介绍了二手车置换的定义及岗位要求；二手车置换模式及质量认证要求等。

2. 二手车置换的流程是：首先二手车客户提出置换要求，然后由技术人员对二手车进行检测/鉴定、确定二手车价格、签定置换合同、补交置换差价，客户挑选新车并注册，完成车辆置换。

3. 介绍了二手收购价的确定方法、销售价的确定方法。

【思考与练习】

一、判断题

1.（　　）从狭义上来说，用手头的二手车来置换新车，就是将卖旧车和买新车两个过程合并成了一个过程。

2.（　　）如果车辆进行过改装，在评估价上应有很大提高，因为改装花费大量资金。

3.（　　）对不同品牌的二手车，由于其品牌知名度和售后服务的质量不同，也会影响到收购价格的制定。

4.（　　）国家有关二手车的政策与法规对二手车价格没有影响。

5.（　　）收购偷盗车、伪劣拼装车，伪造手续凭证、伪造车辆档案的车辆是违法的。

二、选择题

1. 目前常见二手车置换方式有多种，但下面（　　）不包含在内。
   A. 同品牌内的旧车换新车　　B. 多品牌置换某一品牌新车的业务
   C. 不同品牌二手车之间以旧换旧　　D. 同品牌内的旧车换新车
2. 下面（　　）不是二手车销售定价方法。
   A. 成本导向定价法　　B. 需求导向定价法
   C. 竞争导向定价法　　D. 人为导向定价法
3. 二手车销售定价的目标是（　　）。
   A. 获取利润　　B. 扩大店面
   C. 竞争　　D. 人为目标
4. 下面（　　）不属于二手车销售定价的影响因素。
   A. 成本因素　　B. 销售人员的素质
   C. 竞争状况　　D. 国家政策法令
5. 下面检查项目属于二手车外观检查内容的是（　　）。
   A. 配置情况　　B. 加速性能
   C. 漆面情况　　D. 制动性能

三、简答题

1. 二手车置换从业人员应具有哪些素质？
2. 汽车置换模式有哪几种？
3. 简述国内汽车置换基本流程。
4. 二手车的收购价是如何确定的？
5. 二手车的销售价是如何确定的？

【综合实训】

实训项目：二手车鉴定与评估。

实训目标：掌握二手车检查方法。

实训组织：学生按照4S店二手车检查项目完成整个检查流程，记录检查结果；重点考察学生的实际操作能力、项目完成情况、结果记录完整性等。

实训提示：参考4S店二手车检查项目，进行相应项目的检查。

实训成果：按照4S店二手车检查项目完成整个检查流程，根据记录结果，评估该车技术状况、成新率，给出评估价格。完成检查报告。

二手车检查报告

BMW Premium Selection 尊选二手车质量标准 **BMW 车辆**
车型：
车牌号码：
车架号：
检测日期：
里程表显示：（≤100 000 公里）
首次登记日期：（年限≤5 年）
填表说明：
(1) 按照“初检/复检”可以做两次检测并相应进行记录：初检即在收车时所做的第一次检测；复检指车辆在进行维修整备后对初检不合格的项目再做的检测，同时也要保证车辆虽然经过库存以及客户试车，但在出售给客户交车时仍然能够达到 100 项检测标准。
(2) 检测记录分为几种情况： “是”：画“√”表示符合检测项目的描述，即达到标准或者进行了检测； “否”：画“×”表示不符合检测项目的描述，即未达到标准； “不适用”：即该检测项目对所检测车辆不适用，如第 82 项“SMG 工作正常”，对于一辆不带 SMG 的车辆即可画“0”表示“不适用”。 “未检查”：凡是在方格内未做标记的即表示“未检查”，原则上不应出现未检查项目。
(3) 按检测项目分工由执行人员分别签字确认： 初检：机电部分—机修人员；钣金部分—钣金人员；最终检查—技术专员； 复检：由技术专员完成； 美容：美容工作将在复检后进行，由二手车经理指定人员验收签字； 二手车经理将在检测单最后签字，以确认前面所有的两次检测及美容工作。
(4) 在外观标准细则部分，对车辆按照车龄、里程进行了分类，对于车龄较长的“半旧车”、“旧车”，允许车辆外观存在细微缺陷。

二手车收购合同

甲方：辽宁×××汽车服务有限公司

地址：沈阳××××××　　电话：××××××

乙方：

地址：

本协议所涉及车辆：

厂牌：　　型号：　　颜色：

出厂时间：　　首次上牌时间：　　公里数：

发动机号：　　车架号：　　车牌号：

养路费截止时间：　　保险费起止日期：

甲、乙双方经协商，就甲方向乙方收购________________汽车达成如下协议。

第一条：

乙方同意以人民币总金额：________________元整向甲方转让本协议所涉及的车辆所有权及其所有附件和一切相关权益。乙方必须保证车辆所有权明晰、绝对、合法。包括但不限于：非盗抢车、不得隐瞒车辆发生的重大事故、不得隐瞒为第三方提供的担保等。

第二条：

双方签署协议后，应立即向甲方移交本协议所涉及的车辆、所有的附件、钥匙及车辆行驶文件，包括但不限于：机动车登记证、车辆行驶证、购置附加税证明、养路费证明及保险费证明等。

第三条：

在乙方收到上述车款后，乙方应将本协议所涉及之车辆完整的产权和使用权立即归属甲方，乙方放弃本协议所涉及之车辆的产权和使用权，及车辆移交后因任何原因产生的利益。甲方有权决定车辆的使用、维修整备和再转让等。

第四条：

在车辆移交时，乙方有义务向甲方说明本协议所涉及车辆的真实情况和记录，包括但不限于：车辆的实际里程数，曾发生的交通事故，积欠的交通违章罚款、养路费、车辆年检注册费和罚金，以及该车辆在移交手续完成前所存在的一切债务和担保负有不可推卸的完全责任。

第五条：

乙方委托甲方办理本协议所涉及之车辆的过户、转移和转让手续，并同意甲方提供办理车辆有关手续所需的一切文件，包括但不限于：企业法人代码证及 IC 卡、企业营业执照、身份证、户口本、机动车登记证、车辆行驶证、养路费证、保险证明等。

第六条：

甲方在收到乙方齐备的车辆证明文件和完整的车辆后，乙方不再承担该车辆移交以后而产生的交通事故、纠纷及车辆损坏责任。

第七条：

乙方在本协议中所提到的车辆信息文件均为属实。乙方同意若因虚假信息和文件而产生的一切后果负全责，包括立即退还协议中所列款项，并赔偿甲方由此而产生的损失及承担有关的法律诉讼费。

第八条：

双方同意本协议若有纠纷则受协议签定地人民法院管辖。

甲方：　　　　　　　　　　　　　　　乙方：

代表签字及盖章：　　　　　　　　　　代表签字及盖章：

日期：　　　　　　　　　　　　　　　日期：

车辆置换合同

甲方：辽宁×××汽车服务有限公司

地址：沈阳××××××　　　　　电话：××××××

乙方：

地址：

本协议所涉及旧车信息：

厂牌：　　　　　　　　型号：　　　　　　　　　　　　颜色：

置换价格：　　　　　　首次上牌时间：　　　　　　　　公里数：

发动机号：　　　　　　车架号：　　　　　　　　　　　车牌号：

本协议所涉及新车信息：

厂牌：　　　　　　　　型号：　　　　　　　　　　　　颜色：

置换价格：　　　　　　首次上牌时间：　　　　　　　　提车日期：

发动机号：　　　　　　车架号：

甲、乙双方经协商，就乙方____________向甲方置换______汽车达成如下协议。

第一条：

乙方同意以人民币总金额：________________元整向甲方转让本协议所涉及的车辆所有权及其所有附件和一切相关权益。乙方必须保证车辆所有权明晰、绝对、合法。包括但不限于：非盗抢车、不得隐瞒车辆发生的重大事故、不得隐瞒为第三方提供的担保等。

第二条：

双方签署协议后，应立即向甲方移交本协议所涉及的车辆、所有的附件、钥匙及车辆行驶文件，包括但不限于：机动车登记证、车辆行驶证、购置附加税证明、养路费证明及保险费证明等。

第三条：

在乙方收到上述车款后，乙方应将本协议所涉及之车辆完整的产权和使用权立即归属甲方，乙方放弃本协议所涉及之车辆的产权和使用权，及车辆移交后因任何原因产生的利益。甲方有权决定车辆的使用、维修整备和再转让等。

第四条：

在车辆移交时，乙方有义务向甲方说明本协议所涉及车辆的真实情况和记录，包括但不限于：车辆的实际里程数，曾发生的交通事故，积欠的交通违章罚款、养路费、车辆年检注册费和罚金，以及该车辆在移交手续完成前所存在的一切债务和担保负有不可推卸的完全责任。

第五条：

乙方委托甲方办理本协议所涉及之车辆的过户、转移和转让手续，并同意甲方提供办理车辆有关手续所需的一切文件，包括但不限于：企业法人代码证及 IC 卡、企业营业执照、身份证、户口本、机动车登记证、车辆行驶证、养路费证、保险证明等。

第六条：

甲方在收到乙方齐备的车辆证明文件和完整的车辆后，乙方不再承担该车辆移交以后而产生的交通事故、纠纷及车辆损坏责任。

第七条：

乙方在本协议中所提到的车辆信息文件均为属实。乙方同意若因虚假信息和文件而产生的一切后果负全责，包括立即退还协议中所列款项，并赔偿甲方由此而产生的损失及承担有关的法律诉讼费。

第八条：

双方同意本协议若有纠纷则受协议签定地人民法院管辖。

甲方：辽宁×××汽车服务有限公司　　　　乙方：

代表签字及盖章：　　　　代表签字及盖章：

日期：　　　　日期：

附录Ⅲ

二手车买卖合同

车辆买受方名称（姓名）：　　　　　　　　组织机构代码证号（身份证号）：

地址：　　　　　　电话：

车辆销售方名称：辽宁×××汽车服务有限公司

地址：沈阳××××××　　　电话：××××××

根据我国《合同法》的规定，本协议双方经平等协商，自愿签定本项二手车辆买卖协议，相关权利具体约定如下：

第一条：本协议项下二手车辆现状概述

厂牌：　　　　　　型号：　　　　　　车号：　　　　　　颜色：

出厂时间：　　　　首次上牌时间：　　　　　表显里程：

发动机号：　　　　车架号：

截止时期：

第二条：车辆交易价款

双方商定本协议项下车辆交易价格为人民币大写：　　万　　仟　　佰　　拾　　元整（小写：　　元）。该交易价格包括本协议项下车辆的所有权及其附属利益。

第三条：购车款交付方式及时间

【　】1. 一次性付款：车辆买受方于本协议签订同时，一次性向车辆销售方支付本协议第二条约定的车辆交易价款。

【　】2. 分期付款：车辆买受方于本协议签订同时，向车辆销售方支付购车款　　元整，剩余车款　　　元整车辆买受方于　　年　　月　　　日向车辆销售方交付。

第四条：车辆验收

鉴于本协议项下车辆为二手车辆，故此，车辆销售方在此特别提醒车辆买受方在交款提车前应对车辆进行审慎、认真的查验。车辆销售方同意车辆买受方按车辆销售方指定的路线，在预交一定数额保证金后对车辆进行试驾。根据以上查验及试驾，双方对车辆如下方面无质量异议：

【　】车漆　【　】轮胎　【　】表显示里程等数据　【　】车辆配件及使用手册

【　】车辆电器设备　【　】发动机　【　】车辆底盘及大架

特别提醒：本协议项下车辆非商品车辆，车辆销售方不提供所售车辆保修服务，也不保车辆未发生事故，本协议车辆为交付时处于试驾状态。

第五条：车辆交付及风险转移

本协议项下车辆经车辆买受方查验及试驾完成确认无异支付全部车款后，车辆销售方将车辆现场交付车辆买受方。随车交付证件：机动车登记证、车辆行驶证、购置附加税凭证等。车辆自交付起所有权及风险移至车辆买受方。

第六条：车辆权属变更登记及未办理登记交通事故责任承担（如有）

车辆交付后，车辆销售方协助买受方办理车辆权属变更登记，变更费用由买受方承担。

特别提醒：车辆买受方自车辆交付起，独自承担今后可能发生的交通事故责任，而不能以车辆尚未办理过户登记（如有）为由要求前车辆登记车主承担事故责任。

第七条：协议生效

本协议自双方盖章、签字确认后生效，本协议一式两份，均具同等法律效力。

第八条：争议解决

双方如有争议，协商解决。协商不成，向协议签定地人民法院依法诉讼。

车辆买受方：　　　　　　　　　　车辆销售方：

代表签字或盖章：　　　　　　　　代表签字或盖章：

日期：　　　　　　　　　　　　　日期：

协议签订地：沈阳市铁西区×××路××号

附录Ⅳ

二手车质量标准

BPS 技术规范（机电部分）		
初检/复检 ☑是 ☒否 ⓪不适用 □ 未检查		
维修保养历史		
1	□□	保养历史记录完整
2	□□	（维修记录查询）车辆无事故
	□□	（维修记录查询）车辆事故已做记录，并严格按照宝马工作规范对事故损坏进行修复（记录在收据中）
3	□□	执行了技术召回
4	□□	（恢复保养周期指示灯）剩余公里数不少于保养周期的 50%
5	□□	燃油滤清器工作正常
6	□□	对保养记录进行登记
车身及电子装置		
7	□□	中控锁及遥控钥匙工作正常（确保整套钥匙齐全，丢失的钥匙必须进行失效处理）
8	□□	风挡雨刷器工作正常
9	□□	车内灯光工作正常
10	□□	仪表板灯光显示正常
11	□□	电动坐椅调整装置工作正常
12	□□	电动车窗升降器工作正常
13	□□	电动滑动天窗工作正常
14	□□	喇叭工作正常
15	□□	外部灯光系统工作正常
16	□□	PDC 警报系统工作正常
17	□□	空调系统工作正常且无异味
18	□□	停车加热功能工作正常且无异味
19	□□	收音机工作正常
20	□□	多功能转向盘工作正常
21	□□	车载电脑工作正常
22	□□	导航系统工作正常
23	□□	确保安全气囊（激活系统）工作正常
24	□□	安全带张紧器工作正常
25	□□	急救箱已放在车里
26	□□	三角警示牌已放在车里
27	□□	DIS 检测

续前表

发动机液位		
28	□□	已检查转向助力液压油油位并达到指定标准
29	□□	已检查制动液液位及使用年限（确保下次年度保养周期在一年之后）
30	□□	已检查玻璃水，包括防冻液及宝马专用清洁剂（如有必要）
31	□□	已检查电瓶工作状态
发动机及传动装置		
32	□□	发动机运行状况及声音正常
33	□□	发动机防尘胶套渗漏（没有液滴形成物，允许少量凝结物）
34	□□	风扇皮带和张紧轮工作正常，如必要根据具体周期进行更换
35	□□	冷却系统工作正常（包括水管的密封性及紧固程度，并按照具体周期更换冷却液）
底盘		
36	□□	离合器工作正常，确保没有任何损坏
37	□□	排气系统工作正常
38	□□	后桥防尘胶套无渗漏（没有液滴形成物，允许少量凝结物）
39	□□	驱动装置无渗漏（没有液滴形成物，允许少量凝结物）
40	□□	转向机无渗漏
41	□□	传动轴无渗漏
42	□□	油箱和油管无渗漏
43	□□	转向机和转向轴承偏差在容许范围内
44	□□	减振器偏差在容许范围内（建议做四轮定位检查）
45	□□	减振系统工作正常
轮/轮胎		
46	□□	轮胎（包括备胎）不超过5年
	□□	轮胎制造商及尺寸符合车辆要求
47	□□	轮胎（含备胎）胎面深度最少4毫米

轮胎	左前	右前	左后	右后	备胎	单位
胎纹深度（最少4mm）						mm

48	□□	轮胎气压正常（并按照标准设定）
	□□	轮胎防爆系统性能正常（根据具体车型检查）
49	□□	检查轮毂及轮饰处于与车龄相适应的良好状态（参照外观标准检测细则） 确保轮饰合金轮胎最小损伤（斑点及划痕）不会影响行驶安全
50	□□	刹车系统工作正常，并进行实际测试
51	□□	制动摩擦片工作正常（最少40%剩余厚度）
52	□□	制动盘工作正常（最少40%剩余厚度）
53	□□	制动鼓及制动装置工作正常（包括清洁程度及是否存有40%刹车片厚度）

刹车系统	左前	右前	左后	右后	单位
内侧刹车片厚度					mm
外侧刹车片厚度					
刹车盘厚度					

初检	复检
时间/检测人员签名	时间/技术专员签名

BPS 外观标准（钣金部分）
车身，外部
54 □□ 车窗玻璃及大灯状态良好（不影响安全行驶），达到一定车龄时，允许前风挡出现细微斑点，但不能有划痕和裂缝
55 □□ 车身及滚面处于与车龄相适应的良好状态（参照外观标准检测细则），无树脂、工业粉尘及焦油痕迹
56 □□ 无粘贴物
57 □□ 漆面光洁，密闭
58 □□ 镶铬保养良好
59 □□ 车门及边缘保护条状态良好且密封坚固
60 □□ 塑料部件处于与车龄相适应的良好状态
61 □□ 检查前后保险杠缓冲功能
62 □□ 加装部件及其他改装项目等符合当地法律规定及具备相关许可证书
内部状况
63 □□ 车内外观总体处于良好状态
64 □□ 皮革和/或纺织品内饰处于与车龄相适应的良好状态
65 □□ 车内设备整体外观处于与车龄相适应的良好状态
66 □□ 地毯、脚垫、后备箱无损坏；处于与车龄相适应的良好状态
67 □□ 门锁、后备箱锁、前机盖锁和油箱锁工作正常
68 □□ 安全带工作正常
初检 时间/检测人员签名   复检 时间/技术专员签名
最终检查
69 □□ 用户手册及随车说明书已放在车里
70 □□ 检查救援服务电话及事故标识牌已放在车里
71 □□ 随车工具、千斤顶及其他硬件（天线、塑胶部件等）齐全
72 □□ 重新设定车辆及钥匙记忆
73 □□ CO%HC. 达标
74 □□ 尾气排放达标
路试
75 □□ 路试已完成
76 □□ 仪表工作正常（速度表、转速表、温度表、油表、钟表等）
77 □□ 无风速噪声及车抖现象
78 □□ 无明显的车抖现象
79 □□ 四轮动态平衡检查
80 □□ 发动机工作正常
81 □□ CCC、车载电话以及免提系统工作正常
82 □□ 自动及手动变速箱工作正常
□□ SMG 工作正常
83 □□ 助力转向稳定性及减振功能工作正常
84 □□ 风挡雨刷喷嘴及后部喷嘴（如果适用）工作正常
初检 时间/技术专员签名   复检 时间/技术专员签名

续前表

美容		
85	□	车身整洁
86	□	车身底部整洁、包括轮罩周边区域
87	□	轮毂整洁
88	□	车窗玻璃整洁
89	□	反光镜整洁
90	□	车内外观总体上整洁
91	□	完成内饰清洗
92	□	车门合页整洁
93	□	驾驶座舱整洁
94	□	车顶内衬整洁
95	□	车内无异味
96	□	车门饰板整洁
97	□	车门内衬整洁
98	□	车内窗玻璃整洁
99	□	脚踏板胶垫整洁（必要时更换）
100	□	发动机室整洁

验收
时间/验收人员签名

最终确认
时间/二手车经理签名

参考答案

单元 1

判断题：××√×√

选择题：A C D C A

单元 2

判断题：√√×√×

选择题：D D C A B

单元 3

判断题：×√×√×

选择题：D A B C D

单元 4

判断题：√√×√×

选择题：B A A C A

单元 5

判断题：√×√√×√××√√

选择题：D D A C B C B A D C

单元 6

判断题：√×√×√

选择题：D D A B C

参考文献

[1] 黄本新．汽车营销实务［M］．北京：北京交通大学出版社，2010.

[2] 贾逵钧，莫远．如何做好汽车维修业务接待［M］．北京：机械工业出版社，2010.

[3] 刘雅杰．汽车营销［M］．北京：中国人民大学出版社，2009.

[4] 李刚．汽车及配件营销实训［M］．北京：北京理工大学出版社，2009.

[5] 明光星．汽车车损与定损［M］．北京：中国人民大学出版社，2009.

[6] 苏耀能．汽车及配件营销实务［M］．北京：北京理工大学出版社，2009.

[7] 陈永革．汽车市场营销［M］．北京：高等教育出版社，2008.

[8] 朱军，屈光洪．汽车商务与服务管理实务［M］．北京：机械工业出版社，2008.

[9] 金加龙．机动车辆保险与理赔实务［M］．西安：西安电子科技大学出版社，2008.

[10] 魏玉芝．市场营销［M］．北京：清华大学出版社，2008.

[11] 贾逵钧．汽车碰撞估损与修复［M］．北京：机械工业出版社，2007.

[12] 宋润生．汽车营销基础与实务［M］．广州：华南理工大学出版社，2007.

[13] 夏志华．汽车服务企业管理［M］．北京：中国劳动社会保障出版社，2007.

[14] 王永盛．车险理赔查勘与定损［M］．北京：机械工业出版社，2006.

[15] 韩建保．旧车鉴定及评估［M］．北京：高等教育出版社，2006.

[16] 程玉光．汽车车损与定损［M］．北京：人民交通出版社，2005.

[17] 丁卓．汽车售后服务管理［M］．北京：机械工业出版社，2005.

[18] 栾琪文．现代汽车维修企业管理实务［M］．北京：机械工业出版社，2005.

[19] 王伟．机动车辆保险与理赔实务［M］．北京：人民交通地图出版社，2004.

图书在版编目（CIP）数据

汽车销售与售后服务实务/明光星，汪海红主编. —北京：中国人民大学出版社，2012.7
21世纪高职高专规划教材·汽车运用与维修系列
ISBN 978-7-300-16000-9

Ⅰ.①汽… Ⅱ.①明… ②汪… Ⅲ.①汽车-销售管理-高等职业教育-教材 ②汽车-销售管理-商业服务-高等职业教育-教材 Ⅳ.①F766

中国版本图书馆CIP数据核字（2012）第146789号

21世纪高职高专规划教材·汽车运用与维修系列
汽车销售与售后服务实务
主　编　明光星　汪海红
副主编　武　忠　明　阳

出版发行	中国人民大学出版社		
社　　址	北京中关村大街31号	邮政编码	100080
电　　话	010－62511242（总编室）		010－62511770（质管部）
	010－82501766（邮购部）		010－62514148（门市部）
	010－62515195（发行公司）		010－62515275（盗版举报）
网　　址	http://www.crup.com.cn		
	http://www.ttrnet.com(人大教研网)		
经　　销	新华书店		
印　　刷	北京鑫丰华彩印有限公司		
规　　格	185 mm×260 mm　16开本	版　　次	2012年8月第1版
印　　张	11.75	印　　次	2019年1月第2次印刷
字　　数	274 000	定　　价	26.00元